Goslar

Sagen und Legenden vom Harz und vom Kyffhäuser

Spinnstube im 16. Jahrhundert

Sagen und Legenden vom Harz und vom Kyffhäuser

Neu erzählt
und herausgegeben
von Dietrich Kühn

Wartburg Verlag
Weimar

Die Deutsche Bibliothek – CIP-Einheitsaufnahme

Sagen vom Harz und vom Kyffhäuser
Hrsg.: Dietrich Kühn
2., veränd. Aufl. – Weimar : Wartburg-Verl., 2002
ISBN 3-86160-090-0

ISBN 3-86160-090-0
2. Auflage 2002

Satz und Druck:
Gutenberg Druckerei GmbH Weimar
Buchbinderische Verarbeitung:
Großbuchbinderei Schirmer und Söhne, Erfurt

Inhalt

Darstellung eines Hexensabbats
auf dem Brocken
im 17. Jahrhundert

In Thüringen ist sehr vil bekant
Ein Berg/der Prockelberg genant/
Welcher Berg der jetzo berührt/
Vber sechszehn Meil gesehen wird/
Also daß den ferne jederman/
In Sachsen und Hessen anschauen kan/
Dieweil er hoch und übertrifft
Mit seiner Höhe/ wie ich bericht/
All Berg in Hartz und Thüringen/
Darüber er gantz hoch thut springen/
Vber das ist er auch beschreit/
Dieweil Nachts zu Walpurges Zeit/
In grosser Zahl wie ich bericht/
Die Zauberin mit ihrem Gezücht/
Ingemein einen Reichstag alda halten
Die junge so wol als die Alten/
Welche all der Teuffel dahin führt/
In geschwinder Eil/ wie jetzt berührt/
Auff welchem sie mit tantzen/ springen/
Mit sauffen auch die Zeit zubringen
Mit bösen Geistern Vnzucht treiben/
Wie solches offt die Gelehrten schreiben/
Wenn aber komt der Hanen Gschrey/
So fahren sie wieder heim ohne Scheu/
Uber hohe Berg und tieffe Thal/
Biß daß sie kommen allzumal/
Ein jede Hex an ihren Orth/
Wie man solches wol hat mehr gehort.
Treiben also ohn allen Scheu/
Ihr Hexenwerck und Zauberey
Wider Gott und sein H. Wort/
Auch offtermals anstifften Mord/
Doch können sie/ wie ich bericht/
Den frommen Leuten schaden nicht/
Vmb welche her der Engelschaar

Ein Wagenburg thut schlagen gar.
Ihr rechter Lohn und gewisses Pfand/
Ist Feur/ Schwerd und ewige Schand/
Ja wenn sie nicht thun Buß auff Erden/
Können sie auch nicht selig werden.
Daß sey nun gnug von Zauberinn.
Auff daß wir aber unsern Sinn
Anwenden an den Prockelsberg/
Zn beschreiben gäntzlich merck/
So ist auch überall alda/
Derselbig Berg eine Practica
Der Landleut/ welche offt ohne irren
Gut Wetter/ daher practiciren:
Denn wenn ein starcker Nebel trifft/
Recht solchen Berg/ wie ich bericht/
So fält gewiß denselben Tag/
Ein Regen/ ist wahr als ich sag.
Wenn aber solcher Berg gantz frey
Ohne Nebel ist/ ohne allen Scheu/
So folget ein schöner heller Tag/
Alsdann darin ein jeder mag/
Mit Freuden an sein Arbeit gahn/
Auch wandern/ reiten/ und alsdann
Noch weiter/ daß für solche Zeit/
Gott werde gedanckt in Ewigkeit!

(Bei Praetorius 1669) (O)

Vorwort

Zur Vorbereitung der vorliegenden Sagensammlung war es notwendig, einen territorialen Rahmen abzustecken, innerhalb dessen das Sagengut gesichtet und aufbereitet werden sollte. Friedrich von Sydow weist in seinem im Jahre 1839 herausgegebenen mehrbändigen Werk „Thüringen und der Harz“ bereits auf die damit in Zusammenhang stehende Problematik hin:

„Wenn von dem Harze, seiner Ausdehnung und seinen Grenzen die Rede ist, so muß zunächst gefragt werden, in welcher Beziehung davon gehandelt werden soll: Denn andere Grenzen zieht der Statistiker, andere der Historiker, andere der Naturforscher, andere der Naturfreund...“

Die vorliegende Sagensammlung umfaßt ein Territorium, das, im Uhrzeigersinn gesehen, ungefähr durch folgende Orte und Städte als Eckpunkte abgegrenzt ist:

Langelsheim, Goslar, Bad Harzburg, Wernigerode, Blankenburg, Ballenstedt, Mansfeld, Eisleben, Questenberg, Nordhausen, Walkenried, Herzberg, Osterode, Seesen. Mit einbezogen, da historisch mit dem Harz eng ver-

Rodung des Waldes und Hausbau im 13. Jahrhundert

bunden, sind im Norden Halberstadt, mit den Bergzügen des Huy und des Hakel, und Quedlinburg sowie im Süden das Kyffhäusergebirge.

Der Harz und sein Umland sind reich an Sagen und Legenden. Das hat im wesentlichen fünf Ursachen:

1. Mythologische und religiöse Ursachen. Die Sachsen hielten nach ihrer offiziellen Christianisierung noch lange an ihren vorchristlichen Gebräuchen fest. Der Harz war ihnen dafür eine Trutzburg. Sie feierten ihre alten Feste in den für die ortsfremde fränkische Besatzungsmacht unzugänglichen Gebirgswäldern. Die Bezeichnung „Teufelsmauer" für die imposanten Felsgebilde zwischen Blankenburg und Ballenstedt könnte insofern auf die Auseinandersetzung zwischen Heidentum und christlicher Mission zurückgehen, als es für die Franken lange Zeit gefährlich gewesen sein dürfte, die durch diese „Mauer" gezogene Grenze zu überschreiten. So mag auch der Brocken in den Ruf gekommen sein, zu gewissen Zeiten als Treffpunkt von Teufeln, Hexen und bösen Geistern zu dienen. (5.8; 5.15; 5.20; 5.22) Zahlreiche Ortsbezeichnungen, die in Verbindung mit Teufel oder Hexen stehen, deuten heute noch darauf hin. In der Sage 7.2 klingt die Auseinandersetzung zwischen Anhängern der Göttin Ostara und christlichen Harzbewohnern nach. Es gibt wohl kaum ein Gebiet in Deutschland, in dem sich die Überlieferung so ausführlich und eng auf die vorchristliche Vergangenheit bezieht. Altes vorchristliches mythologisches Gedankengut überlebte die Zeit der Mission, indem es in Form von Sagen und Legenden, den neuen Verhältnissen angepaßt, weitererzählt wurde. (7,13; 7.19–7.23; 7.36)

Die Klöster, die in großer Zahl besonders am Harzrand entstanden, waren die Heimstätten von Kultur und Wissenschaft, ja, oftmals die einzigen Einrichtungen, die im

„finsteren Mittelalter" die Geisteswissenschaften und die Kunst pflegten. Darum sah das Volk in den gelehrten Mönchen Personen, die sich auch auf das Bannen von Geistern verstanden (6.3). Um nur drei Beispiele zu nennen: Berühmt bis heute ist das Kloster Gandersheim westlich des Harzes durch die Nonne Roswitha von Gandersheim (1.25). Das Kloster Drübeck (1.11–1.13) hat in seiner Blütezeit Töchter aus den höchsten Adelskreisen unterrichtet und ausgebildet. Das Kloster Walkenried (1.1–1.6) war maßgeblich an der Kultivierung der Sumpfgebiete südlich des Harzes beteiligt. Mönche des Klosters waren erfahrene Bergbauingenieure. Ihnen verdankt der Harzer Bergbau wesentliche Erfolge. Der im Bergbau tätige Mönch dürfte ein Vorbild für die Sagengestalt des Bergmönches sein (3.7; 3.8; 3.17).

2. Der Bergbau. Im Unterharz gab es schon früher als im Oberharz einen regen Bergbau. Die Sage rühmt Günthersberge, Stolberg und Hasselfelde als einst große und reiche Bergstädte. Auch die geheimnisvollen Venediger oder Walen sollen hier nach Kostbarkeiten gesucht haben.

Unter der Regierung Ottos I. wurde 968 das reiche Silberlager des Rammelsberges entdeckt (3.1). In diesem Berg wurde über 1000 Jahre Bergbau betrieben.

Herzog Heinrich von Wolfenbüttel verlieh 1532 dem Oberharz die Bergfreiheit. Insbesondere Andreasberg entwickelte sich rasch. Zwischen Harz und Erzgebirge gab es über Jahrhunderte hinweg einen beständigen Austausch von Bergleuten und damit auch von technischen Erfahrungen. Harzer Bergleute waren an der Entwicklung des Bergbaues im Erzgebirge maßgeblich beteiligt (2.15). Sie zogen bis in das Riesengebirge (3.21). Der neue Aufschwung des Harzer Bergbaus im 16. Jahrhundert, insbesondere auf dem Oberharz, wäre ohne die Bergknappen aus dem Erzgebirge nicht möglich gewesen. Die „meißnischen Berggesellen" brachten wertvolle technische Kenntnisse mit, so die des „Sinkens" (Schachtabtäufens), des „Längens" (Treiben von Stollen und Strecken) und des „Gewältigens" (Abführen des Grubenwassers). Sie kamen vorwiegend aus dem westlichen Erzgebirge, aus Schneeberg, Annaberg und Joachimsthal.

Es gibt heute noch im Oberharz Orte, in deren Mundart erzgebirgische Elemente unverkennbar sind (5.20; 5.23). Die Überlieferungen aus Harz und Erzgebirge ergänzten sich ständig. Nachhaltige Eindrücke hinterließen Bergwerkskatastrophen (3.2; 3.3; 3.17) Allein die Sagen um Bergbau und Leben der Bergleute im Harz könnten ein Buch füllen.

3. Kriege und Adelsfehden. Das Harzgebiet ist blutgetränkter Boden. Generationen lang gab es hier kriegerische Auseinandersetzungen, bis sich endlich die Sachsen den übermächtigen Frankenheeren unterwarfen (2.14). Eine Zeitlang bildete der Harz eine Bastion gegen die Slawen. Später bekämpfte sich der Adel in zahllosen Fehden, und heruntergekommene Rittergeschlechter verunsicherten die Handelsstraßen als Raubritter (2.18; 2.22; 2.26). Zahlreiche Burgruinen zeugen noch heute von der kriegerischen Zeit des Mittelalters. Allein am Nordrand des Harzes einschließlich dem Selketal finden sich sechzehn Burgen und Schlösser, vorwiegend nur noch als Ruinen. Innerhalb des Gebietes, dessen Sagenschatz wir in diesem Buch vor uns haben, standen einst mehr als fünfzig Burgen.

Von vielen wissen wir nur noch, daß sie bestanden haben. Kaum ein Stein zeugt mehr von ihrem einstigen Vorhandensein und ihrer teilweise weit über die Grenzen des Harzes reichenden politischen und strategischen Bedeutung. So stand auf dem Bodfeld, nicht weit von

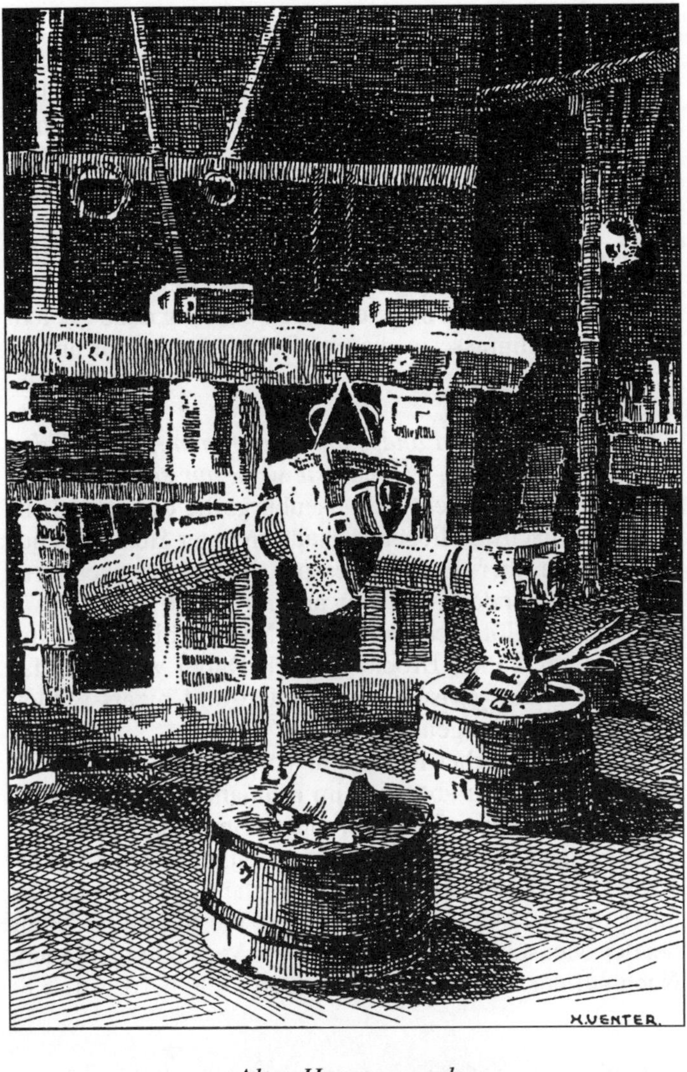

Altes Hammerwerk
aus dem 18./19. Jahrhundert

Elbingerode, einst eine bedeutende kaiserliche Jagdpfalz, in der sich wichtige geschichtliche Ereignisse abspielten. Beispielsweise weilte hier Papst Victor II., Heinrich I. wurde hier von einer tödlichen Erkrankung befallen, hier starb Heinrich III. Für die Kaiser Otto I. und Otto II. war die Burg eine beliebte Jagdunterkunft. Im 13. Jahrhundert fand man kaum mehr eine Spur des Bauwerks.

Im Mittelalter war der Harz königlicher und kaiserlicher Bannforst, das heißt, es durfte außer dem hohen Adel niemand die Wälder betreten. Auch das mag dazu gedient haben, Geheimnisse in diesem Gebirge zu sehen und in Sagen auszudrücken.

4. Die fesselnde Landschaft mit Höhenunterschieden auf engstem Raume, wie man sie wohl nur selten anderswo findet. So erstreckt sich Ilsenburg, die dem Brockengipfel am nächsten liegende Stadt, in einer Höhe von nur 238 Metern über dem Meeresspiegel. Der Brockenbesucher durchwandert von hier aus innerhalb von 4 bis 5 Stunden alle Höhenbereiche eines Mittelgebirges bis zum 1142 Meter hohen Brockengipfel. Dabei wechselt das Bild der Natur zwischen lieblichen und bizarr-wilden Landschaftsbildungen.

Der Harzbesucher findet still vor sich hinplätschernde Bergbächlein oder aber eine im Frühjahr durch Felsenengen tobende Bode. Sanft gerundete Bergzüge, vor allem im Unterharz, werden im Oberharz von schroffen und steilen Felsbildungen abgelöst. Zahlreiche Sagen entstanden unter den nachhaltigen Eindrücken, die die rauhe Natur bei den Menschen hinterließ, meist in Verbindung mit dem Nachhall der alten Mythologie. (3.10; 4.8; 4.18; 5.1; 5.8; 7.19 ff)

5. Seuchen und Kriege. Im hohen Mittelalter durchtobten mehrmals Seuchen den Harz, so daß ganze Ortschaften einige Generationen lang ausgestorben dalagen. (8.9; 3.17) Auch der Dreißigjährige Krieg machte nicht vor den Harztälern halt. (2.29–2.34)

Der Kyffhäuser wird im Volksmund scherzhaft als kleiner Bruder des Harzes bezeichnet. Im wesentlichen ist er in die Geschichte des Harzes mit eingebunden, so daß es sich anbietet, ihn, der nur durch das Helmetal von den ersten Harzbergen getrennt ist, in der vorliegenden Sammlung mit zu berücksichtigen.

Um einen Eindruck von den Sagenüberlieferungen eines Gebietes zu vermitteln, muß man nicht unbedingt alle vorhandenen Sagen wiedergeben. Im Gegenteil, eine Einengung auf das Wesentliche dürfte hilfreich sein. Der Herausgeber hat sich zum Ziel gesetzt, aus dem Sagenschatz von Harz und Kyffhäuser die aussagekräftigsten Beispiele auszuwählen und unter didaktischen Gesichtspunkten so zu ordnen, daß der Leser das Wesentliche aus den Sagenüberlieferungen dieser Landschaft vermittelt bekommt. In drei Fällen wurde ein Sagenkreis ausführlicher behandelt: Roßtrappe, Ilsestein und Kyffhäuser, weil sie zum einen weit über die engere Heimat hinaus bekannt sind und zum anderen ein anschauliches Beispiel dafür geben können, wie sich um geschichtsträchtige Stellen oder für unsere vorchristlichen Vorfahren bedeutsame Kultplätze ein ihrer Bedeutung gemäßer Kreis von Sagen rankt. Auch der Stand des Bergmannes fand überdurchschnittliche Berücksichtigung, weil seine Tätigkeit prägend für Wirtschaft und Natur in diesem Gebiet war.

Die Sagen leben, ihrem Namen gemäß, vom Erzählen. Über Generationen wurden sie mündlich weitergegeben, bis sie Sammler und Forscher schriftlich niederlegten. So ist der Wortschatz der Sagen einem steten Wechsel unterzogen, je nach der Generation, an die sie gerichtet sind. Sagen im „Urtext" werden wir darum vergeblich suchen, denn einen solchen hat es nie gegeben.

Gewissenhafter Umgang mit dieser Art Überlieferung ist wichtig, damit eine Sage trotz ständig veränderter Wortwahl ihrem Inhalt und ihrer Aussage getreu weitergegeben wird. Im vorliegenden Buch ist die überwiegende Zahl der Sagen neu erzählt.

Einige jedoch wurden im Wortlaut von Sagendarstellungen verschiedener Zeiten original wiedergegeben. Diese Leseproben sollen zeigen, wie sich die Art der Sagenwiedergabe im Laufe der Zeit verändert hat. Die mittelalterliche Darstellung ähnelt mehr einer Dokumentation (1.16; 4,20). Bekannte Dichter brachten Sagen in Gedichtform, wie z.B. Johann Nepomuk Vogl (*1802) (2.1), Friedrich Rückert (*1788) (2.7), Heinrich Heine (*1799) (7.27). Oftmals wählten heute zum Teil unbekannte Dichter zu Anfang des vorigen Jahrhunderts die Form der Ballade mit einer ausufernden Menge von Strophen (2.19; 2.26). Schließlich finden wir einige Beispiele von Sagenerzählungen der zu Anfang unseres Jahrhunderts beliebten Schriftstellerin Clara Förstner (*1850) (1.12; 2.14; 7.25). Wir können über die Art dieser Sagenwiedergaben unterschiedlicher Meinung sein. Eines steht fest: Sie haben uns teilweise Überlieferungen erhalten, die heute sonst nirgends mehr zu finden sind. Allerdings bergen sie die Gefahr, daß die Autoren in dem Wunsch, Neues zu bringen, Sagen erdichteten, was oft nahezu einer Fälschung gleichkommt (7.28). Oft wurden diese Wiedergaben mit Einzelheiten belastet, die aus der Überlieferung nicht ersichtlich sind. Als Beispiel dafür, wie man eine Sage volkstümlich erzählen kann und damit dem Wesen der Sage entgegenkommt, sei die Nr. 5.23 genannt.

Die in diesem Buch wiedergegebenen Sagen tragen am Ende in Klammern eine Zahl. Diese ergibt zusammen mit der Kapitelnummer die Bezifferung, wie sie am Ende des Buches im Register zu finden ist. Sagennummern mit einem Sternchen haben im Anhang eine Anmerkung, die zum Verständnis der Sage hilfreich sein kann. Ein O hinter der Zahl weist auf die Wiedergabe eines Textes in zeitgenössischer Form hin.

Das Bildmaterial stellt keine Illustration zu speziellen Sagen dar, es trägt eher einen eigenständigen Charakter und soll verdeutlichen, wie die Zeichner, Holzschneider und Stahlstecher im Laufe von mehr als dreihundert Jahren in unterschiedlicher Weise Orte des Sagengeschehens und das Leben und Denken ihrer Zeit bildhaft darstellten.

An dieser Stelle sei auf die im gleichen Verlag vom gleichen Herausgeber erschienenen Bücher „Sagen und Legenden aus Thüringen" und „Sagen und Legenden aus Sachsen" hingewiesen, die in der gleichen Weise wie dieses Buch aufgemacht sind und das hier Wiedergegebene wirkungsvoll ergänzen und zum Verständnis des Sagenschatzes in Mitteldeutschland wesentlich beitragen können.

Altes Brockenhaus
um 1800

Werkleute beim Bau
Chronik von Köln, 1499

1. Kirchen, Klöster, Ordensleute

Adelheid von Klettenberg war eine schöne und reiche Jungfrau. Viele warben um ihre Hand. Doch vor der Ehe scheute sie zurück; frei und ungebunden wollte sie leben. Um sich die Werber vom Halse zu schaffen, stellte sie ihnen eine schwere Aufgabe. Wer um ihre Hand anhielt, mußte die Ringmauer der Burg Lohra dreimal umreiten. Diese aber stand hart an einem unbezwingbar steilen Abhang.

Viele edle und gute Ritter versuchten sich und verspielten damit ihr Leben, denn sie stürzten in den Abgrund und zerschmetterten an den Felsen, die die Burg trugen.

Schließlich wurde es still um Adelheid von Klettenberg. Doch das Gewissen ließ ihr keine Ruhe. Sie hatte zahlreiche Menschenleben ihren Launen geopfert. Nun bangte sie um ihre Seligkeit und malte sich aus, wie sie einst vor dem Weltenrichter stehen werde. In der Hoffnung, wenigsten ein wenig gutzumachen, stiftete sie das Kloster Walkenried. (1*)

*

Unter dem siebenten Abt, Heinrich II., begannen die Mönche von Walkenried um 1207 eine herrliche Klosterkirche zu bauen. Von allen Seiten kamen Opfergaben. Doch der Bau verschlang so viel, daß die Schulden bedenklich anwuchsen. Als sich eines Abends der Klostervorsteher sorgenvoll den Kopf kratzte, brachte ihm ein Mönch den Bescheid, im Hofe stehe ein schwerer Wagen mit sieben Rössern davor, aber nirgends sei ein Fuhrmann zu sehen. Heinrich begab sich hinab und ließ die Plane des Fahrzeugs zurückschlagen. Der Wagen war mit Gold beladen. Alles Fragen in den kommenden Tagen und Wochen nutzte nichts, niemand wollte den Wagen mit den sieben Pferden gesehen haben, und nirgends meldete sich der

Eigentümer. Da nahmen die Walkenrieder Mönche dies als Wunder des Himmels, der ihnen so die Fertigstellung ihres neuen Klosters ermöglichen wolle. Manche meinten zwar, ein reicher Bürger aus Goslar habe die kostbare Last gespendet und sich unauffällig davongemacht – doch damit wäre das Wunder auch nicht kleiner. (2)

*

Zwischen dem Kloster Walkenried und einem Freiherrn von Mitschefal kam es zu Streitigkeiten wegen der Jagdgerechtigkeit. Der Adelige ließ von dem Kunstschmied Hinrich Wintzingerod ein stählernes Halsband mit einem verborgenen Schloß anfertigen, an dessen Innenseite Stacheln waren. Mit einem solchen Halsband war bereits ein Graf von Mansfeld ermordet worden.

Nun lauerte der von Mitschefal dem Klosterförster auf und legte diesem das mörderische Instrument um. Qualvolle Stunden vergingen, bis es dem Klosterschmied gelang, das Halsband zu öffnen. Doch der Mißhandelte starb unter seinen Händen.

Die Frau des grausamen Freiherrn gebar nicht lange darauf ein Kind mit einem völlig verwachsenen Hals, das am dritten Tage nach der Geburt ungetauft verstarb. (3)

*

Unter den Mönchen von Walkenried gab es verschworene Feinde der Reformation. Sie luden Luther unter dem Vorwand einer Disputation ein, bereiteten aber seinen Tod vor. Als der Reformator einen Gang entlanggeführt wurde, sprang ein Hündchen vor ihm her. Plötzlich öffnete sich eine Falltür, das Tierchen stürzte winselnd in die Tiefe, wo es zerschmettert liegenblieb. Der kleine Hund hatte durch sein spielerisches Umherspringen Martin Luther vor einem schrecklichen Sturz in den Tod bewahrt. (4*)

*

Walkenried, Klosterruine
um 1830

Im Bauernkrieg zogen ganze Scharen bewaffneter Bauern zum Kloster Walkenried und begannen dieses zu plündern und zu zerstören. Einen Zimmermann verführte der Teufel zu dem bösen Plan, den Turm von der Klosterkirche herunterreißen zu lassen, um so das Gotteshaus zu ruinieren. Er hieb die Balken durch, die den Dachreiter mit dem Balkenwerk des Dachstuhles verbanden. Dann befestigten seine Spießgesellen den Turm mit Ketten an einer danebenstehenden großen Linde und fällten diese. Der stürzende Baum riß das Holzwerk mitsamt den Glocken hinab. Den Zimmermann holte zu gleicher Zeit der Teufel. Bis zur Unkenntlichkeit zerquetscht lag er unter den Trümmern. (5)

*

Nach der Reformation wurden Teile des Klosters Walkenried Schule. Eines Tages konnte sich ein spielender Knabe nicht mehr von der Stelle rühren. Seine Freunde versuchten ihn wegzuziehen, doch es half nichts, er war wie am Boden angewachsen. Die Kinder holten den Rektor zu Hilfe. Der riet dem Gebannten, sich genau im Raume umzusehen, ob er nicht irgendwo etwas Auffälliges bemerke. Schließlich entdeckte das Kind Schriftzeichen, die es dem Rektor beschrieb. Dieser deutete sie so, daß an der bezeichneten Stelle ein Schatz vermauert sei. Kaum hatte er dies verkündet, konnte sich der Knabe wieder frei bewegen. Nun wurden Maurer herbestellt, die die Wand aufbrachen und tatsächlich eine Schatulle, gefüllt mit Talern, fanden. (6)

*

Ein Graf, der am Rande des Harzes wohnte, hatte eine schwere Blutschuld auf sich geladen. Das Gewissen plagte ihn, und er überlegte, wie er seine Tat sühnen könne. Seine Gemahlin litt mit ihm und fand manche Nacht keine Ruhe. In einer solchen schlaflosen Stunde blickte sie aus dem Fenster hinaus in den Harzwald und gewahrte eine rätselhafte Helligkeit. Sie holte ihren Mann hinzu, doch nun war von dem Licht nichts mehr zu sehen. Das gleiche wiederholte sich in der folgenden Nacht. Als ihr die Erscheinung zum dritten Male auffiel, rief sie ihren Mann nicht herzu, warf sich einen Mantel über, ging dem hellen Scheine nach und gelangte zu einem Feuer. Dieses verwandelte sich vor ihren Augen in ein brennendes Rad und rollte vor ihr her. Dann erlosch es plötzlich.

Die Gräfin wartete den Morgen ab, bezeichnete die Stelle und veranlaßte den Bau des Klosters Ilfeld. Während der Bauarbeiten stießen die Handwerker auf einen Goldschatz, mit dessen Hilfe das Werk um so prächtiger gedeihen konnte.

Gehst du von Ilfeld aus den Goetheweg, dann gelangst du bald an einen Felsen, der eine enge Öffnung hat. Die Leute nennen ihn deshalb „Das Nadelöhr“. Nicht weit von hier hatte ein Raubritter, der Graf Ilger, eine Burg, von der aus er den Reisenden auflauerte, sie beraubte und oftmals auch ermordete. Eines Tages fiel ihm Graf Konrad von Beichlingen zum Opfer. Doch damit war das Maß der Sünden voll. Ein schweres Unwetter entlud sich über der Burg, das Flüßchen Behre schwoll so gewaltig an, daß die Wassermassen das Raubnest in Grund und Boden spülten. Alle Wege schienen versperrt, nur ein Fluchtweg durch das Nadelöhr war noch möglich. Als der Räuber sich durch den Spalt gequält hatte, sank er in die Knie, und seit seiner Kindheit zum ersten Male wieder betete er zu Gott, bat um Verzeihung, versprach reumütig Besserung und gelobte, an der Stelle seiner letzten Mordtat ein Kapellchen mit einer ewigen Lampe zu errichten. Aus dieser Kapelle entstand später das Kloster Ilfeld. (7*)

*

Die Tochter eines der Grafen zu Blankenburg hatte sich heimlich einem jungen Manne angelobt, der von niedrigerem Stande war als sie. In der Hoffnung, daß die Zeit schon eine Möglichkeit bieten werde, das Gelöbnis einzulösen, hielt sie die Liebe vor ihren Eltern geheim. Eines Tages erkrankte der Vater schwer und versprach dem Blankenburger Kloster seine Tochter, falls Gott ihn wieder gesunden lasse. Das fromme Mädchen, das seinen Vater liebte, nahm diesen Schicksalsschlag ergeben entgegen und trat als Novizin in das Kloster ein.

Die Ordensschwestern führten ein alles andere als frommes Leben, verstanden es jedoch, nach außen den Schein zu wahren. Die Grafentochter hatte das scheinheilige Treiben bald durchschaut. Doch war sie Gehorsam gewöhnt. Die Äbtissin mußte befürchten, daß durch die junge Nonne, die sich als einzige keusch und gottergeben verhielt, der Graf und über diesen der Bischof zu Halber-

Blick auf Blankenburg
im 19. Jahrhundert

stadt von dem sündhaften Treiben Kenntnis bekäme. So versuchte sie, das arglose Mädchen in eine Falle zu locken.

Als die Novizin zur Nonne eingesegnet war, führte die Vorsteherin die Grafentochter und deren Verlobten von ehemals heimlich zusammen. Die junge Nonne nahm unter Tränen für immer von ihm Abschied und umarmte ihn. Da traten hinter den Büschen des Klostergartens versteckte Klosterfrauen hervor, um die beiden gefangen zu nehmen und anschließend lebendig lebendig einzumauern.

Der Himmel jedoch ließ einen Blitz hernieder zucken, der das Paar tötete und es so dem niederträchtigen Zugriff der verräterischen Nonnen entzog. Ein zweiter, gewaltiger Blitz erschlug die Frauen und setzte das Kloster in Brand.

Kein Löschen half. Vom unheiligen Kloster blieb außer einigen rauchenden Trümmer nichts übrig. (8)

*

Vom Kloster Michaelstein bei Blankenburg den Klostergrund aufwärts liegt eine merkwürdige Höhle mit dem Namen Volkmarskeller. Hier stand einst ein kleines Kloster.

Vor langer Zeit war das Edelfräulein Luitbirg mit dem Ritter Volkmar verlobt. Als er unter die Fahnen seines Fürsten gerufen wurde, hatten sich beide versprochen, zu heiraten, sobald der junge Mann vom Kriegszug zurückkehre. Es vergingen Jahre. Viele, die mit ihm gezogen waren, weilten längst wieder bei ihren Lieben. Da entschloß sich das Edelfräulein, nie einen anderen Mann zu nehmen und ging als Klausnerin in die Abgeschiedenheit des Harzwaldes. Hart war das einsame Leben bei Wind und Wetter in einer kalten und feuchten Höhle. Lange stand die Jungfrau diese Anstrengungen nicht durch. Noch in jungen Jahren verschied sie.

Der Ritter Volkmar jedoch war nicht im Kampfe gefallen. Die Feinde hatten ihn gefangengenommen und in entehrende Sklaverei geführt. Als er endlich nach langer Zeit wieder die Heimat erreichte, erfuhr er vom Tode der Liebsten. Dort, wo sie zuletzt gelebt hatte, siedelte er sich als Eremit an und versorgte die Köhler und Waldleute mit geistlichem Zuspruch und heilender Hilfe.

Nach seinem Tode hieß die Höhle ihm zur Erinnerung der Volkmarskeller. Später errichtete das Kloster Michaelstein an dieser Stelle eine Klause, von der wir heute nur noch wenige Mauerreste finden, wenn wir vom Kloster Michaelstein oberhalb Blankenburgs den Klostergrund hinaufwandern. (9*)

*

Der heilige Burkhard von Halberstadt war der Sohn eines Markgrafen. Ehe er geboren wurde, hatte der Tod seiner Mutter alle Kinder entrissen. Da zog sie nach Rom, zum Grabe des Petrus, und flehte dort zu Gott, ihr doch noch Kinder zu vergönnen. Das erste nach dieser Wallfahrt geborene Kind wollte sie dem Dienste Gottes weihen.

Ihr Flehen wurde erhört. Sie schenkte zwei Knaben und zwei Mädchen das Leben. Der Älteste unter den vier Kindern war Burkhard. Er studierte in Regensburg. Dort erfuhr er vom Tode seines Vaters. Sein reiches Erbe verteilte er an die Armen, denn er wollte nicht mehr und nicht weniger, als Jesus in Armut, Treue und Gehorsam nachzufolgen. Als er vor einer Klosterpforte ein Heilungswunder an einem Wassersüchtigen erlebte, fühlte er sich in seinem Entschluß bestätigt.

Kaiser Konrad II. berief ihn zum Vorsteher seiner Kanzlei. In diesem wichtigen Amt versuchte er Gerechtigkeit zu üben und auch den Kaiser vor Ungerechtigkeit zu bewahren. Entschieden und mutig setzte er sich für zwei sächsische Adelige ein, die ein Gericht auf Grund von Verleumdungen zum Tode verurteilt hatte.

Sein menschenfreundliches und gottesfürchtiges Wesen schaffte ihm viel Zuneigung beim Volk und auch bei einflußreichen Männern.

Als Bischof Branthog von Halberstadt verstarb, wünschten sich Volk und Priesterschaft einmütig Burkhard zum Nachfolger auf dem Bischofsstuhl.

Die Mutter des neu ernannten Bischofs war enttäuscht darüber, daß er, der aus hohem, edlem Geschlechte stammte, nur Bischof einer „halben“ Stadt sein solle, und ließ ihn ihren Unmut darüber wissen. Der Bischof zog daraufhin mit seinem ganzen Gefolge in seine Heimatstadt Nabburg und überzeugte die Mutter von der Richtigkeit seiner Entscheidung.

Mit Weisheit und Güte versah er sein Amt bis zu seinem

„Buko von Halberstadt"
altes Kinderlied

Tode. Seine Letzte Ruhestätte fand er in der Andreaskirche zu Halberstadt. Und bald bewiesen zahlreiche Wunder an seinem Grabe, daß Jesus Christus ihn zu seinem Werkzeug ausersehen hatte.

Sein Nachfolger, Burkhard II. von Halberstadt, hatte im Streit zwischen Gregor VII. und Kaiser Heinrich IV. Partei für den Papst ergriffen. Gemeinsam mit sächsischen Adeligen, die ebenfalls in Gegnerschaft zu Heinrich standen, beriet er in Goslar, ob es Möglichkeiten zu einer Versöhnung gäbe. Da drangen gedungene Mörder in die Herberge des Bischofs und stießen ihm einen Speer in die Brust.

In der Nacht trugen ihn Freunde in das Kloster Ilsenburg. Am zweiten Tage seines Krankenlagers beichtete er, verlangte nach dem heiligen Sakrament und starb. Ein großes Trauergefolge wohnte seiner Bestattung in der Klosterkirche von Ilsenburg bei.

Durch Unachtsamkeit kam einige Zeit später ein Tier in

die Klosterkirche. Als es sich dem Grabe näherte, starb es augenblicklich. Das nahm man zum Zeichen, das Grab in besonderen Ehren zu halten. (10*)

*

Wer kennt nicht den Waldweg, der am Mönchsgraben entlang über den Kammerberg nach Öhrenfeld und Drübeck führt?

Vor langer, langer Zeit geschah es, daß junge Mädchen, die diesen Weg benutzten, ihr Ziel nicht erreichten, sondern spurlos verschwunden waren. Man vermutete im Gebiet des Kammerberges Räuber. Spuren eines Verbrechens konnten in den Wäldern und Schluchten aber nicht entdeckt werden. Alle Nachforschungen waren vergeblich. Wohl vernahm man in der Gegend hin und wieder ein leises Weinen und Gemurmel, aber niemand konnte entdecken, woher es kam. An einem Maimorgen geschah nun etwas Ungewöhnliches, das unsere Ilsenburger in große Aufregung versetzte. – Zwei junge Mädchen kamen beim Blumenpflücken auf diesen Waldweg. Das eine Mädchen war zufällig einige Schritte hinter der Freundin zurückgeblieben, als diese plötzlich aufschrie. Das erschrockene Mädchen sah gerade noch, wie eine braune Hand ihre Freundin in die Erde zog. Angsterfüllt jagte es nach Ilsenburg zurück und berichtete diesen Vorfall.

War es nicht eigenartig, daß immer nur junge Mädchen verschwanden? Nie waren Frauen, Männer oder Burschen unter den Vermißten. Schnell wurde eine Schar junger Männer aufgeboten, das Geheimnis zu enträtseln. Eine beherzte Jungfer stellte sich ebenfalls zur Verfügung und ging mit den Burschen. – Auch die Ilsenburger Frauen und Männer wollten sich an der Suche beteiligen. – Die jungen Burschen begaben sich an den Tatort; das Mädchen ging den Burschen einige Schritte voraus.

Da, auf einmal, als die Jungfer sich dem Grabenrand

näherte, fuhr eine braune Hand aus der Erde heraus und ergriff den Fuß des Mädchens. Schnell sprangen einige Burschen hinzu und hielten die Hand fest, während andere in größter Eile die Erde aufgruben. –

Zu der braunen Hand – es war unvorstellbar – gehörte ein Mönch! Am liebsten hätte man ihn gleich mit dem Spaten erschlagen. „Wo sind unsere Mädchen?" schrillte es ihm entgegen. Zitternd gestand er, daß sie „geopfert" seien. Die Wut der Ilsenburger kannte keine Grenzen mehr. Schnell war aus Balken ein luftig Häuslein gezimmert, bald darauf hing der Mönch wie die Krammetsvögel im Dohnenstieg und schaukelte im Winde.

Der restliche Teil fand beim Nachgraben einen Gang, den sie vorsichtig untersuchten und abgingen. Unerwartet – den Ilsenburgern verschlug es die Sprache – standen sie vor ihrem Ziel: Es war das Drübecker Nonnenkloster! So wie der Brockenwind oft die Harzer Täler durchbraust, stürmten die jungen Burschen nun das Kloster und forderten von den Insassen Rede und Antwort über den Verbleib der jungen Mädchen.

Als die Äbtissin merkte, daß nicht gezögert wurde, Gewalt anzuwenden, anwortete sie mit bebenden Lippen: „Die Mädchen sind Gott geweiht, ich will euch zu ihnen führen!" Stumm und ahnungsvoll folgten die Ilsenburger der Äbtissin durch die Pforte einer hohen und dicken Mauer, die ein graues Haus umschloß, dessen Fenster durch ein Eisengitter gesichert waren. – Hinter diesen Fenstern lebten und bangten die geraubten Mädchen; sie sollten Nonnen werden!

Alle, ja alle vermißten Mädchen wurden von ihren Befreiern vorgefunden. Was war das für ein Weinen und Lachen der Wiedersehensfreude. Von allen Gesichtern strahlte das Glück der wiedergewonnenen Freiheit. Die Wut der Leute legte sich, und freudig zogen sie mit den Vermißten heimwärts.

Kein Mönch wagte es mehr, junge Mädchen für das Drübecker Nonnenkloster zu entführen! Aber die Klöster mit ihren Insassen, die Mönche des Ilsenburger Klosters und die Nonnen des Drübecker Klosters, wünschten die Ilsenburger zum Teufel.

Jahrhunderte sind vergangen – die Klöster beherbergen keine Mönche und Nonnen mehr – aber der Graben am Kammerberg heißt heute noch der „Mönchsgraben"! (11*O)

*

In einem fremden Lande, etliche sagen im Morgenlande, etliche auch in Österreich, lebte einmal eine Prinzessin. Ihr Wuchs war fein und zierlich, ihre Füße klein und manierlich, und wenn sie im Garten ging, da blickten die Hofherren und Diener hinter ihr drein, und allen gefiel sie, obgleich noch niemand ihr Antlitz gesehen hatte, denn es war stetig dicht verschleiert.

Vor allem aber gefiel sie einem jungen, hochgeborenen Herrn, welcher immer wieder zurückkehrte an den Hof seines Herrn und Kaisers, weil er die holdschöne Gestalt der Prinzessin und ihre Silberglockenstimme nicht vergessen konnte.

Der alte Kaiser starb und sein Sohn trat an seine Stelle. Letzterer führte eine junge Königin in sein Schloß als Hausfrau, da fühlte sich die Prinzessin überflüssig und beschloß, auf Reisen zu gehen in die weite Welt. Als nun eines Tages die Königin die Prinzessin aufforderte, ihren Schleier abzulegen und fröhlich mitzuleben mit dem jungen Königspaare, reiste die Prinzessin ab in Begleitung einer Dienerin, und der junge Kavalier, welcher die Verschleierte liebte, schloß sich den beiden an.

All ihr Hab und Gut aber hatte die Prinzessin einem alten treuen Diener anvertraut, es zu bewahren, bis sie es verlange.

So fuhr denn die Prinzessin durch weite Länder, und oftmals fragten ihre Begleiter, ob sie sich nicht hier oder da niederlassen wollte; dann aber antwortete sie jedesmal:

Wo sich drei Bäche begegnen,
Die Stelle will ich segnen,
Da will ein Haus ich bauen
Für fromme, stille Frauen.

Weiter ging die Reise, viele Bäche kreuzten sich und über viele Flüsse und Bäche führten Brücken, aber die Prinzessin fuhr immer weiter und sagte immer wieder, es müßten dreier Bäche Wasser ineinander laufen, das wäre die Stelle, wo sie bleiben wolle. Berg und Tal durchrollte der Wagen der Prinzessin und eines Abends machte sie Rast unweit des Brockens.

In einer Waldhütte ruhte die Königstochter aus und eine alte Waldfrau war ihre Wirtin. Zum Nachttrunk bekam die Prinzessin klares Wasser, welches ihr besonders schmeckte und in ihrem Traum sah sie drei Bäche sich kreuzen, gefüllt mit solch kristallhellem Wasser, wie sie getrunken und als sie in der Morgenfrühe ausging, gefiel ihr die Gegend so, daß sie beschloß, längere Zeit zu verweilen. Äußerst erfreut aber war die Prinzessin, als sie gewahrte, daß hier in der Tat drei Bäche sich kreuzten.

„Drei Bäche! Endlich! Gott sei Dank!“ rief die Erfreute aus.

„Ja, drü Beke! Wei hebben hier veel Water!“ sagte die Waldfrau, welche eben kam, Wasser zu schöpfen.

Da beschloß die Prinzessin, zu bleiben, entsendete ihren Kavalier, ließ von daheim ihr Geld und Gut holen und erbaute ein Kloster für Frauen. Das Kloster aber nannte sie Drübeck.

Die endliche Rast gefiel dem Kavalier und der Dienerin, aber daß die Prinzessin sich als Nonne im Kloster vergraben wollte, das sagte ihnen weniger zu und sie setzten alles daran, die Prinzessin zu bestimmen, den Kavalier zum Gemahl zu nehmen und in seinem herrlichen Schlosse mit ihm zu wohnen. Traurig jedoch antwortete die Prinzessin: „Es wäre euch nur Leides, so ich tät nach eurem Willen, denn ich bin häßlich wie die Nacht, und die Vögel der Nacht mögen lieblicher ausschauen denn mein Antlitz."

Solches bestritten die beiden Getreuen und sprachen von dem schönen Wuchs und der klaren Stimme der Herrin, diese aber schüttelte ihr Haupt und war nicht zu bewegen, ihr Gesicht zu zeigen.

Sie kehrte sich an kein Abreden, sondern ließ einen Aufruf ergehen an vornehme Frauen und Mädchen, welche weltüberdrüssig sich zurückziehen wollten zu stillem, gottgefälligem Leben und Wandel; die sollten zu Drübeck willkommen sein und eine Heimat finden in dem gottgeweihten Hause.

Der Begleiter der Prinzessin aber ward der Verwalter der Klostergüter und er ward es gern; so durfte er doch in der Nähe der geliebten Herrin bleiben. Nimmer jedoch verließ ihn die Sehnsucht, der Prinzessin Antlitz zu erschauen. Nun aß diese immer allein und zwar aus viereckigen Schüßlein von Gold oder Silber, brauchte nicht Löffel noch Stäblein und verriegelte, ehe sie aß, ihre Gemächer.

Der Verwalter konnte aber auf die Dauer seine Neugierde nicht zähmen, verbarg sich dereinst hinter dem Himmelbett der Äbtissin, ehe diese zu speisen begann. Sie trat herein, die Dienerin setzte das dampfende Gold-Schüsselchen auf den Tisch und wollte sich dann entfernen. Die Prinzessin aber berief sie zurück und sprach mit himmlischer Güte:

„Du liebe Getreue, hab' viel Dank für all deine Liebe und Treue. Du hast mich nie belauschet und es war mir immer wohl in deiner Nähe, denn die Treue anderer ist der Unglücklichen Labsal." Dann ging die Dienerin.

Die Prinzessin schloß ihre Tür und setzte sich an ihr Essen, aber wehe, als sie den Schleier zurückschlug, sah der Verwalter, daß die Ärmste aller Reichen statt des Mundes einen Schweinerüssel hatte.

Da schrie der Erschreckte laut auf. Entsetzt sah ihn die Prinzessin an und fiel dann tot zurück.

Nun wußte der neugierige Mann erst, was er Übles getan, er kniete nieder und küßte den übelgestalteten Mund der Toten. Siehe, da verwandelte sich das Antlitz der Prinzessin, der Rüssel verschwand und ein lieblicher Mund war an seiner Stelle. Der Prinzessin war dereinst die Verunstaltung angewünscht und die sollte nur verschwinden, wenn unaufgefordert ein Mann die Prinzessin küßte.

Große Trauer und Klage aber war unter den Nonnen und unter den Armen weit und breit. Der Verwalter bekannte sein Vergehen und ward dann nie mehr in Drübeck gesehen. Als reisender Pilger hat er die Welt durchwandert und jedem, der es hören wollte, vorgepredigt, das Nötigste auf Erden sei: Gehorsam und Treue.

Clara Förstner (1850–1907)
(12*O)

*

Vom berühmten Ilsestein bei Ilsenburg ein Stück Wegs weiter zur Plessenburg ragen die Felsen der Paternosterklippen empor. Hierher flüchteten sich vor langer Zeit die Ordensfrauen des Klosters Drübeck, nachdem eine verwilderte Männerschar ihr Kloster überfallen und ausgeraubt hatte. Die Nonnen wollten durch ihre Flucht wenigstens den Mißhandlungen entgehen.

Das Gesindel jedoch gab keine Ruhe und verfolgte die Fliehenden. Diese hatten sich ganz vorn auf die Felsen hin zurückgezogen, dorthin, wo diese viele Meter steil ins Ilsetal abfielen.

Als die frommen Frauen und ihr Kaplan sahen, daß ihnen kein Weg mehr zur Flucht blieb, beteten sie gemeinsam das Vaterunser, lateinisch Paternoster genannt, gaben ihre Seele in die Hand des Herrn und stürzten sich in die Tiefe. Der Mönch, der als letzter springen wollte, erstarrte vor Kummer und Schmerz zu Stein und ragt so noch heute von der vordersten Klippe empor. (13)

*

Die Burg Falkenstein war eine Zeitlang Eigentum des Halberstädter Domkapitels. Einer der Domherren führte ein lästerliches Leben. Zu bestimmten Zeiten kam er zur Burg Falkenstein und feierte dort mit losen Dirnen und verlotterten Buben die Nächte hindurch.

Am Schlusse einer solchen Orgie verzog sich der treulose Pfaffe mit einem der Frauenzimmer in eines der kleinen Gemächer und verstieß dort gegen das Gelübde der Keuschheit. Damit hatte er das Maß seiner Sünden zum überlaufen gebracht. Der Teufel entführte ihn von seinem Lotterbett, drehte ihm den Hals um und stürzte ihn auf die Steine des Burghofes. Dort fand man ihn am anderen Morgen mit zerschmetterten Gliedern liegen.

Seitdem wurde die Burg Falkenstein von den Herren des Halberstädter Domkapitels gemieden. (14*)

*

In den dichten Wäldern, die einst Gernrode umgaben, lag ein Teich. Wegen seiner schönen Umgebung hatte ihn sich die Äbtissin Hedwig vom nahen Kloster zu ihrem Lieblingsplatz erwählt. Hedwig von Gernrode war eine fromme, hilfsbereite und allseits beliebte Frau.

Eines Tages rief eine Todkranke nach ihr. Die Ordensfrau, selbst von einem schweren Leiden geplagt, machte sich auf den Weg, um der Sterbenden Herzensfrieden und Zuversicht zu schenken. Mit diesem seelsorglichen Gang hatte sie ihrem geschwächten Körper zuviel zugemutet. Kaum noch fand sie ins Kloster zurück. In den Mittagsstunden des folgenden Tages setzte ein Blutsturz ihrem Leben ein Ende.

Zugleich mit der Kunde von ihrem Tode brachten Menschen, die vom Waldteich kamen, die Nachricht mit, daß sich das Wasser blutrot gefärbt habe. Es dauerte etliche Tage, bis es wieder klar wurde. Die Leute sahen im Ableben der Ordensfrau und der Färbung des Wassers einen geheimen Zusammenhang und nannten den Waldweiher seitdem den Heiligen Teich. (15)

*

Aus der Chronik des Dittmar von Merseburg – *975:

„Der Erzbischof von Halberstadt, Arnulf, Bruder des Kaisers Heinrich, kam nach Gernrode. Die ehrwürdige Äbtin Hethuvi hatte ihn hierher auf das Fest des heil. Märtyrers Cyriacus zu einem Gastmahle eingeladen. Als er an diesem heiligen Tage nach der Messe aus der Kirche spazieren ging, traf er einen Geistlichen an, welcher einen Habicht auf der Hand sitzen hatte. Der Bischof geriet hierüber in Eifer, faßte ihn beim Arme und führte ihn mit sich fort, nicht in der Absicht, ihn zu bestrafen, sondern in der Stille einen Verweis zu geben. Das Gerücht hiervon breitete sich schnell aus. Die Hofleute des Markgrafen rotteten sich zusammen. Hugal, ihr Anführer, kam zu dem Bischofe und fragte ihn, was ihn bewege, seinen Herrn also zu beschimpfen? Der Bischof antwortete: Was habe ich denn getan? Ich sahe einen heidnischen Greuel, und da ich ihn eben in meines Bistums Sprengel gewahr ward, konnte ich ihn nicht dulden. Es ist ja nichts Übles geschehen. Bestimmt einen Tag, welcher euch beliebt, finden mich dann unsere gemeinschaftlichen Freunde schuldig,

Blick auf Gernrode,
19. Jahrhundert

so will ich es, wenn ich gefehlt habe, gern auf eine anständige Weise wieder gut machen. Hugal antwortete ihm: Das soll nicht sein, das darf nicht geschehen. Entweder heute noch rechtfertigt Euch mit Eurem Eide, oder verspprecht hier auf der Stelle, daß Ihr meinem Herrn und uns Genugtuung verschaffen wollt. Der Bischof versetzte hierauf: Zu schwören verbietet mir die Feier dieses heiligen Tages, Euch aber auch, einen Eid anzunehmen, und überhaupt ist es zum Erbarmen, daß Ihr lediglich nur mir keine Gerechtigkeit wollt widerfahren lassen. Hugal ging zornig davon. Man brachte, ohne daß der Markgraf darum wußte, eine bewaffnete Mannschaft zusammen, und als sich der Bischof eben zu Tische setzen wollte, sah man sie schon angezogen kommen. Seine Leute schlossen alsbald das Haus fest zu, in welchem er sich befand, und damit es seinen Gegnern nicht zu leicht würde, hinein zu kommen, verrammelten sie alle Zugänge, so gut sie konnten. Als jene Miene machten, das Haus zu bestürmen, sagte man ihnen für gewiß, der Bischof müsse sich ohnfehlbar an einen anderen Ort geflüchtet haben, denn hier sei er nicht zu finden. Sie suchten ihn überall im Kloster und zuletzt auch in der Klosterkirche. Er war aber inmittelst durch göttliche Fügung, ohne es sich für eine Schande halten zu dürfen, an einem Orte verborgen, wo ihn Niemand fand, er aber alles ansehen konnte. Da die Wut sich legte, gingen sie in das Gasthaus des Klosters, und endlich voll Verdruß nach Hause.

Am folgenden Tage ließ Arnulf seine Soldaten herbeikommen, tröstete die Äbtin, welche sehr weinte, und ging in seinen bischöflichen Sitz zurück. Der König*) erfuhr den ganzen Handel und befahl sogleich, daß diese Rebellen sich vor ihn stellen sollten. Der Markgraf Gero merkte wohl, daß der König sehr aufgebracht wäre, er bemühte sich daher, ihn wieder durch treue Gesandte zu besänftigen. Jedoch nur unter dieser Bedingung versprach ihnen der König Gehör, wenn sie erst an das Bistum 300 Pfund Silbers bezahlten, und wenn diejenigen, welche in dieser Sache am meisten schuldig befunden würden, entweder 11 von ihren Freunden schwören ließen, daß sie unschuldig wären, oder aber dem Bischofe so, wie es die geistlichen Rechte mit sich brächten, Genugtuung verschafften. Die Einigkeit zwischen beiden Parteien ward damals wieder hergestellt, der Entscheidungstermin aber auf Ostern anberaumt."

(Übertragung aus dem 17. Jahrhundert)
(16* O)

*

Dort wo sich heute die Stadt Thale ausdehnt, war vor langer Zeit Urwald. In ihm verirrte sich ein wohlhabender Pilger. Der Durst plagte ihn sehr. Nach langem Suchen stieß er auf eine Quelle. Dankbar gelobte er, Gott zu Ehren in der Nähe der Quelle ein Kloster zu gründen. So entstand das Kloster Wendhusen. Mit der Zeit entwickelte sich in seiner Nähe ein Ort, das spätere Thale. Da der Quell so nahe bei dem Nonnenkloster plätscherte, erhielt er den Namen Weiberborn. Auch heute noch soll er wunderbare Kräfte besitzen. Wenn ein lediger Fremder von einer Frau Wasser aus dieser Quelle gereicht bekommt, um seinen Durst zu stillen, dann wird er eine Frau aus Thale ehelichen.

Es gibt noch eine zweite Gründungssage:

Eine Schar Kriegsleute unter Anführung eines Grafen sollte im Auftrage Karls des Großen das Land am Fuße des Harzes erkunden. Zu dieser Zeit war hier überall noch unwirtliche Wildnis. Kurz vor dem Verdursten fanden die Reiter eine Quelle, an der sie sich erfrischen konnten. Da gelobte ihr Anführer, an diesem für ihn so segensreichen Ort ein Kloster zu gründen.

Nach seiner Rückkunft ins Frankenreich bewog er eine Gruppe Mönche, mit ihm an den Harzrand zu ziehen. Die Ordensbrüder machten das Land urbar und errichteten die Gebäude für ein Kloster. In der Folge siedelten dort mehr Leute, so daß bald ein Dorf entstand, das den Namen Thale erhielt. (17*)

Nach dem Niedergang des Klosters Wendhusen erwarb ein Gutsbesitzer das Gelände. Einer seiner Nachfolger wollte in die Umfassungsmauer ein Tor brechen lassen. Doch ausgerechnet an dieser Stelle lag ein uralter rundgeschliffener Stein, halb im Erdreich versunken. Keiner der Knechte und Mägde erklärte sich bereit, diesen Brocken beiseite zu schaffen. Um ihn rankte sich eine Legende. Er sollte dem Glück bringen, der ihn ehrte und an seiner Stelle beließ, dem aber, der ihn verachtete oder gar von der Stelle rückte, sollte er zum Fluch werden. Schließlich zwang der Gutsbesitzer seine Leute, den Stein zu entfernen. Nur mit größten Schwierigkeiten, unter Einsatz von zehn Pferden, war das möglich.

In der darauffolgenden Nacht begann auf dem Gutshof ein gräßlicher Spuk und kündete damit dem Gut Unwetter, Krankheit und andere Katastrophen an.

Nach einiger Zeit sah sich der Gutsbesitzer gezwungen, seinen Fehler einzugestehen. Er befahl, den Stein an die Stelle des nunmehr bereits in die Mauer gebrochenen Tors zurückzubringen, was mit Hilfe nur eines Pferdes ohne weiteres möglich war.

Von dem Augenblick an gab es keine Heimsuchungen mehr. Bis heute hüten sich die Menschen davor, dem Stein seinen Platz streitig zu machen. (18*)

*

Zur Zeit, als Martin Luther das Evangelium auf seine Weise zu predigen begann, gab es überall Geistliche, die mit Freude die neue Lehre übernahmen. Doch war dies nicht immer ungefährlich. Der blinde Pfarrer Benedict Kirchhoff von der Kapelle des heiligen Johannes zu Quedlinburg eiferte dem Beispiel Martin Luthers nach, und aus allen Orten der weiten Umgebung strömten die Menschen zu seinen Gottesdiensten.

Der Stiftshauptmann von Quedlinburg schickte sich an, mit seinen bewaffneten Mannen die Menschen fernzuhalten, um die Verbreitung ketzerischer Gedanken zu verhindern.

Die Äbtissin Anna II. hatte von den Predigten des blinden Pfarrers gehört und nahm an einem seiner Gottesdienste unerkannt teil. Als der Stiftshauptmann mit seinen Kriegsknechten anrückte, ging sie ihm entgegen und befahl ihm, umzukehren und die Leute in Zukunft in Frieden zu lassen. Verwundert gehorchte er.

Martin Luther erfuhr von den Ereignissen in Quedlinburg, reiste hin, dankte der mutigen Frau und schenkte ihr ein kostbares Trinkglas, das den Namen „Lutherglas" erhielt und im Quedlinburger Stiftsschatz zu bewundern ist. (19*)

*

Das Schloß zu Osterode war ursprünglich ein Kloster. In diesem hatte sich eine Nonne eines schweren Vergehens schuldig gemacht und war hingerichtet worden. Ihre Seele fand im Grabe keine Ruhe und geisterte durch die Räume, selbst als das Bauwerk kein Kloster mehr war. Der Besitzer suchte sich des Spuks zu entledigen, indem er einen Jesuiten beauftragte, den Geist in eine merkwürdige alte Holzstatue zu verbannen. Diese stand in einem kleinen Raum in einem abgelegenen Flügel des Schlosses. Seitdem war Ruhe eingetreten, doch viele Generationen lang wagte niemand das unheimliche Zimmer zu betreten.

In neuerer Zeit wollte ein junger Mann der Sache auf den Grund gehen, öffnete die Tür und fand dort das uralte, mit Schnörkeln geschmückte Holzbildnis stehen. Es war so schwer, daß er es allein nicht von der Stelle zu rücken vermochte. Darum holte er sich einige Knechte zu Hilfe – als er jedoch mit diesen erschien, war die Figur auf unerklärliche Weise verschwunden. Viele fürchteten, daß nun der Spuk von neuem begänne. Doch es ereignete sich nichts dergleichen. Der Geist der Klosterfrau schien endlich seine Ruhe gefunden zu haben. (20)

*

Graf Ernst von Klettenberg hatte an einem Wett-Trinken in Ellrich teilgenommen, das sich bis in den Sonntagmorgen hinzog. Während alle anderen Saufkumpane längst unter dem Tische lagen, nahm er den Siegerpreis, eine goldene Kette, entgegen.

Mühsam schwang er sich auf sein Pferd, um heimzureiten. Aus der Niklaskirche tönte frommer Gesang. Die

Frühmesse hatte begonnen. Vom Trunk außer Sinnen, lenkte der Berauschte sein Roß in das Innere des Gotteshauses, direkt zum Altar hin. Doch kaum berührte das Tier mit seinen Hufen die Altarstufen, als alle vier Hufeisen abfielen. Pferd und Reiter strauchelten, tot stürzte der Frevler zu Boden. Die Hufeisen wurden zum Gedächtnis und zur Mahnung an der Kirchentür angeschlagen. (21)

*

In Zellerfeld war das Gotteshaus abgebrannt. Die Leute sammelten eifrig, um die Mittel für einen Neubau zusammenzubekommen.

Ein armer Bergmann jedoch hatte kein Geld für eine Spende. So ging er Pilze sammeln. Die wollte er verkaufen und den Erlös in die Kollekte geben.

Im Wald kamen maskierte Männer auf ihn zu, verbanden ihm die Augen und führten ihn in einen unterirdischen Saal. Dort mußte er sich an einem Tisch zu ihnen setzen und wurde gut bewirtet. Schließlich wies man ihm ein Bett zu. Am anderen Morgen versorgten ihn die Unbekannten wieder mit Speise und Trank. Dann sollte er einen Wunsch äußern. Er erbat sich eine Gabe, die er zum Aufbau der Kirche spenden könnte. Keinesfalls aber wollte er selbst in die Fässer mit Goldtalern greifen, die ihm seine Gastgeber zeigten. Schließlich schenkten sie ihm eine Henne aus Blech, verbanden ihm wieder die Augen und führten ihn auf den Weg nach Zellerfeld. Wie staunten er und seine Familie, als er zu Hause das Geschenk untersuchte und angefüllt mit Goldstücken fand, die wie kleine Küchlein aussahen. Die Goldglucke hat nicht nur ihm zu Wohlstand verholfen, er konnte jetzt eine so große Geldspende zur Sammlung beisteuern, daß die Zellerfelder sofort mit dem Neubau ihrer Kirche begannen. Zur Erinnerung an die merkwürdige Spende wurde eine Glucke mit Küchlein über der Kirchentür in Stein gemeißelt. (22*)

Das Benediktinerkloster Wimmelburg im Bistum Halberstadt war weithin für seine heilkundigen Mönche bekannt. Überdies besaß es eine dem heiligen Cyriakus geweihte Glocke. Bei ihrem Guß soll der Glockenspeise Silber zugefügt worden sein. Ihr heller und reiner Klang konnte vom Wahnsinn Befallene heilen.

Die wunderbare Kraft verleitete die Leute dazu, das Glöcklein anzubeten und zu vergessen, daß es nur dank des Segens des Herrn so wohltätig wirken konnte.

Dem Abt Nikolaus bereitete diese Abgötterei große Sorge. So flehte er zu Gott um ein Zeichen.

In der folgenden Nacht tobte ein Unwetter über dem Kloster. Der heftige Donner erschütterte die Luft so, daß die Glocken von allein zu läuten begannen. Schließlich ließ ein furchtbarer Schlag die Gebäude erzittern, und gleich darauf verzog sich das Gewitter.

Als die Mönche nach Schäden suchten, fanden sie alles in bester Ordnung – bis auf das kostbare Glöcklein. Wo es am Tage zuvor noch gehängt hatte, waren nur einige Spritzer geschmolzenen und dann wieder erstarrten Glockenmetalls zu finden. (23)

*

Unsere Großeltern können sich noch daran erinnern, daß vor der Kirche zu Pöhlde eine Sandsteinplatte lag, in der eine Rose eingemeißelt war. Damit hatte es folgende Bewandtnis:

Zu Weihnachten des Jahres 1007 zog es den Mönch Laurentius aus den Klosterräumen hinaus in den Klostergarten. Unter dem Sternenzelt des Weihnachtshimmels wollte er über das Wunder der Christnacht nachdenken. Da fesselte sein Auge eine seltsame Erscheinung: Zwischen den Rosenhecken, die kahl und stachelig ihre Zweige in die Winternacht reckten, war eine Rose erblüht. Tief ergriffen von diesem Mysterium eilte der Mönch in seine

Zelle und schrieb ein Gedicht nieder, das uns allen bekannt ist: „Es ist ein Ros entsprungen“.

Zum Gedenken an das winterliche Weihnachtswunder und den Liederdichter Pater Laurentius soll die Sandsteinplatte mit der Rose errichtet worden sein. (24)

*

Herzog Ludolf und seine Gemahlin Oda hatten beschlossen, an der Gande ein Kloster zu gründen. Ihre Tochter Hathumod sollte dort Äbtissin werden. Sie wallfahrten gen Rom, um sich vom Papste Sergius Zustimmung und Segen zu holen. Gestärkt im Glauben und in Zuversicht und versehen mit Reliquien heiliger Männer kehrten sie an die Gande zurück.

Schwierigkeiten bereitete ihnen die Suche nach einem geeigneten Platz, an dem die Stiftskirche ihre wuchtigen Türme erheben sollte, und das Stifterpaar verbrachte oft lange Zeit mit Beratung.

An einem Abend vor Allerheiligen lagerten Hirten mit ihrer Herde in einem Wäldchen. Da erschienen im Dunkel des Waldes plötzlich Flämmchen, sie formierten sich gerade so, als wollten sie eine bestimmte Stelle kennzeichnen. In der folgenden Nacht wiederholte sich die Erscheinung in Gegenwart des Meiers.

Herzog Ludolf erfuhr von dem Wunder und wollte sich mit eigenen Augen davon überzeugen. Es dunkelte, der Nebel stieg aus den Niederungen, und dann kamen die tanzenden Lichter und umstellten eine Fläche, die dem Grundriß eines Gotteshauses glich. Da lobte er Gott, daß dieser selbst ihm die Stelle zum Bau der Stiftskirche zugewiesen.

Bald darauf durchdrangen die Geräusche fleißiger Tätigkeit das Tal, und langsam wuchsen die Mauern einer großen Kirche empor. Doch eines Tages stockte die Arbeit. Der Vorrat an Bausteinen war verbraucht, und es fiel schwer, eine Stelle zu finden, wo neue gebrochen werden konnten.

In dieser Schwierigkeit betete Frau Hadumoth, die Äbtissin, mit ihren Jungfrauen zu Gott, ihnen nochmals durch ein Zeichen zu helfen.

Ein unbestimmtes Gefühl trieb sie zur Baustelle. Dort fanden sie eine Taube mit weißen Flügeln, die vor ihnen her flog und sich schließlich niederließ und in das Erdreich pickte. Man grub nach und fand Steine von bester Beschaffenheit in Hülle und Fülle.

Nun konnte der Bau rüstig voranschreiten, und bald stand die Stiftskirche, Gott zur Ehre und den Menschen zu Gebet und Erbauung. (25*)

Schwertleite eines jungen Ritters.
Der Fürst gürtet ihn mit dem Schwert,
Diener heften ihm die Sporen an.

2. Fürsten, Krieg und Räuberei

Herr Heinrich sitzt am Vogelherd
recht froh und wohlgemut;
aus tausend Perlen blinkt und blitzt
der Morgenröte Glut.

In Wies' und Feld und Wald und Au,
horch, welch ein süßer Schall!
Der Lerche Sang, der Wachtel Schlag,
die süße Nachtigall!

Herr Heinrich schaut so fröhlich drein:
„Wie schön ist heut die Welt!
Was gilt's, heut gibt's 'nen guten Fang!"
Er lugt zum Himmelszelt.

Er lauscht und streicht sich von der Stirn
das blondgelockte Haar:
„Ei doch! Was sprengt denn dort herauf
für eine Reiterschar?"

Der Staub wallt auf, der Hufschlag dröhnt,
Es naht der Waffenklang.
„Daß Gott! Die Herrn verderben mir
den ganzen Vogelfang!"

„Ei nun! Was gibt's?" – Es hält der Troß
vorm Herzog plötzlich an;
Herr Heinrich tritt hervor und spricht:
„Wen sucht ihr Herrn? Sagt an!"

Da schwenken sie die Fähnlein bunt
und jauchzen: „Unsern Herrn! –
Hoch lebe Kaiser Heinrich! – Hoch
des Sachsenlandes Stern.

Dies rufend, knien sie vor ihm hin
und huldigen ihm still
und rufen, als er staunend fragt:
„‘s ist deutschen Reiches Will’!“

Da blickt Herr Heinrich tiefbewegt
hinauf zum Himmelszelt:
„Du gabst mir einen guten Fang!
Herr Gott, wie dir’s gefällt!“

Johann Nepomuk Vogl (1802–1866)
(1*O)

*

Zu Quedlinburg im Dome ertönet Glockenklang,
der Orgel Stimmen brausen zum ernsten Chorgesang;
es sitzt der Kaiser drinnen mit seiner Ritter Macht,
voll Andacht zu begehen die heil’ge Weihenacht.

Hoch ragt er in dem Kreise mit männlicher Gestalt,
das Auge scharf wie Blitze, von goldnem Haar umwallt;
man hat ihn nicht zum Scherze den Löwen nur genannt,
schon mancher hat empfunden die löwenstarke Hand.

Wohl ist auch jetzt vom Siege er wieder heimgekehrt,
doch nicht des Reiches Feinden hat mächtig er gewehrt;
es ist der eigne Bruder, den seine Waffe schlug,
der dreimal der Empörung blutrotes Banner trug.

Jetzt schweift er durch die Lande, geächtet, flüchtig hin;
das will dem edlen Kaiser gar schmerzlich in den Sinn,
er hat die schlimme Fehde oft bitter schon beweint:
„O Heinrich, du mein Bruder, was bist du mir so feind!“

Zu Quedlinburg vom Dome ertönt die Mitternacht,
vom Priester wird das Opfer der Messe dargebracht;
es beugen sich die Knie, es beugt sich jedes Herz,
Gebet in heil'ger Stunde steigt brünstig himmelwärts.

Da öffnen sich die Pforten, es tritt ein Mann herein;
es hüllt die starken Glieder ein Büßerhemde ein;
er schreitet auf den Kaiser, er wirft sich vor ihm hin,
die Knie er ihm umfasset mit tiefgebeugtem Sinn.

„O Bruder, meine Fehle, sie lasten schwer auf mir,
hier liege ich zu Füßen, Verzeihung flehend, dir!
Was ich mit Blut gesündigt, die Gnade macht es rein;
vergib, o strenger Kaiser, vergib, du Bruder mein!"

Doch strenge blickt der Kaiser den sünd'gen Bruder an:
„Zweimal hab' ich vergeben, nicht fürder mehr fortan!
Die Acht ist ausgesprochen, das Leben dir geraubt,
nach dreier Tage Wechsel, da fällt dein schuldig Haupt!"

Bleich werden rings die Fürsten, der Herzog Heinrich bleich,
und Stille herrscht im Kreise gleich wie im Totenreich;
man hätte mögen hören jetzt wohl ein fallend Laub,
denn keiner wagt zu wehren dem Löwen seinen Raub.

Da hat sich ernst zum Kaiser der fromme Abt gewandt,
das ew'ge Buch der Bücher, das hält er in der Hand;
er liest mit lautem Munde der heil'gen Worte Klang,
daß es in aller Herzen wie Gottes Stimme drang:

„Und Petrus sprach zum Herren: Nicht so? Genügt ich hab',
wenn ich dem sünd'gen Bruder schon siebenmal vergab?
Doch Jesus ihm antwortet: Nicht siebenmal vergib,
nein, siebenzig mal sieben, das ist dem Vater lieb!"

Da schmilzt des Kaisers Strenge in Tränen unbewußt,
er hebt ihn auf, den Bruder, er drückt ihn an die Brust;
ein lauter Ruf der Freude ist jubelnd rings erwacht.
Nie schöner ward begangen die heil'ge Weihenacht.

Heinrich von Mühler (1813–1874)
(2 O)

*

Im Jahre 942 wollte Kaiser Otto I. zu Quedlinburg das Osterfest feiern. Da hinterbrachte ihm ein treuer Vasall, daß ein Graf Erich und eine Gruppe Verschwörer ihm nach dem Leben trachteten und ihn an diesem heiligen Tage ermorden wollten. Sie hatten im Sinne, seinen Bruder Heinrich auf den Thron zu heben.

Der Kaiser umgab sich beim Gastmahle mit seinen treuesten Anhängern und ließ am Schluß des Festes die Verschwörer dingfest machen. Die Grafen Reinward, Buco, Varinus, Hermann und Eserich wurden zum Tode verurteilt. Zur Warnung für andere Abenteurer bewahrte man das Haupt eines der Hingerichteten sowie die rechten Hände zweier der Aufrührer viele hundert Jahre im Quedlinburger Rathaus auf. (3*)

*

Kaiser Otto mit dem roten Bart geriet in Streit mit der hohen Geistlichkeit. Eines Tages war er verschwunden, und es hieß, er sei plötzlich verstorben. Doch das war eine Lüge. In Wirklichkeit fristete er sein Leben im Gefängnis. Als er nach vielen Jahren Haft verstarb, fand sein Geist im Grabe keine Ruhe. Schließlich nahm er sich den Kyffhäuser als Wohnstatt. Nachdem er an die hundert Jahre in diesem Berge gehaust hatte, zog er in ein tiefes, unbekanntes Kellergewölbe im Schloß zu Quedlinburg. Die Magd eines

Krieger mit Kettenpanzer im 11. Jahrhundert

Küsters wurde einst von einem Geist zu ihm in die Tiefe geführt. Der Kaiser war ganz von Gold und saß bewegungslos auf einem Thron. Es heißt, das Quedlinburger Schloß werde dereinst abbrennen. In den Trümmern wird man die goldene Figur des Kaisers finden und vom Erlös des edlen Metalls das Schloß neu erbauen. Der Geist Ottos wird dann Ruhe finden. (4)

*

Als Kaiser Heinrich III. mit seiner Gemahlin Agnes im Kaiserhaus zu Goslar weilte, fehlte eines morgens der Kaiserin ein Teil ihres kostbaren Schmuckes, obgleich alle Türen zu ihren Gemächern fest verschlossen waren. Da fiel der Verdacht auf den Kämmerer. Ohne auf die Beteuerungen des in Ehren ergrauten Mannes zu hören, wurde er zum Tode verurteilt und hingerichtet.

Vor den Fenstern der kaiserlichen Räumlichkeiten stand eine alte hohe Linde, an deren Anblick sich die Kaiserin oftmals des Morgens erfreute. Nicht lange nach der traurigen Begebenheit fiel ihr Blick in die Zweige des Baumes, und es war ihr, als wenn es dort blinke und glitzere wie Gold und Edelstein. Sie ließ den Gärtner nachsehen, und der fand ein Rabennest, gefüllt mit den vermißten Kostbarkeiten.

Die Folgen ihres ungerechten Verhaltens belasteten die Kaiserin schwer, und sie beriet mit ihrem Beichtvater, wie sie Buße tun könne für ihre Schuld am Tode des unbescholtenen Kämmerers. Auf den Rat des Seelsorgers hin ließ sie auf dem Kalkberge im Osten Goslars ein dem Petrus geweihtes Kloster errichten mit einer Kapelle, in der die Gebeine des unschuldig Gerichteten beigesetzt wurden. (5*)

*

Illustration von Adolf Erhard
Deutsches Balladenbuch, 1852

Der alte Barbarossa,
der Kaiser Friederich,
im unterird'schen Schlosse
hält er verborgen sich.

Er ist niemals gestorben,
er lebt darin noch jetzt;
er hat im Schloß verborgen
zum Schlaf sich hingesetzt.

Er hat hinabgenommen
des Reiches Herrlichkeit
und wird einst wiederkommen
mit ihr zu seiner Zeit.

Der Stuhl ist elfenbeinern,
darauf der Kaiser sitzt;
der Tisch ist marmelsteinern,
worauf sein Haupt er stützt.

Sein Bart ist nicht von Flachse,
er ist von Feuersglut,
ist durch den Tisch gewachsen,
worauf sein Kinn ausruht.

Er nickt als wie im Traume,
sein Aug' halb offen zwinkt,
und je nach langem Raume
er einem Knaben winkt.

Er spricht im Schlaf zum Knaben:
„Geh hin vors Schloß, o Zwerg,
und sieh, ob noch die Raben
herfliegen um den Berg.

Und wenn die alten Raben
noch fliegen immerdar,
so muß ich auch noch schlafen
bezaubert hundert Jahr.

Friedrich Rückert (1788–1866)
(6*O)

*

Während eines schweren Gewitters lag der junge Kaiser Heinrich V. schlafend in seinem Gemach in der Kaiserpfalz zu Goslar. Ein greller Blitz und ein Donner ließen die Mauern des festen Hauses erbeben. Erschrocken eilte der Kammerdiener zu seinem Herrn. Er fand ihn in ruhigem Schlummer. Ein geisterhaft bläuliches Licht erfüllte den Raum. Der Blitz war in die über der Bettstelle des Kaisers aufgehängten Waffen geschlagen und hatte diese bis zur Weißglut erhitzt. Der Diener weckte seinen Herrn auf und zeigte ihm das Wunder. Ungesäumt sprang Heinrich aus dem Bett und ließ die Waffen in die Schmiede tragen. Hier ergriff er den Hammer und beseitigte eigenhändig an dem noch glühenden Stahl die durch den Blitzschlag verursachten Schäden. Er sah die Waffen als von Gott geweiht an und trennte sich niemals wieder von ihnen. (7*)

*

Ein Schäfer, der seine Herde auf dem Kyffhäuserberge weidete, blies einst ein fröhliches Stücklein auf seiner Sackpfeife. Dann rief er beherzt: „Kaiser Friedrich, das sei dir geschenkt!" Da öffnete sich der Berg, der Rotbart trat hervor und lud den Mann ein, ihm zu folgen. Der Schäfer befürchtete, seine Schafe könnten sich in der Zeit seiner Abwesenheit verlaufen, doch der Kaiser zerstreute dessen Bedenken. Tief ging es in den Berg, bis zu einer eisernen Tür. Die sprang von allein auf und öffnete den Weg in einen großen Saal. Hier hielten sich viele Ritter und Dienstleute auf und grüßten ihren Herrscher ehrerbietig. Barbarossa fragte den Schäfer, was er zum Lohn für sein Spiel begehre, doch der Mann winkte bescheiden ab. Da gab ihm der Kaiser einen Fuß von seinem goldenen Handfaß und entließ ihn freundlich in die Oberwelt.

Anderntags hat der Hirte das Geschenk zu einem Juwelier nach Frankenhausen gebracht und viel Geld dafür erhalten.

Zu anderer Zeit pfiff am Kyffhäuser ein Schäfer ein Liedchen auf der Schalmei. Das hatte Barbarossa so gut gefallen, daß er ihn durch einen Zwerg zu einem Besuch einlud. Tief im Berge bewirtete der Kaiser den Mann und fragte ihn dann: „Fliegen die Raben noch um den Berg?“ Und als der Schäfer dies bejahte, seufzte er: „Nun muß ich noch weitere hundert Jahre schlafen!“

Der Zwerg führte seinen Gast wieder zurück zur Herde. Doch wie erstaunte der Schäfer – seine Herde hatte um hundert Stück zugenommen. Die waren nun sein Eigentum, und er wurde dadurch zu einem wohlhabenden Mann. (8)

*

Als die jungen Leute in einem Dorfe nahe dem Kyffhäuser zur Spinnstube zusammengekommen waren, spielten sie zu guter Letzt auch ein Pfänderspiel. Einem Mädchen erteilten sie beim Auslösen der Pfänder die Aufgabe, sie solle hinauf zur Burg gehen, dem Kaiser drei Haare aus dem Barte ziehen und diese mit herunterbringen. Die Gesellschaft hatte es mit keinem Angsthasen zu tun; die so Beauftragte ging davon und drang wirklich bis zum Kaiser Rotbart vor. Der ließ ihr einen Becher Wein reichen und fragte sie dann nach ihrem Begehr. Verwundert gestand er dem Mädchen den Wunsch zu, ermahnte sie aber, die drei Haare hoch in Ehren zu halten und um keinen Preis einem anderen zu geben.

Zu Hause verschloß sie das wundersame Geschenk, fein in Seidenpapier eingeschlagen, in ihrer Truhe und dachte ein ganzes Jahr nicht mehr daran. Eines Tages fand sie das Päckchen wieder und wollte es herausnehmen. Kaum konnte sie es heben, so schwer war es geworden. Die Haare hatten sich in drei Stangen Goldes verwandelt, jede eineinhalb Zoll stark. (9)

Komm, du hoher Kaiserschatten,
Komm! – erscheine,
Wenn ich über blüh'nde Matten
Unter Trümmern geh und weine;
Wenn mein Geist, von Scham durchglüht,
Zu der Vorzeit Taten flieht; –
Rolle mir die heil'gen Bilder
Einer großen Zukunft auf,
Daß ich mir das Herz erquicke, –
Kaiserschatten, komm herauf!

Unbekannt (10 O)

*

Im Jahre 1546 ging das Gerücht um, Kaiser Barbarossa sei wiedergekommen. Zahllose Neugierige besuchten den Kyffhäuser, und einem Teil von ihnen erschien tatsächlich ein rotbärtiger Greis und stellte sich als der wiedererwachte Kaiser vor. Bald werde er sich von neuem des Reiches annehmen, er warte nur noch auf Nachrichten aus Bayern und anderen Landen.

Der Kyffhäuser war fast zwei Jahre lang Ziel von Wallfahrern, die Barbarossa sehen wollten und auf eine Besserung der Zustände im Reich hofften.

Der Landesherr Graf Günther von Schwarzburg-Sondershausen beriet sich mit dem Adel des umliegenden Landes, was zu tun sei. Schließlich schickte er zu nächtlicher Stunde Militär auf den Berg. Anderntags warteten die Rotbart-Pilger vergebens auf das Erscheinen des Alten, er war festgenommen worden.

Die Untersuchungen ergaben, daß es sich bei dem falschen Barbarossa um einen geistesgestörten Schneider aus Langensalza gehandelt hatte, der aus der Haft entflohen war und sich im Gemäuer auf dem Kyffhäuser angesiedelt hatte. (11)

Zur Zeit Napoleons I. kam ein französischer Marschall nach Nordhausen, und als er die Trümmer der Kyffhäuserburg sah und hörte, daß sie ein verwunschenes Schloß sei, auf dem es bei Nacht niemand Ruhe lasse, rief er im Übermut: „So will ich die nächste Nacht droben schlafen!“ Er hörte auf keine Warnung, sondern ließ sein Feldbett auf dem Kyffhäuser aufschlagen. Um Mitternacht sandte der Kaiser Friedrich die Königin Holle hinauf und ließ dem Marschall sagen, er möge seinen Herrn, den Kaiser Napoleon, warnen, nicht nach Rußland zu ziehen; denn von da werde er nur in Schmach und Not wiederkehren. Er möge dem Kaiser auch verkündigen: wenn er seinen Ruhm lieb habe, solle er Deutschland räumen; denn er, der Kaiser Friedrich, dulde nicht, daß sein Volk den Franzosen untertänig sei. Und wenn der Kaiser Napoleon diese Mahnung nicht höre, werde er in Jammer und Armut untergehn. Der Marschall eilte am folgenden Morgen nach Halle, wo sich Napoleon gerade aufhielt, und sagte ihm, was die Königin melden ließ, und alle Generale und alle Soldaten baten den Kaiser, nicht nach Rußland zu gehen. Doch er, wie er war, lachte sie aus. (12*)

*

In der Zeit, als Kaiser Napoleon Europa mit seinen Heeren überzog, trieb ein Schäfer seine Herde an den Kyffhäuser. Da winkte ein schönes Mädchen und forderte ihn auf, mit in den Berg zu kommen. Sie erreichten ein großes Gewölbe. Dort saß Kaiser Barbarossa auf seinem Thron. Die Prinzessin schenkte dem Manne ein Goldstück und bat ihn darum, vom Geschehen in der Welt zu berichten. Er erzählte nun, wie Napoleon Bonaparte sich alle Länder weit und breit unterworfen habe und hier in der Gegend um den Kyffhäuser ein Bruder des Eroberers herrsche.

Da erwachte der schlafende Barbarossa für einen Augenblick, seine Augen blitzen zornig, und er ergriff sein

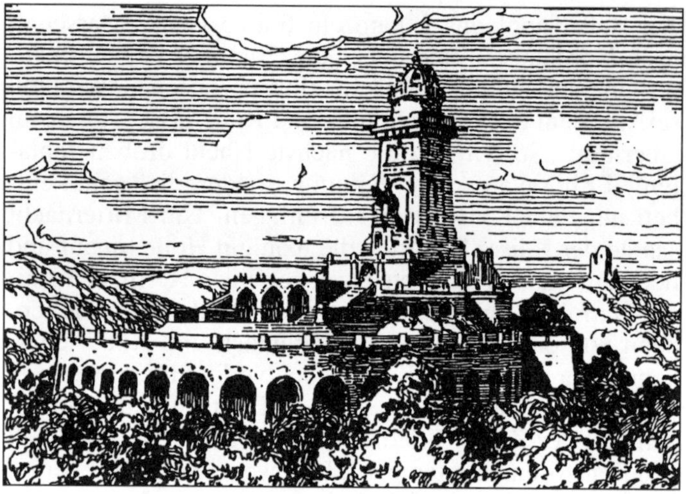

Kyffhäuserdenkmal
zu Anfang des 20. Jahrhunderts

Schwert, das vor ihm auf dem steinernen Tische lag. Kraftlos jedoch sank er wieder zurück, und ein schwerer Seufzer entrang sich seiner Brust. „Mein armes Land!" vermeinte der Schäfer zu vernehmen.

An dem Tage, als Napoleon auf der Insel Elba verstarb, waren zwei Männer in den Ruinen des Kyffhäusers beschäftigt. Plötzlich erblickten sie eine untersetzte Gestalt, in einen grauen Mantel gehüllt und mit einem Dreispitz auf dem Kopf, durch ein bis dahin nicht sichtbares Tor in der Tiefe des Berges verschwinden. Einen kurzen Augenblick sahen die Männer ein bleiches Gesicht – es war der Geist Napoleons.

Kurze Zeit darauf erscholl aus der Tiefe gewaltiges Getöse, der Berg erzitterte, und ein Teil der Burgkapelle stürzte zusammen.

Seit dieser Zeit meinten die Leute, Rotbart sei erlöst und statt seiner sei Napoleons Geist in den Kyffhäuser verbannt. (13*)

*

Durch den wilden Wald, über die felsigen Harzberge und Höhen kamen Reiter, trutzig wilde Gesellen in seltsamer Tracht. Als zögen sie zu Kampf und Schlacht und nicht zu fröhlichem Gastmahl, so schauten sie drein, voll grimmigen Stolzes. Wendenhäuptlinge waren es, die vom Markgrafen Gero geladen waren.

„Und ich sage Euch“, grollte Tugimar, ein alter Krieger, „traut dem Gero nicht. König Otto hätte längst in unsere Forderung gewilligt. Gero ist es, der uns bekämpft. Ich erschlug ihm den Bruder in wilder Feldschlacht. Ich mag Geros Brot und Wein nicht. Zum letztenmale sage ich Euch: Kehrt um!“

Zank erhub sich. Alle schalten auf Tugimar. Der bot ihnen kurzen Gruß, wandte seinen Gaul und ritt der Lauenburg zu. Sein Bruder, welcher sich unter der Schar der Häuptlinge befand, hielt einen Augenblick an ihm nachzuschauen. Dann folgte er den andern. Aber als er hörte, daß sie weiter schalten auf Tugimar, ward er zornig und gelobte jedem, der seinem Bruder Übles nachsage, bitterste Feindschaft.

„Furchtsamer als ein Hase? Ist er nicht Wende wie Ihr? Schimpft Ihr Eure Nase, trefft Ihr Euer Antlitz! Was über und unter der Erde ist, darf auch der Wende fürchten, aber – einen Feind von Fleisch und Bein? Nimmermehr!“

Da hielten sie vor Geros Burg. Fackeltragende Knechte standen im Hof, den Gästen leuchtend. Festlichen Glanz hatte Haus und Hof, und heitres Willkommen erscholl aus Geros, aus seiner Mannen Munde. Den Pferden ward duftendes Heu gereicht, und zufrieden betraten die Wendenfürsten den Festsaal. Speise und Trank waren trefflich, und eifrig kreiste der Becher. Lauter und lauter wurden die Festgenossen und freuten sich des edlen doch ungewohnten Trunkes. Dieser und jener sank unter den Tisch, desto lustiger lachten die andern, bis einige anfingen, zum Aufbruch zu mahnen. Gero, welcher kurz zuvor den Saal verlassen, trat plötzlich herein, gefolgt von gewaffneten Knechten. Erschrocken starrten die Gäste ihnen entgegen und – entsetzliches Geheul erhob sich, als die Knechte sich auf die Wehr- und Waffenlosen stürzten. Das Wendenblut spritzte auf zur weißen Decke des Saales, und die Verwirrung und das Geschrei war furchtbar. Im Blute wateten die Füße der Mörder, bis auch der letzte der Gäste erschlagen lag, von Geros Hand. Mit lautem Fluch war er gestorben. Die Flüche der Sterbenden hatte Gero nicht verstanden, aber den Namen Tuginar hatte er überlaut vernommen, und auf Schritt und Tritt begleitete den Markgrafen Gero der gellende Sterbeschrei der Wenden.

Als die Slaven und Wenden den schmachvollen Tod ihrer Fürsten erfuhren, zogen sie sich erbittert und erschreckt zurück. Aber sie holten als Bundesgenossen die Ungarn herbei, und neuer Krieg überzog die germanischen Gaue. Gero, der Sohn Markgraf Geros, fiel in der ersten Schlacht. Bald darauf starb auch der zweite und letzte Sohn Siegfried an einer Wunde, die er im Kampf erhielt. Unter den gefangenen Wenden war ein alter, weißbärtiger Wendenfürst. Stolz sah er über die Feinde hinweg. Laut und höhnisch lachte er, als er hörte, daß auch Siegfried gestorben sei.

„Ich schlug ihm die Wunde“, rief er triumphierend. „Dreißig Männer erschlugst du, und wenn ich Dich traf, als ich dir Brüder und Söhne nahm, ist erst ein Zehntel Deines Lohnes Dir geworden. Czernebog wird Dir's lohnen, Czernebog wird dich greifen und zermalmen!“

Nicht Czernebog strafte Gero, aber dem lieben Gott hatte der dreißigfache Mord nicht gefallen. Trauer um die

Söhne, Reue über seine That ergriff Gero. Zur Sühne stiftete er das Kloster Gernrode. Siegfrieds hinterlassene Witwe ward die erste Äbtissin desselben.

Nun ist es lange her. Slaven und Wenden, Sachsen und Chatten, sind einige Deutsche geworden. Unvergessen ist Geros Name und That, unvergessen auch Frau Hedwig, seine Schwiegertochter. In mondhellen Nächten steht Gero auf aus seinem Grabe, legt seine verrostete Rüstung an und geht um auf der Stätte des Mordes. So wird er thun bis zum jüngsten Tag.

Clara Förstner (1850–1907)
(14* O)

*

Zur Zeit Heinrichs IV. lebte in Herzberg die Frau eines Berghauptmannes, die durch ihre Schönheit und ihre Sittsamkeit weithin bekannt war. Eines Tages, als ihr Gatte in geschäftlichen Dingen unterwegs war, ließ Heinrich sie zu sich bringen und verging sich an ihr.

Als der Berghauptmann von seiner Reise zurückkam, klagte ihm sein Weib die angetane Schmach. Zornig eilte er nach der Kaiserpfalz zu Goslar, um den Frauenschänder zum Zweikampf zu fordern. Der ließ ihn jedoch wie einen Bettler davonjagen.

Der Berghauptmann war bei seinen Bergleuten beliebt, und die Schmach, die ihm angetan worden war, sahen sie als Beleidigung ihres gesamten Standes an.

Zur gleichen Zeit erging aus der Freiberger Gegend in der Mark Meißen das große Berggeschrei. Kurzentschlossen zogen die Männer gemeinsam mit ihrem Berghauptmann aus dem Harz ins meißnische Land und gründeten dort die ersten Bergwerke. Das brachte dem Harzer Bergbau einen schweren Verlust.

Anläßlich einer Festlichkeit in der Kaiserpfalz Goslar

lernte Heinrich IV. die Gemahlin des Ritters Albrecht von der Helden auf Burg Scharzfels kennen und verliebte sich in ihre Schönheit. Seit diesem Augenblick sann er darüber nach, wie er sich dieser Frau nähern könne. Schließlich zog er mit großem Gefolge in das Kloster Pöhlde. Dorthin ließ er den Ritter Albrecht entbieten und betraute ihn mit einem Auftrag, der ihn mehrere Tage von der heimischen Burg fernhielt. Dann begann er eine Jagd in den Wäldern um die Burg Scharzfels.

Gegen Abend entlud sich ein schweres Gewitter, und der Kaiser erheischte Obdach für sich und sein Gefolge in den Mauern der Burg Scharzfels. Mit Ehrerbietung und Gastfreundschaft wurden die hohen Gäste aufgenommen. In der Nacht schlich sich der Kaiser zu den Frauengemächern. Als er anderntags von der Burg schied, hatte er die Burgfrau entehrt.

Albrecht von der Helden erfuhr bereits auf dem Weg von der Schändlichkeit, die seinem Weibe widerfahren war. Zornentbrannt wandte er sich nach Goslar, um vom Kaiser Rechenschaft zu fordern. Er mußte jedoch aus der Stadt weichen, um nicht den auf ihn angesetzten Häschern und Mördern in die Hände zu fallen.

Nun zog der Betrogene auf die Höhen und in die dichten Wälder des Harzes und klagte den Bergleuten und Holzmachern sein Leid. Diese legten ihre Arbeit nieder, bewaffneten sich mit Äxten und Hämmern, um dem Ritter beizustehen, das erlittene Unrecht zu rächen. So begann der Sachsenaufstand. (15*)

*

Der Welfenfürst Heinrich wurde einst auf einer Meerfahrt vom Sturme verschlagen. Lange irrte das Schiff ziel- und steuerlos umher, und Heinrich und seinen Mannen ging die Nahrung aus. Da entschlossen sie sich, das Los zu werfen. Auf wen es traf, der mußte den Verbleibenden zur

Speise dienen. Schließlich waren nur noch der Herzog und ein Knecht übrig. Das Los, für den anderen geopfert zu werden, fiel auf den Fürsten, und dieser machte sich ohne zu zaudern zum Sterben bereit. Der Knecht weigerte sich, zum Mörder seines Herrn zu werden und schlug ihm vor, sich in einen ledernen Sack einnähen zu lassen und zu warten, was dann geschähe. Heinrich stimmte zu und nahm sein Schwert mit.

Nicht lange darauf kam der Vogel Greif, flog mit der Last davon und legte sie in seinem Nest ab, damit die Jungen die Beute fressen könnten. Heinrich trennte mit Hilfe seines Schwertes die Tierhaut auf und erschlug die über ihn herfallenden Jungen. Dann schnitt er eine Greifenklaue ab, kletterte aus dem Nest und fand sich in einem tiefen Wald. Den durchwanderte er, bis er ein furchtbares Gebrüll vernahm. Ein Lindwurm kämpfte gegen einen Löwen und hatte ihn beinahe besiegt. Den Herzog dauerte das edle Tier, und er erschlug den Drachen. Darauf folgte ihm der Löwe in ehrerbietiger Dankbarkeit.

Heinrich grübelte, wie er zurück unter Menschen gelangen könne und baute sich aus Ästen und Reisig ein Floß. Als der Löwe zur Jagd in den Wald aufgebrochen war, stieß Heinrich damit vom Ufer ab und ließ sich ins Ungewisse treiben. Das Tier jedoch, als es zum Strande kam, stürzte sich ins Wasser und schwamm ihm hinterher.

Als die Not der beiden groß geworden war, erschien ihnen der Teufel. Er bot Heinrich an, ihn und den Löwen noch am gleichen Tag zum Giersberg bei Braunschweig zu bringen. Dort solle der Fürst eine Nacht wachen. Würde er einschlafen, sei er dem Teufel verfallen, halte er jedoch im Wachen durch, dann habe der Teufel seinen Anspruch auf ihn verloren. Der Schiffbrüchige willigte ein, denn er sah keinen anderen Ausweg.

Auf dem Giersberg bei Braunschweig angekommen, setzte der Teufel seine Last ab und meinte: „Nun wache,

Herr! Ich hole jetzt den Löwen nach und kehre bald wieder."

Todmüde von den Strapazen kämpfte Heinrich vergebens gegen den Schlaf. Als der Teufel mit dem Löwen geflogen kam, glaubte das treue Tier, sein Herr sei gestorben, und fing laut an zu brüllen. Erschreckt wachte Heinrich auf. Der Teufel hatte verloren. Zornig warf er den Löwen herab und verschwand.

Heinrich wandte sich mit seinem Begleiter zum Braunschweiger Schloß. Dort erkannte ihn keiner, und niemand wollte ihn einlassen. Zu seinem Schrecken mußte er erfahren, daß man ihn tot wähnte und die Adligen des Landes nach Ablauf der Trauerzeit seine Gemahlin bedrängt hatten, erneut zu heiraten. An diesem Tage sollte die Hochzeit sein. Heinrich bat einen Diener darum, ihm von der Hand der Herzogin ein Glas Wein zu bringen. Verwundert entsprach der Mann der Bitte, und ebenso verwundert gab die Frau den Pokal.

Heinrich trank und warf seinen Siegelring in den geleerten Kelch mit der Bitte, ihn der Herrin zurückzubringen. Da wurde bekannt, wer der Fremdling draußen am Tore war. Mit Jubel begrüßte ihn sein Gefolge.

Herzog Heinrich regierte noch lange glücklich und starb im hohen Alter. Auf sein Grab legte sich der Löwe und wich nicht von dort, bis er seinem Herrn in den Tod folgte. Löwe und Greifenklaue blieben Zeichen der Nachkommen Heinrichs des Löwen. (16*)

*

Die Herren von Wernigerode hausten ursprünglich in einem einzigen, mächtigen Turme auf dem Berge, den die Leute heute Haarburg nennen.

Graf Bodo von Wernigerode hatte eine zahlreiche Nachkommenschaft, und da wurde es in dem festen Turm doch ein wenig eng. Herrschaft und Gesinde sehnten sich

Heinrich der Löwe

nach geräumigen und hellen Zimmern und Sälen in einer neuen Burg. Doch auf dem schmalen Bergsporn der Haarburg war ein solcher Bau unmöglich, abgesehen davon, daß er sehr viel Geld gekostet hätte.

Eines Abends konnte die Burgfrau nicht einschlafen und setzte sich an das Fenster ihres Gemaches. Es war eine laue, mondhelle Nacht, und sehnsüchtig gingen ihre Blicke zu einem Berge, der wie kein anderer in der weiten Umgebung geeignet schien, eine neue Burg zu tragen.

Ein leises Geräusch riß sie aus ihren Träumereien, sie wandte sich um und sah den Burggeist, ein altes, langbärtiges Männchen, stehen. Nicht oft zeigte es sich den Menschen. Nur dann bekam es die Familie derer von Wernigerode zu Gesicht, wenn sich etwas Großes, für das Geschlecht Wichtiges anbahnte.

„Ich spüre, daß Dich etwas bedrückt", meinte der kleine Mann. „Sag es mir – vielleicht kann ich Dir helfen."

„Zu Kummer oder Sorgen habe ich, Gott sei es gedankt, keinen Grund. Doch ich sehne mich danach, mit den Meinen einmal in einer geräumigen Burg zu wohnen. Der Turm hier ist fest und wehrhaft, und wir möchten ihn in Notzeiten nicht missen. Doch wie schön wäre es, wenn sich um ihn herum einige wohnliche Häuser erheben würden, in denen es im Sommer hell und im Winter warm ist. Dort drüben dieser Berg – wenn unser Turm auf ihm stehen würde, dann wäre genügend Platz dafür."

„Vielleicht gehen Deine Träume einmal in Erfüllung", meinte das Männlein lächelnd. Doch nun gehab Dich wohl!"

Die Burgfrau wurde mit einem Male sehr müde und suchte ihr Lager auf. Doch sie umfing kein traumlos-fester Schlaf. In allen Ecken knisterte und knackte es. Und dann kam es ihr vor, als wenn sie das Männlein rufen hörte: „Rutsche fort! Rutsche fort!"

Die Sonne weckte sie auf. Schnell erhob sie sich und ging zum Fenster, um die frische Morgenluft tief einzuatmen. Verwundert blickte sie in die Runde. Vor ihr, tief unten im Tal lagen die Häuser von Wernigerode. Ihr Haus stand nicht mehr an der Stelle, wo es dereinst die Ahnen erbaut hatten. Genau dort ragte es empor, wohin sie sich noch gestern am Abend gesehnt hatte. Der gute Burggeist hatte es dank seiner Zauberkraft über Nacht dorthin befördert.

Nun konnte das Geschlecht derer von Wernigerode neue Gebäude rund um den alten Turm errichten, und mit der Zeit entstand das feste Schloß Wernigerode. (17*)

*

Nicht weit vor den Toren Nordhausens stand einst auf dem Kalkfelsen des Kohnsteins die Schnabelburg. Sie gehörte zum Besitz der Herren von Hohnstein, die zuweilen das Eigentum anderer als das ihrige ansahen und so der Stadt Nordhausen manchen Schaden taten, wenn sie Kaufmannszüge ausplünderten oder Vieh von den Weiden raubten. Mit Gewalt konnten die Bürger Nordhausens nichts unternehmen, doch waren sie klug und geschickt im Verhandeln. Und so boten sie dem räuberischen Grafen an, die Burg zu kaufen. Im hohen Rathaussaal zu Nordhausen wurde der Kaufvertrag zwischen dem Grafen Ulrich und der Stadt Nordhausen unterzeichnet. Der Graf dachte dabei: „Laß sie nur die Veste kaufen. Wenn ich ihrer bedarf, werde ich mir schon zu helfen wissen.“

Doch er war nicht listig genug, um die Schlauheit der Ratsherrn der alten Stadt zu übertreffen. In dem Augenblick, als er seinen schwungvollen Namenszug unter die Urkunde gesetzt hatte, begann auf der Burg ein emsiges Treiben.

Als dann viele Stunden später Graf Ulrich, dem der Wein in Nordhausen sehr gut gemundet hatte, etwas wan-

Zweikampf zweier Ritter im hohen Mittelalter

kend im Sattel aus dem Stadttore ritt, traute er seinen Augen nicht. Auf dem Kohnstein konnte er nur noch einige unbedeutende Ruinen statt der festen Burg erspähen.

Zornig verbündete sich der adelige Herr mit einigen anderen seines Standes, und mehr als sechs Jahre ging er mit Waffengewalt gegen die Stadt vor. Überwinden konnte er sie nicht, dazu war sie zu wehrhaft und der Stadthauptmann Andreas von Butelar ein zu tüchtiger Ritter. Doch das Gemeinwesen verarmte, denn Nordhausens Reichtum war auf Handel gegründet. Schließlich wurde diese Fehde unerträglich für ganz Thüringen, und der Landgraf schlichtete den Streit. Nordhausen mußte dem

Hohnsteiner eine Lösesumme zahlen, und der mußte sich verpflichten, den Nordhausenern nie wieder Schimpf und Schaden anzutun. (18)

*

Hoch auf des Schlosses Zinnen
Steht Ritter Knaut zur Nacht,
Er kann nicht Ruh gewinnen,
Hat manche Nacht gewacht.

Am Tage stürzt sein Renner
Fort über Stock und Stein,
Und seine kühnsten Männer,
sie holen ihn nicht ein.

Senkt Nacht sich auf die Felder,
So kehrt er stumm zurück,
Die dickste Nacht der Wälder
Hat wohl durchforscht sein Blick;

Doch hat er nicht gefunden
Den Schatz, den er vermißt,
Sein Herz kann nicht gesunden,
Bis er gefunden ist.

Den Schatz, den er verloren, –
Das ist sein liebstes Kind,
Zu Freud' und Schmerz geboren, –
Sein liebes, einz'ges Kind.

Wo bist du Kind, so herzlich,
So freundlich und so traut,
Wir suchen dich so schmerzlich,
Wenn wieder Morgen graut!

Das Kind, es wand im Lenze
Im Wald sich einen Strauß
Und brachte duft'ge Kränze
Dem Vater in das Haus.

Am Morgen geht es heiter
Dahin mit seiner Magd;
Die sucht sich duft'ge Kräuter; –
Und wie sie rufend fragt:

Lieb Kind, nun laß uns gehen,
Wo bist du, liebes Kind?
Hört sie wohl Windeswehen
Im Wald, doch nicht das Kind;

Und sucht und rufet wieder,
Und rennt sich atemlos,
Und sinkt ermattet nieder
Halb tot auf's grüne Moos.

Und in der Burg wird's bange
Dem edlen Ritter Knaut;
„Bleibt doch mein Kind so lange
Mein Kind so lieb und traut!"

Schon steht er vor der Pforte,
Schon schweift umher sein Blick,
Er ruft; doch seine Worte
Gibt nur der Wald zurück.

Die Magd – o weh der Armen!
Springt auf vom grünen Moos.
Erbarmen, Herr! Erbarmen!
So ruft sie atemlos.

„Mein Kind?“ – „O Herr! verschwunden
Ist’s wie durch Zaubermacht!
Zwei qualvoll lange Stunden
Such ich’s in Waldesnacht!“

Da stößt in’s Horn der Ritter,
Da ruft er: Rosse vor!
Es stürmt wie Ungewitter
Dahin der Reis’gen Chor.

Voran, nicht zu erjagen
Der Vater durch den Forst, –
So stürmt bei Frührots Tagen
Ein Adler von dem Horst.

Die Nacht wallt auf die Felder;
Er kehret stumm zurück,
Die tiefste Nacht der Wälder
Durchspäht’ umsonst sein Blick!

Oft steht er auf den Zinnen
Und schaut verstört hinaus,
Er kann nicht Ruh gewinnen,
Verödet ist sein Haus. –

Doch horch! Welch frohes Regen –
Welch lauter Freudenklang!
Wie tönt von allen Wegen
Halloh und Jubelsang! –

Sie tragen grüne Maien,
Sie tragen grünen Kranz –
Die schönste aller Maien:
Das Kind im Festesglanz.

O Vater! deine Wonne,
Sie saget nicht mein Sang,
Nach Nacht und Graus kam Wonne,
Nach Kummer Freudenklang!

Er nimmt es auf die Arme,
Er drückt es an die Brust,
Er läßt's nicht von dem Arme,
Er läßt's nicht von der Brust!

Habt Dank, ihr treuen Mannen!
Wo fandet ihr mein Kind?
Und hoch erfreut begannen
Sie den Bericht geschwind:

„Dort tief im düstern Walde,
Weit von der Burg hinaus,
An ferner Bergeshalde
In eines Köhlers Haus.

Zu dem ist es gekommen,
Ein Kränzlein in der Hand;
Er hat es aufgenommen,
Als ob's ihm Gott gesandt.

Auf alle seine Fragen
Zu mancher Tagesstund
Wußt' ihm doch nichts zu sagen
Des Kindleins Rosenmund.

Als wir zur Hütte kamen
Sprang's auf mit frohem Sinn
Und nannte Vaters Namen
Und rief: 'Zum Vater hin!'

Und diesen Kranz mit Questen
Hatt's an den Arm gehängt;
Es sprach: 'Euch lieben Gästen
Sei dieser Kranz geschenkt!'"

Der Ritter voll Entzücken
Bringt Dank und wieder Dank,
„Nun will ich euch beglücken,
Mit Liebe lebenslang!

Nun sollen reiche Gaben
Und Spiel und muntrer Tanz
Euch treue Männer laben
Bis zu des Morgens Glanz!

Und jährlich strömt zum Feste
Hierher mit Weib und Kind,
Ihr bleibt willkommne Gäste, –
Ich bleib euch hold gesinnt.

Und daß nach vielen Jahren,
In jeder künft'gen Zeit
Die Enkel noch erfahren,
Wie sich mein Herz gefreut:

Sei nach dem Kranz, der Queste
Von meines Kindes Hand
Das Dorf und diese Veste
Nun Questenberg genannt."

Unbekannt
(19 O)

*

Einst hatte Kaiser Heinrich sein Hoflager auf der Burg bei Wallhausen in der Goldenen Aue. Einer seiner Mannen hatte sich um ihn sehr verdient gemacht und durfte sich eine Gnade ausbitten. Da bat er um ein Stück Feld zu Eigentum in der Größe, wie er es mit einem Scheffel Gerste umsäen könne. Der Kaiser bewilligte dem Ritter diese Bitte, und der säte sorgfältig Körnchen um Körnchen. Als er fertig war, hatte er ein sehr großes Gebiet umsät. Das erweckte den Neid der übrigen Hofleute, und sie versuchten den Kaiser gegen den Ritter zu stimmen. Doch Heinrich lachte und meinte: „Gesagt ist gesagt. Das ist des Manns Feld!“ Damit hatte er dem Land einen Namen verliehen, und der neue Besitzer konnte sich nun Graf von Mansfeld nennen. In das Wappen wurden die Gerstenkörner mit aufgenommen. (20)

*

Der Herzog von Braunschweig war im Jahre 1487 einmal zu Gast auf dem Mansfelder Schloß. An der Tafel rühmte er sich seines Reichtums. Da meinte der Graf von Mansfeld bescheiden: „Des Reichtums können wir armen Mansfelder Grafen uns nicht rühmen. Doch haben wir einige sehr reiche Untertanen. Sie würden mir auf der Stelle einen Pferdewagen voll Taler ins Schloß bringen oder mit hundert Pferden herbeireiten.“

Der Herzog lächelte ungläubig. Der Mansfelder jedoch schickte heimlich einen Kurier an den Kaufmann Bucher nach Eisleben. Der ließ zurückfragen, von welchem Jahrgang die Taler sein sollten. Der Herzog nannte eine jüngere Jahreszahl. In kurzer Zeit traf der Wagen, gefüllt mit Talern des Prägungsjahres, im Schloß zu Mansfeld ein. Fast zur gleichen Zeit ritt der Fuhrunternehmer Johann Zörner mit hundert Pferden vor.

Da hat der Herzog von Braunschweig freilich Mund und Augen weit aufgesperrt. (21)

Ein Stecklenberger Burggraf hat es mit Rauben und Morden toll getrieben. Er setzte sich täglich ein Ziel, wieviele Menschen er aufspießen oder köpfen wolle. Lange konnte man seiner nicht Herr werden. Er kannte manche Schliche und wußte sich jeder Gefahr zu entziehen. Schließlich verschanzte er sich auf dem Regenstein, und da konnten die Quedlinburger seiner habhaft werden. Vor seiner Hinrichtung in Quedlinburg stieß er seinen Speer in die Erde und bot der Stadt an, den Marktplatz mit Gold zu bedecken, so hoch der Schaft seiner Waffe emporrage. Doch die Leute haben ihm nicht geglaubt und ihm das Haupt abgeschlagen.

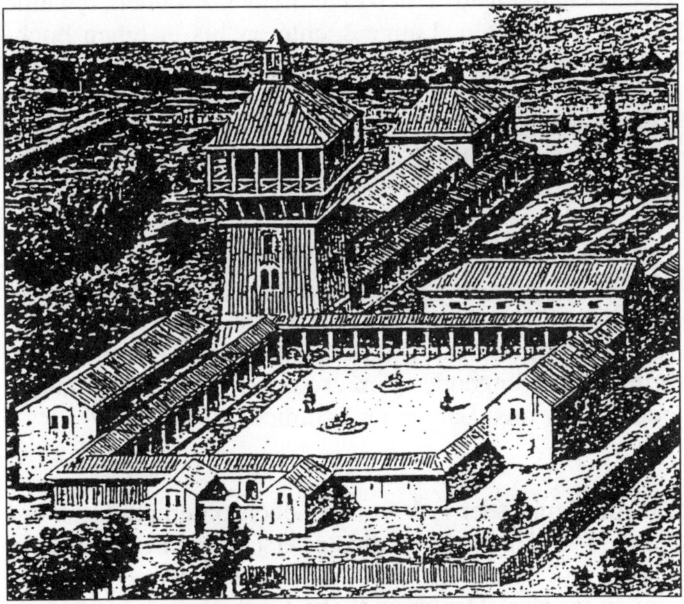

Königspfalz um 500 n. Chr.
(Zeit der Merowinger)

Andere meinen, die Quedlinburger hätten ihn im Hackelndeich bei Gernrode gefangen und in einem Käfig nach Quedlinburg befördert. Sein Bruder habe ein hohes Lösegeld geboten, dazu habe er noch 7000 Morgen Wald auf dem Ramberg abgeben und sämtliche Türme der Stadtmauer neu errichten müssen. (22*)

*

Im Jahre 479 zog König Melyerich von Thüringen mit großer Heeresmacht über den Harz, um gegen die Sachsen zu kämpfen. Diese jedoch wußten sich zu verteidigen und schlugen das feindliche Heer. Besonders tat sich der sächsische Edelmann Hatebold hervor. Zum Lohn für seine Heldentaten durfte er sich eine Stelle auswählen, um eine Burg zu errichten. Lange suchte er, bis er einen hochaufragenden Felsen fand. Mühsam erstieg er ihn, und als er davon herabblickte, sagte er: „Dieser Stein ist beregent, er soll meine Wohnung sein!“ Dann erbaute er hier eine Burg und erhielt den Titel „Graf von Regenstein“. (23*)

*

Unter der Ruine der Burg Regenstein bei Blankenburg ist ein Felsenloch voller kleiner Kiesel. Von diesen kannst du beliebig viele wegnehmen, sie kommen alle wieder zurück. Zur Mittagsstunde hört der Wanderer auf dem Felsen oftmals ein klingendes Geräusch, wie von Schellenläuten oder dem fernen Laut einer Schmiede. (24)

*

Einem Manne, der sich seinen Lebensunterhalt durch das Fischen in der Bode verdiente, erschien eines Tages ein Zwerg und bat darum, von ihm an das andere Ufer getragen zu werden. Der freundliche Fischer tat dem kleinen Manne den Gefallen, und dieser zeigte sich erkenntlich, indem er ihm einen Wunsch gewährte.

Der Fischer bat den Zwerg, ihn als Burgherr in die Zeiten zu versetzen, als die Treseburg noch nicht in Trümmern lag.

Es währte nur wenige Tage, bis der Mann den Zwerg dringend bat, ihn wieder in die Gegenwart zu bringen. Was er an Hader und Zwist erlebt hatte, konnte er nicht länger aushalten. Lieber wollte er jetzt als Fischer sein karges Brot verdienen, als in ständigen blutigen Fehden zu leben.

Eines hatte sich in seiner Erinnerung besonders festgesetzt, der Weg vom Turm zur Schatzkammer der Burg. Er berichtete davon seinem Sohn und gab ihm genau an, wieviel Schritte er nach Westen und Süden zu gehen habe, um dorthin zu kommen.

Als der Vater gestorben war, dauerte es nicht lange, bis der Sohn den Heimatort verließ. Er siedelte sich als wohlhabender Mann in einer benachbarten Stadt an. Vielleicht hatte er den Burgschatz gefunden? (25)

*

Seht ihr die alte Lauenburg
hoch auf dem Harze schimmern?
Durch Wildnis geht der Weg hindurch
zu ihren wüsten Trümmern.
Da blühet ein Blümchen um Mitternacht,
das schimmert in blendender Lilienpracht.

Es leuchtet einen Stundenschlag
ins finstre Tal hinunter;
dann geht es, wie ein stiller Tag
der Unschuld, heilig unter;
dann ist es, als wandelten Geister dort
um einen geweiheten Friedensort.

Und eine sanfte Lichtgestalt,
umweht von Himmelsdüften,
schwingt sich empor, und wallt und wallt
und schwindet in den Lüften.
Es wehet und säuselt wie Ferngetön
herab aus den Lüften um Tal und Höhn.

Im Tal stand einst ein Hüttchen klein
und grün umrankt und moosig;
da blühte Bertha still und rein,
ein Mägdlein zart und rosig.
Es mochte gern über den grünen Zaun
die spielenden Lämmer der Wiese schaun.

„Du sollst mein trautes Liebchen sein,
zu schön für eine Hütte." –
Doch Bertha sprach: „Das kann nicht sein!"
Und floh in ihre Hütte.
Da fand sie die Mutter am stillen Herd:
„Ach, Mutter! Der Junker hat mein begehrt."

„Ob auch der Junker dein begehrt,
laß dich sein Schloß nicht blenden!
Schon manche Jungfrau kam entehrt
zurück aus seinen Händen.
O, bringe den Jammer nicht über mich!
Mein Töchterlein, säume nicht, rette dich!" –

„Wohin, o Mutter, retten mich
vor seinem Dienerschwarme?"
So weinte sie und stürzte sich
der Mutter in die Arme. –
„Ein Kloster, mein lieb Töchterlein,
das hüllt dich in ruhige Schatten ein."

„Da schmücket dich mit keuschem Glanz
die Hochgebenedeite;
da prangst du mit dem Myrthenkranz
im Chor der Himmelsbräute;
da wirst du in gräulicher Mitternacht
von schimmernden Engeln treu bewacht.“

„So führ, o Mutter, führe dann
dein Kind zur Klosterstille,
daß vor der bösen Welt fortan
der Schleier mich verhülle!“
Da führte die Mutter das Töchterlein
zur Stille des Klosters getrost hinein.

Und als der Junker das vernahm,
gebot er seinen Leuten,
das Mägdlein, das ihm still entkam,
gewaltsam zu erbeuten.
Da wurde das Kloster wohl hart bedrängt
und krachend das eiserne Tor gesprengt.

Die wilden Räuber scheuten sich
nicht vor der heil'gen Stelle;
sie rissen Bertha freventlich
aus der geweihten Zelle.
Sie ward in der grausigen Mitternacht
zur Lauenburg stürmend hinaufgebracht.

„Willkommen!“ rief des Junkers Spott,
den all ihr Flehn nicht rührte,
„Ich nehme ja nur vom lieben Gott
zurück, was mir gebührte.
Drum trockne nur immer dein schön Gesicht!
Es kostet das liebliche Leben nicht!“ –

Du Sohn Marias!“ rief sie laut
„Du Gottessohn, o sende
mir Hülf’ und rette deine Braut,
daß keine Schmach sie schände!
Ihr Lüfte des Himmels, ihr Blumen sprecht!
O sprecht, wenn kein Rächer die Unschuld
rächt!“

Doch still! Ich hör’ ein leises Wort,
ich darf Erlösung hoffen.
Ein Engel kommt, ich sehe dort
den lichten Himmel offen!“
Begeistert blickte sie himmelwärts,
und leiser und leiser verstummt ihr Herz.

Entronnen aller Erdennot
und aller Schmach entnommen,
führt ihren Geist der Engel Tod
ins stille Land der Frommen.
Es war eine lichte Gestalt zu sehn;
da wollten die Räuber vor Angst vergehn.

Und wo sich Berthas Auge schloß,
den Raum weiht eine Blume,
die lichthell aus dem Boden sproß
zu einem Heiligtume.
Wenn die der verspätete Wanderer schaut,
dann ruft es ihm nach wie ein Seufzerlaut.

Sie blickt alljährlich nur ein Mal
in nächtlich dunkler Feier,
still, wie ein schauerlicher Strahl,
vom öden Turmgemäuer.
Ein Lüftchen umweht sie, das flüstert schwach
die sterbenden Laute der Unschuld nach.

Seht hin! Wo einst die Feste stand
mit ihren stolzen Türmen,
trotzt öde nur noch eine Wand
der Zeit und ihren Stürmen.
Da blüht das Blümchen um Mitternacht
im Schimmer der blendenden Lilienpracht.

Christoph August Tiedge (1752–1841)
(26* O)

*

Auf der Güntersburg lebte einst ein frecher, räuberischer Ritter. Er preßte das Letzte aus den Bauern, und kaum ein Reisender kam an der Feste vorbei, dem das dort hausende Gesindel nicht alles nahm. Eines Tages zog ein wohlhabender Kaufmann mit seiner Tochter des Wegs und führte kostbare Ware mit sich. Auch ihn überfiel die Rotte und nahm ihm seine Habe. Trotz seines Flehens riß der Raubritter das schöne Mädchen auf sein Roß und verschwand hohnlachend im Walde. Da sprach der Alte einen schweren Fluch über die Räuber aus und stürzte sich in einen nahegelegenen Teich, um sein Leben zu beenden.

Das Maß der Verbrechen des Ritters war mit dieser Tat endgültig voll. Der Berg, auf dem das Raubschloß stand, erzitterte in seinen Grundfesten, und in einer Staubwolke stürzte die Burg in sich zusammen. (27*)

*

Einem Bergmann wurde geheimnisvoll zugetragen, daß im Brunnen der Burg Anhalt ein großer Schatz ruhen sollte. Eines Nachts machte er sich zusammen mit Freunden auf den Weg zur Ruine, um dem Gerücht auf den Grund zu gehen. Viele Lachter ließ sich der Mann an einem Seile in den Schacht hinabwinden, bis er auf den Grund kam und dort ein mit blinkendem Gold gefülltes Gefäß vorfand. Er

Kaufmann auf Reisen im 16./17. Jahrhundert

stieß einen Jubelruf aus, um die oben Wartenden von seiner Entdeckung in Kenntnis zu setzen. Das hätte er nicht tun sollen. Augenblicklich sank der Kessel in unergründliche Tiefen hinab. Da wurde es dem Schatzsucher angst und bange. Schleunigst rief er seine Gesellen, ihn emporzuziehen, und fluchtartig verließ die Gesellschaft den unheimlichen Ort. (28*)

*

Heinrich der Löwe hatte manchen Kampf mit Feinden und Neidern auszufechten. Im Jahre 1168 rückte er mit seinem Heer vor die Dasseburg, um Witekind von Dasseburg wieder zum Gehorsam zu zwingen. Die hochgelegene Feste und gut geführte Burg bot aber den Belagerern einen solchen Widerstand, daß ein Erfolg auf lange Zeit fraglich war. Da berief Heinrich der Löwe Bergleute aus Goslar. Diese schlichen sich des Nachts an den Berg heran und begannen einen Stollen zu graben. Mit viel Geschick erreichten sie schließlich den Burgbrunnen und leiteten das dort aufgefangene Wasser ab. Nun mußte Witekind sich ergeben, wollte er nicht verdursten. (29)

*

Als Heinrich, der älteste Sohn des Herzogs Heinrichs des Löwen, an einem Kreuzzug gegen die Sarazenen teilnahm, führte er in seinem Heer viele junge Harzer Bergknappen mit sich. Diese zeichneten sich durch Mut und Gewandtheit aus. Lange lagerte das Kreuzfahrerheer vor der maurischen Festung Chorut, und es war ihnen nicht möglich, den Verteidigern beizukommen. Da gingen einige beherzte Harzer Burschen zu ihrem Herzog und schlugen ihm vor, die Mauern der Burg auf Bergmannsart zu brechen. Im Schutze der Dunkelheit begannen sie den Felsen anzugraben und die Höhlungen durch Stempel abzustützen. Die Verteidiger konnten nichts gegen sie unternehmen, denn dort, wo die Männer arbeiteten, kamen weder Pfeil noch siedendes Pech hin. Als die Höhlungen unter den Festungsmauern groß genug waren, zündeten sie große Feuer an, die die Stempel auffraßen. Unter furchtbarem Gepolter stürzte nun ein Teil des Berges mit den darauf errichteten Befestigungsanlagen zusammen. In die Bresche stürmten die Kreuzritter und konnten die Sarazenen nach heißem Kampf niederringen. (30)

*

In der schlimmen Zeit des Dreißigjährigen Krieges plagten die Kaiserlichen, die in Halberstadt stationiert waren, die Städte und Dörfer ringsum durch Kontributionen. Eines Tages kam ein Offizier mit einer Schar Reitern auch nach Blankenburg, ließ sich zum Ratsherrn Andreä führen und forderte hochnäsig und überheblich die augenblickliche Lieferung einer großen Masse Lebensmittel und Pferdefutter. Ruhig und nachdrücklich wies ihn der Ratsherr darauf hin, daß er eine solche Menge nicht sofort zusammenbringen könne, und bat um Geduld. Der Offizier, an Gehorsam gewöhnt, fühlte sich widersprochen, geriet in Zorn und prügelte mit der Reitpeitsche auf Andreä ein. Dieser, ein großer kräftiger Mann, schlug zurück und traf den Unruhestifter tödlich.

Ein solcher Vorgang konnte nicht ohne Folgen bleiben. General von Bode machte sich mit einer stattlichen Schar Reiterei auf den Weg nach Blankenburg, um die Stadt zu züchtigen.

Da entschieden sich die Geistlichen und anderen Honoratioren der Stadt, dem Trupp entgegenzugehen und um Gnade zu bitten. Verwundert musterte der General die Schar. Als sich ein Greis aus ihrer Mitte löste und vor dem Kriegsmann auf die Knie fiel, erkannte von Bode in ihm seinen ehemaligen Lehrer, und ein Funke von Menschlichkeit begann sich in ihm zu regen. Er ordnete an, daß Blankenburg von jeder Plünderung und Gewalttat zu verschonen sei. (31*)

*

Die Bürger von Hasselfelde verstanden es lange Zeit, die plündernden Söldnerhorden des Dreißigjährigen Krieges von ihrem Städtchen fernzuhalten. Sobald ein Trupp von ferne auftauchte, richtete man die Stadt so zu, als wenn sie von der Pest heimgesucht würde. Da machten die Plünderer einen weiten Bogen um die Mauern. Doch eines Tages wurde dieses Geheimnis kund, und nun fiel die räuberische Meute auch über Hasselfelde her. (32)

Gleich am Anfang des Dreißigjährigen Krieges näherte sich ein Trupp Kaiserlicher unter seinem Anführer Hillfeld Clausthal und forderte Einlaß in die Stadt. Was blieb den Wächtern am Osteröder Schlagbaum übrig, als dem recht nachdrücklich vorgebrachten Wunsche nachzukommen? Ein Kampf mit dieser Truppe war aussichtslos, denn Hillfeld war durch einen Zauber kugelfest und daher kaum zu schlagen.

Der Bürger Bastel Löwe konnte mehr als Brot essen. Er wußte, wie man dem Zauber beikommen konnte und lud in sein Gewehr statt der Kugel einen eichenen Pflock. Damit schoß er den Anführer vom Pferd. Dessen Leuten war es unheimlich, daß ein anderer dem kräftigen Zauber einen noch kräftigeren entgegensetzen konnte. Sie wandten ihre Rosse, verließen schleunigst die Stadt und kamen niemals wieder. (33*)

*

Der Dreißigjährige Krieg brachte viel Elend auch über den Harz. Kaiserliche und Schweden plünderten und mordeten und wüteten ärger als die Pest. Das wollten etliche mutige Männer aus dem Harz nicht länger wehrlos mit ansehen. Sie versteckten sich in den Wäldern und metzelten manche kleine Gruppe von Landsknechten nieder, wenn diese marodierend durchs Land zogen. Bald trauten sich die verwahrlosten Soldaten nur noch in umfangreichen Trupps zu marschieren, und selbst manch größeren Haufen machten die mutigen Harzer nieder. Es wurden Kopfprämien auf sie ausgesetzt, doch das Volk schützte seine Leute, die für Recht und Ordnung stritten.

Oftmals mußten die Harzschützen in Gegenden gehen, in denen sie unbekannt waren. Von den Bauern und Holzfällern unterschieden sie sich im Aussehen nicht, waren sie doch fast alle des gleichen Standes. Doch sie hatten ein Zeichen, mit dessen Hilfe sie sich zu erkennen gaben.

Bevor sie in der Schenke ein Glas Schnaps austranken, klopften sie auf die Tischplatte. (34*)

*

Ist auch mein Schloß nicht groß und schön,
und leer Gewölb' und Speicher,
brauch ich vom Turm nur umzusehn,
und wer ist dann noch reicher?
Ich denke, über Feld und Hain
der einz'ge Herr und Fürst zu sein.
Und daß die Untertanen mir es glauben,
will ich sie, eh' ein andrer kommt, berauben.

Unbekannt
(35 O)

*

Um 1575 trieb im Gebiet von St. Andreasberg eine Räuberbande ihr Unwesen. Ihr Hauptmann war Hanns Bartold. Er hatte sich mit den Räubern Hackenberg und Pigge verbunden und versetzte die Gegend in Angst und Schrecken. Dem braunschweigischen Erbmarschall von Oldershausen raubte er 400 Schafe und schickte an die Oberharzer Bergstädte Brandbriefe. Die Bande wuchs zahlenmäßig immer weiter an. Im Jahre 1576 wurden Hanns Bartold und sein Bruder Andreas von ihren Spießgesellen erschossen. Nun übernahmen die Andreasberger Balzer Welcker und Hermann Scheffer das Kommando.

Die Bande trieb es so arg, daß die Bürger das kaiserliche Kammergericht in Speyer bemühten. Überall wurden Flugblätter angeheftet, auf denen die Räuber zum Gericht vorgeladen wurden. Doch über Nacht verschwanden diese Zettel, ohne daß auch nur einer beobachtet hätte, wer sie entfernte. Die Frauen der Anführer Welcker und Scheffer wohnten in Andreasberg. Ihre Männer besuchten sie des

Büchsenmeister mit Kanone
zur Zeit des Dreißigjährigen Krieges

Nachts, ohne daß es einem der auf der Lauer liegenden Büttel gelungen wäre, ihrer habhaft zu werden. (36)

*

In einer Höhle auf dem Kyffhäuser hatte sich lange Zeit der Räuber Loth mit vierundzwanzig Spießgesellen festgesetzt und machte die Umgebung durch Raub, Mord und Totschlag unsicher. Schließlich gelang es, der Bande und ihres Hauptmanns habhaft zu werden. In Sondershausen kam er in einen eisernen Käfig. Dort betreute ihn ein alter, gutmütiger Wärter. Dieser sah auch im schwersten Verbrecher noch den Menschen und tat alles, was ihm seine geringen Möglichkeiten erlaubten, um dem Räuber die Haft zu erleichtern. Vor seiner Hinrichtung sagte Loth zu ihm: „Geh auf die Rothenburg und stell dich unter den mittelsten Lindenbaum. Da wird dir ein Maßholder in die Augen fallen. Darunter grabe nach. Du wirst ein Loch finden. Dort habe ich meine Schätze verborgen."

Nach des Räubers Tod erinnerte sich der Alte dieser Worte. Statt aber still der Sache nachzugehen, vertraute er sich einem Bekannten an. Der redete ihm alles aus und schilderte ihm die Gefahren, die ihm bei der Schatzsuche drohen könnten. Der gutgläubige Wächter fiel auf das Gerede herein und kümmerte sich nicht weiter um die Angelegenheit. Der treulose Freund jedoch grub an der bezeichneten Stelle nach und fand einen Schatz von neunundneunzigtausend Talern, ungemünztem Gold und viel Schmuck.

Als der Räuber Loth noch seine Untaten verüben konnte, führte der sonntägliche Kirchgang eine Mutter mit ihren vier schönen Töchtern den Weg von Kelbra zum Kyffhäuser entlang. Die Frauen ahnten nicht, daß ihnen Loth mit seinem Raubgesindel auflauerte. Trotz Wehgeschreis entführten die Strauchritter die Mädchen. Die Mutter brach

Die Klosterkirche auf der Huysburg bei Halberstadt in der Mitte des 19. Jahrhunderts

am Wegrand zusammen und vergoß bittere Tränen. Diese verwandelten sich in einen klaren Quell, der noch lange Zeit durstige Wanderer erfrischte. (37*)

*

Im Forst auf dem Huy lebte früher der Räuber Daneil mit seiner Horde in einer verborgenen Höhle. Zu allen in der Nähe vorbeiführenden Wegen liefen von da aus dünne

Stränge, die im Höhleninnern mit Glöckchen verbunden waren. Wenn jemand des Wegs kam und berührte die versteckten Fäden, läutete jeweils eines der Glöckchen, und die Räuber wußten sofort, wo sie ein Opfer finden konnten.

Eines Tages fingen sie eine junge Dienstmagd ein, die für ihre Herrschaft in Geldgeschäften unterwegs war. Nachdem sich die Bande den Raub geteilt hatte, beriet sie, was mit dem Mädchen geschehen solle. Da sie jemanden benötigten, der die Räuberhöhle in Ordnung halten mußte, wenn sie ihren Räubereien nachgingen, preßten sie der Magd einen fürchterlichen Schwur ab, daß sie weder zu fliehen versuche noch mit irgend jemandem außer den Bandenmitgliedern reden werde.

Der Räuberhauptmann verliebte sich mit der Zeit in die Magd, versuchte sie mit Geschenken zu verwöhnen und hoffte sie damit zum Eheweib zu gewinnen.

Nach einem erfolgreiche Raubzug hatten sich die Räuber betrunken und schliefen allesamt fest. Diese Gelegenheit nutzte die Gefangene aus und floh nach Halberstadt. Da sie sich an den fürchterlichen Schwur gebunden fühlte, mit niemandem zu sprechen, stellte sie sich vor den steinernen Roland und klagte ihm laut und vernehmbar ihr Leid. Das vernahm ein Ratsherr, und er hieß einen Büttel das Mädchen verfolgen, um die Stelle auszumachen, wo sich die Räuberhorde verborgen hielt.

Wenige Tage später kam eine Schar städtischer Kriegsknechte, belagerte die Räuberhöhle und nahm schließlich die Verbrecher gefangen. Seitdem trat Ruhe ein im Huy, und die Reisenden konnten den Wald unbehelligt und ungefährdet durchqueren. (38)

*

Bergleute an der Haspel
im 16. Jahrhundert

3. Im Berge verborgen

Kaiser Otto I. zog mit großem Gefolge von der Harzburg zur Jagd in das Gebirge. Sein Leibjäger namens Ramm folgte einem Wild, und weil der Berg zu steil wurde, band er sein Pferd an einem Baum fest und eilte zu Fuß weiter. Als er nach längerer Zeit zurückkam, hatte das Tier ungeduldig mit den Hufen gescharrt und dabei einen Gang kostbaren Erzes freigelegt. Geschwind löste der Jäger einige Proben und überbrachte sie seinem Herrn. So wurde der Erzreichtum des Rammelsberges entdeckt, der seinen Namen nach dem Entdecker erhielt. Seiner Frau zu Ehren, die Gosa hieß, nannte man die neu entstehende Stadt Goslar, so wie auch das Flüßchen heißt, das sie durchfließt. (1*)

*

Es wird erzählt, daß einst drei Bergleute auf dem Zellerfeld während ihrer Arbeit verschüttet wurden. Als sie sahen, daß eine Befreiung weder ihnen noch ihren Kameraden möglich sein werde, meinte der erste: „Könnte ich doch noch einmal das Tageslicht sehen. Ich würde dann gern sterben." Der zweite sprach: „Ach, könnte ich nur noch eine einzige Mahlzeit mit meiner Frau verzehren!" Der dritte weinte und sagte: „Was soll aus meiner Familie werden. Wenn ich doch nur noch ein Jahr Zeit hätte, um meinen kleinen Kindern die Zukunft zu sichern!"

Dann knieten sie nieder zum Gebet und gaben sich ganz in Gottes Hände. Da tat sich die Wand auf, und es zeigte sich ihnen ein langer unbekannter Stollen zum Tageslicht.

Der erste der drei Geretteten atmete tief die frische Luft und sah sich noch einmal die herrliche Heimatlandschaft an. Dann legte er sich nieder und starb. Seine beiden Kameraden fertigten aus Zweigen eine Bahre an und trugen ihn nach Zellerfeld. Dort verabschiedete sich der zweite weinend von dem dritten Bergmann, um zu Hause mit seiner Frau noch einmal eine Mahlzeit einzunehmen. Dann sank auch er um und wurde zusammen mit dem ersten bestattet.

Der Dritte durfte sich noch ein Jahr lang des Lebens freuen und ordnete seine Familienverhältnisse. Am Tage, bevor das Jahr vergangen war, nahm er gemeinsam mit seinen Lieben das Abendmahl und ging, so vorbereitet, am folgenden Tage zu Gott ein.

Viele Jahre konnte man auf dem Zellerfelder Gottesacker die nebeneinanderliegenden Gräber der drei sehen. Und die Mär, wie sie auf wunderbare Weise aus dem Berg gekommen waren, ging noch lange auf dem Harz von Mund zu Mund. (2)

*

Im 16. Jahrhundert wurde in der Grube Silbertrumm bei Grund ein junger Bergmann verschüttet. Er hatte die warnenden Zeichen, die der Berg vor der Katastrophe von sich gab, nicht beachtet.

In seiner Verzweiflung rief er den Berggeist um Hilfe an, und dieser führte ihn durch Höhlen und Gänge, die er vorher nie gekannt hatte, ans Tageslicht zurück.

Auf dem Heimweg begegneten ihm Leute, die entsetzt ein Kreuz schlugen. Die Kinder rissen vor ihm aus. Von seinem Haus fand er nur noch eine Ruine vor. In seiner Not wandte sich der Gerettete an den Pfarrer. Der hörte sich die Geschichte an und suchte gemeinsam mit dem Bergmeister die alten Akten durch. Dabei fanden sie, daß im Jahre 1532 die Grube Silbertrumm zu Bruch gegangen war und einen jungen Bergmann für immer verschüttet hatte. Zweihundert Jahre war der Mann im Berge gewesen, denn mittlerweile schrieb man das Jahr 1732.

Schon wenige Tage später verschied er in Frieden. (3)

*

In alten Zeiten waren Beichte und Abendmahl voneinander getrennt. Am Samstag legten die Leute die Beichte ab, am Sonntag gingen sie zum Abendmahl. Dazwischen vermieden sie jede größere Arbeit. Ein Bergmann hielt sich nicht an die Regel, denn er war nicht mit Reichtum gesegnet. So fuhr er nach der Beichte ein. Doch dies brachte ihm kein Glück. Der Schacht brach zusammen, und der Mann war in der Tiefe verschüttet. Keiner hätte ihm helfen können.

Nach hundert Jahren wurde in der Nähe ein neuer Stollen vorgetrieben, der schließlich die alte Bruchstrecke berührte. Da fand man den Verschütteten in tiefem Schlaf. Sein Bart war viele Ellen lang gewachsen. Langsam erwachte der Uralte und bat die Bergleute, ihn zum Abendmahl zu bringen. Obgleich es mitten in der Woche war, ließ er sich nicht davon abbringen, daß er Tags zuvor die Beichte abgelegt habe.

Aus alten Kirchenbüchern hatte der Pfarrer schon von der Geschichte erfahren, und gemeinsam mit dem wieder ans Tageslicht Gekommenen nahm er das heilige Abendmahl. Da ging ein Zittern durch die bärtige Gestalt, und sie fiel in ein Häuflein Staub zusammen. (4*)

*

Nahe Rübeland lebte im 16. Jahrhundert ein Bergmann namens Baumann. Tagaus, tagein kletterte er in Felsen und Spalten umher, um auf die Weise vielleicht endlich einmal eine Erzader oder sonst einen verborgenen Schatz zu finden. Schließlich traf er auf eine schmale, zwischen Gebüsch versteckte Felsspalte. Mühsam zwängte er sich hinein und stand nach einigen Metern Kriechen in einer Höhle. Sein Grubenlicht beleuchtete merkwürdige Felsformen und Tropfsteine. Der Mann hatte wenig Auge für die herrlichen Gebilde, die die Natur da im Laufe der Jahr-

An den Marmorbrüchen zu Rübeland
in der Mitte des 19. Jahrhunderts

tausende geschaffen hatte, er leuchtete vielmehr die Wände ab, ob ihm eine Färbung die Anwesenheit wertvoller Erze verriete. Mitten in dem verschlungenen Gangsystem verlosch plötzlich sein Licht. Nach dem ersten Schreck tastete er sich vorsichtig an den Wänden entlang und versuchte sich an den zurückgelegten Weg zu erinnern. Stunde um Stunde verging in der Dunkelheit, drei Tage und drei Nächte tappte er verzweifelt umher, bis ihm endlich ein Lichtstrahl den Weg zu Tage verriet. Völlig erschöpft brach er vor dem Höhleneingang zusammen. Dort fanden ihn die Leute und brachten ihn nach Hause. Nur noch drei Tage lebte er; das Grauen der Stunden im Berge und die Entbehrungen hatten ihn zu Tode geschwächt. Er konnte aber noch seinen Freunden von seiner Entdeckung berichten. Ihm zu Ehren erhielt die heute weitbekannte Höhle den Namen Baumannshöhle. (5*)

*

In einer Grube bei St. Andreasberg wurde das reinste Silbererz im ganzen Harz gefunden, das Rotgüldenerz. Es hatte einen solchen Wert, daß die dort arbeitenden Bergleute beim Ausfahren genau untersucht wurden, ob sie nicht etwa heimlich etwas mit sich führten. Doch in diesem Bergwerk schien es nicht geheuer zu sein. In den nächtlichen Schichten kamen ständig Bergleute ums Leben, und keiner konnte sich die Ursache ihres Todes erklären.

Zwei beherzte Burschen wollten dem Spuk auf den Grund gehen, fuhren heimlich zur Nachtschicht ein und verbargen sich in einer dunklen Strecke. Plötzlich erhob sich ein fürchterliches Getöse, und ein Untier, das einem Stier ähnelte, kam brüllend auf die arbeitenden Bergleute zu. Diese warfen ihr Gezähe weg und gaben Fersengeld. Die beiden mutigen Burschen jedoch sprangen auf das Gespenst zu und verprügeln es, daß es eine Art hatte. Darauf begann es mit menschlicher Stimme um Gnade zu winseln, und aus einer alten Kuhhaut schälte sich der Steiger Calvör. Seit langem hatte er im Stollen Unheil angerichtet, um ungestört Rotgüldenerz beiseite schaffen zu können. Dadurch war er zu unehrlichem Reichtum gekommen.

Um sich der gerechten Strafe zu entziehen, stürzte er sich in den Schacht und machte so seinem Leben ein Ende. Seitdem soll er in der Grube spuken und den Bergleuten die Arbeit erschweren. (6*)

*

Einst war im Harz ein Mönch als Bergmeister tätig. Er hing an dieser Aufgabe mit soviel Lust und Liebe, daß er, als es zum Sterben kam, Gott darum bat, er möge ihm nach dem Tode gestatten, weiter im Harzer Bergbau nach dem rechten zu sehen. Diese Bitte wurde ihm gewährt.

Wer den Bergmönch nicht durch Faulheit, Nachlässigkeit oder gar unchristliche Lebensführung erzürnte, hatte gewöhnlich nichts von ihm zu befürchten. Im Gegenteil, er half vielen braven Bergleuten. Im Zorn jedoch war er unmäßig, und dann konnte es auch geschehen, daß Unschuldige unter seiner Rache zu leiden hatten.

Der Bergmönch soll später in das Mönchtal bei Clausthal gebannt worden sein. An versteckter Stelle sei dort das Bild eines Mönches in einen Stein eingehauen. Doch wo das genau ist, das wissen nur wenige Eingeweihte. (7)

*

Ein in Dingen des Bergbaues erfahrener Mönch wollte vor langer Zeit das für den Bergbau in St. Andreasberg dringend benötigte Wasser herbeibringen. Zu diesem Zweck begann er, den Rehberger Graben einzurichten. Bevor er jedoch seine Arbeit zu Ende bringen konnte, ging das Geld aus. Kurz darauf verstarb er. Da er sich jedoch geschworen hatte, den Graben nach Andreasberg zu führen, koste es, was es wolle, kam sein Geist im Grabe nicht zur Ruhe, und er erschien den Bergleuten. Im Wäschegrund, vor dem Treibholz, vor der Grube Samson oder am Dammbach ließ er sich mit einem Licht sehen, das selbst bei Sturm nicht verlosch.

Überall, wo er auftauchte, fand man gutes Erz. So erhielt der Geist von den Bergleuten den Ehrennamen „Der Bergmönch".

Zuletzt sah man ihn um 1850 in St. Andreasberg, als es um die Grube Andreaskreuz nicht mehr gut bestellt war. Er erschien im Wäschegrund und wandelte zum Berg Matthias Schmidt. Dort verschwand er. Das geschah fast einen Monat lang. Die Leute rätselten, was das wohl zu bedeuten habe. Schließlich ergab es sich, daß man in der Grube Andreaskreuz wieder gute Ausbeute machte. Der Bergmönch hatte mit seinem Erscheinen auf das neue Lager hingewiesen.

Im Schacht Samsel bei St. Andreasberg arbeitete ein Bergmann, der ohne eigenes Verschulden in wirtschaftliche Not geraten war. Er nahm sich vor, den Bergmönch um Hilfe zu bitten.

Am Morgen, auf dem Weg zur Schicht, trat ihm der Geist in den Weg und drückte ihm wortlos ein Stück Fett in seine Lampe. Als der Mann am Abend ausfuhr, kam der Bergmönch erneut zu ihm und schenkte ihm einen Knorpel. Verwundert steckte den der Bergmann ein. Unterwegs wurde seine Tasche immer schwerer, und als er sie zu Hause ausleerte, fand er ein großes Stück Gold.

Nun hatte die Not ein Ende. Auch das Fett auf der Lampe erwies sich als kostbares Geschenk, denn sie konnte brennen und brennen, ohne daß sie neu gefüllt werden mußte. (8)

In einem Bergwerk des Oberharzes hatte ein fremder Bergmann Arbeit bekommen. Er fuhr aber grundsätzlich allein ein und veranlaßte seinen Kameraden, oben zu bleiben und den Tag zu genießen. Trotzdem war am Ende der Schicht ein gut Stück Arbeit geleistet, und das an einer Stelle, wo das Hauen recht sauer wurde.

Da packte den Mann die Neugier, er fuhr heimlich ein und schlich sich dorthin, wo der Fremde arbeitete. Den sah er gemütlich an der Wand lehnen, während der Bergmönch mit gewaltigen Schlägen das Erz brach.

Der Fremde war aber seiner gewahr geworden, eilte ihm nach und gab ihm eine gewaltige Maulschelle. Dann verschwand er und ward nicht mehr gesehen. Nun mußte sich der Neugierige wieder selbst abplagen, um sich seinen kärglichen Lebensunterhalt zu verdienen. (9)

*

Ein fremder Bergmann hatte in einem Bergwerk im Harz seine Arbeit begonnen. Er ermutigte seinen Kameraden, immer ein Stündchen später einzufahren, weil er ungestört

am besten arbeiten könne. Er möge sich aber hüten, vor der Zeit zu kommen.

Wenn dann der Mann eine Stunde später vor Ort erschien, war soviel losgebrochen, daß beide bis zum Schichtende zu tun hatten, das Erz wegzufahren.

Eine Morgens zog es den Bergmann wie mit unsichtbaren Händen schon vor der Zeit in den Berg, um nachzusehen, was sein Kamerad da schaffte. Vor Ort hörte er gewaltiges Lärmen und sah einen riesigen Stier mit den Hörnern im Berg wühlen. Dabei brach er das erzführende Gestein in Massen los. Nach einiger Zeit verwandelte sich das Untier in einen Menschen. Da ging der Mann hin und meinte, wer solche Zaubermacht habe, der könne freilich mehr schaffen als einer, der auf seine Körperkraft angewiesen sei.

Der fremde Bergmann aber sprach: „Dein Glück, daß du nicht aus freien Stücken gekommen bist. Wäre es allein deine Neugier gewesen, würdest du diese Stelle nicht lebend verlassen.“ Mit den Worten verschwand er, und unser Bergmann mußte in Zukunft wieder im Schweiße seines Angesichtes seinen Lohn verdienen. (10)

*

Ein Bergmann war so arm, daß er des Nachts ohne Licht zur Arbeit ging, nur damit das Unschlitt für die Arbeit im Stollen ausreichte. In einer dunklen Nacht verlief er sich auf dem Wege zur Schicht. Da begegnete ihm der Bergmönch, und als er erfahren hatte, wie es um den Mann stand, gab er ihm ein Stück Unschlitt aus seinem Geleucht mit der Mahnung, niemandem davon etwas zu sagen. Nun brauchte er sich nicht mehr um Licht zu sorgen, denn das Geschenk des Bergmönchs war unerschöpflich.

Während er im Stollen werkelte, besuchte der Bergmönch des Bergmanns Frau, die beim Spinnen saß, und schenkte ihr eine Spindel, auf der der Flachsvorrat nie zur

Neige ging. Auch sie warnte er davor, irgend jemandem etwas von der Herkunft des wunderbaren Flachses zu verraten.

Anfangs lebten beide zufrieden weiter, und ihr Wohlstand stieg. Doch mit der Zeit quälte beide die Neugier, welche Bewandtnis es mit dem wunderbaren Unschlitt und der kostbaren Spindel wohl haben möge. Schließlich gab es deswegen zwischen beiden fast täglich Streit, bis es dem Manne zuviel wurde und er seiner Frau das Geheimnis seines Geleuchts verriet. Daraufhin erklärte sie ihm die Herkunft der Zauberspindel. Da erschien der Bergmönch, sah beide vorwurfsvoll an, nahm Spindel und Geleucht an sich und meinte: „Nun vertragt euch wenigstens, damit es kein schlimmes Ende mit euch nimmt."

Erleichtert versöhnten sich die beiden. Fortan lebten sie in Ruhe und Zufriedenheit und erfreuten sich eines bescheidenen Wohlstandes. (11)

*

Eine Frau aus Clausthal verdiente sich ihren Lebensunterhalt durch Botengänge nach Goslar. Eines Nachts trat sie sehr spät ihren Heimweg an. Ihr Tragekorb war mit irdenem Geschirr gefüllt. Am Zipollenbleek sah sie ein Feuer, um das eine Anzahl Jäger saß. Das schien ihr ein geeigneter Platz für eine Rast nach mühsamem Aufstieg. Wie entsetzte sie sich, als riesige Hunde auf sie zugestürzt kamen. Sie rief die Männer am Feuer um Hilfe; die drehten sich zwar um und zeigten ihre wilden Gesichter, machten aber keinerlei Anstalten, ihr beizustehen. Da floh sie in wilder Hast, bis sie zusammenbrach. Klirrend ging die Ware in ihrem Korb in Scherben. Dann verlor sie das Bewußtsein.

Als sie wieder zu sich kam, stand ein Mann vor ihr, der seiner Kleidung nach ein wohlhabender Bergmann war. Ihm klagte die Frau ihr Unglück. Er leuchtete mit seinem Grubenlicht in die Kiepe und sprach ihr Mut zu. Sie möge getrost alles nach Hause tragen und dann weiter sehen.

Mühsam schleppte sich die Botenfrau ihrem Heimatort zu. Nachdem sie sich ein wenig erholt hatte, sah sie im Korbe nach, was an Ware noch zu retten wäre. Doch sie bekam vor Verwunderung den Mund nicht zu. Im Tragekorb fand sie weder Geschirr noch Scherben, stattdessen aber blanke Goldstücke.

Nun war sie alle Sorgen los. Später einmal erzählte sie einer alten, erfahrenen Frau von ihrem Erlebnis. Die meinte: „Gevatterin, seid froh, daß ihr mit heiler Haut davongekommen seid. Die Burschen am Feuer, das war gewiß der Wilde Jäger mit seinem Gefolge. Und der brave Bergmann kann nur der Bergmönch gewesen sein.“ (12)

*

Eine arme Bergmannswitwe in Zellerfeld ernährte sich und ihre Kinder durch Hausieren mit Lebensmitteln. An einem Herbstmorgen, es war noch dunkel, begegnete ihr auf dem Wege nach Grund der Bergmönch in einem Wagen. Freundlich dankte er auf den Gruß der Frau und befragte sie nach dem Woher und Wohin. Beim Abschied steckte er ihr ein funkelnagelneues Dreigroschenstück zu. Es hatte Eisen und Schlägel aufgeprägt und auf der anderen Seite ein Wappen mit einem Mönch. Beim Einkauf zahlte die Frau mit der Münze. Doch als sie ein wenig später wieder in einem Laden den Geldbeutel öffnete, geriet ihr erneut das merkwürdige Geldstück zwischen die Finger. Verwundert darüber erzählte sie das ihrer Nachbarin, die ihr riet, dieses Geschenk vom Bergmönch in Ehren zu halten. Die Frau aber wollte mit solch einem Hecktaler nichts zu tun haben, eilte zum Mühlteich und warf ihn hinein. Dort liegt er sicher noch heute. (13)

*

Ein Bergmann, der bei Buntebock auf Eisenstein grub, ärgerte sich darüber, daß ihn überall gelbe und schwarze Molche belästigten. Karrenweise fuhr er sie zu Tage und verbrannte sie. Eines Morgens hatte er wieder einmal eine große Menge vernichtet und fand anschließend drin im Berge immer noch einige. Diese jedoch hatten einen merkwürdigen Glanz. Vor Ärger hatte er dafür kein Auge und sah auch nicht den Bergmönch, der an einer entlegenen Stelle des Stollens stand und ihm zuwinkte, er möge die Tiere nicht auch noch nach draußen schaffen. Damit hatte er sich um ein großes Glück gebracht, denn diese letzten Molche hätten sich in Gold verwandelt. Enttäuscht über den Ungehorsam des Mannes nahm der Bergmönch seinen Segen zurück. Von Stund an grub man dort nur noch taubes Gestein. Die Grube erhielt den Namen Molchsgrube. (14)

*

Im Hohnsteinschen Bergrevier war der Obersteiger Jakob Illing tätig, ein hoch verdienter und beliebter, aber schon alter Mann. Einst traf ihn vor Ort der Berggeist. Der hauchte ihn an. Da wurde es dem Manne so, als müßte er sterben. Einige Zeit lag er hilflos da, dann durchströmte ihn neue Kraft, die schütteren Haare machten dichtem neuen Haarwuchs Platz, und um viele Lebensjahre verjüngt konnte er ausfahren. Er heiratete noch einmal und starb erst hochbetagt. Seine Nachkommen sollen noch einige Generationen lang als Bergmeister im Grubenhagenschen Bergwerk gearbeitet haben. (15)

*

Ein Bergmann im Mansfeldischen Revier erwachte eines Nachts von einem Pochen. In der Meinung, sein Nachbar, Bergmann in der gleichen Grube, wolle ihn zur Schicht wecken, stand er auf, zog sich an und ging nach draußen.

Burgruine Hohenstein
um 1800

Am Schacht war noch alles totenstill. Als er sich verwundert umsah, zuckte das Fördertau am Schacht dreimal, ein Zeichen, den Fördertrog emporzuhaspeln. Als dieser zutage kam, saß ein Männlein in Mönchskleidung darin und deutete mit warnendem und besorgtem Gesicht nach unten. Erschreckt ließ der Bergmann die Haspel los, und der Kübel versank wieder in der Tiefe.

Nicht lange danach kamen die Kameraden und wollten ihre Arbeit aufnehmen. Da berichtete ihnen der Bergmann von seinem Erlebnis. Ein Teil der Leute meinte, man müsse das Zeichen ernstnehmen und dürfe keinesfalls einfahren, die anderen taten die Warnung als Hirngespinst ab. So verzögerte der Streit den Schichtbeginn erheblich. Plötzlich begann der Boden unter ihren Füßen zu schwanken. Aus der Tiefe schoß eine Säule Staub empor, dann folgte ein schreckliches Krachen. Der Schacht war zusammengebrochen. Hätte sich das Einfahren nicht verzögert, wären alle Bergleute verschüttet worden. (16)

*

Nichts war dem Bergmönch verhaßter als Wortbruch und andere Unzuverlässigkeit. Dann konnte er furchtbar in seinem Zorn werden. Besonders hart bestrafte er Leute, die ihn nicht ernstnahmen oder gar verlachten.

Eine Gruppe von zwölf Bergleuten führte vor Ort während der Arbeit lose Gespräche über den Bergmönch. Die Männer bezweifelten, daß es ihn überhaupt gäbe und brüsteten sich, sie wüßten schon mit ihm umzugehen, wenn er ihnen in die Hände fiele. Plötzlich blieb ihnen der Mund vor Entsetzen offen stehen. Der Bergmönch erschien in furchtbarer Gestalt und hauchte sie an. Da fielen sie auf der Stelle tot um.

In eine bestimmte Grube kam er stets am Freitag und schüttete das gehauene Erz immer von einem Eimer in den anderen. Da lachte ihn ein Bergmann aus. Diesem drehte er den Hals um.

Dem Bergmann Ahrend aus Clausthal-Zellerfeld hatte der Bergmönch einmal mit Fett für sein Grubenlicht ausgeholfen, daß er nie wieder frisches gebraucht hätte. Doch er mißachtete den Befehl des Berggeistes, darüber nicht zu reden. In einer feucht-fröhlichen Runde prahlte er mit dem Geschenk. Da war es aus mit der Herrlichkeit. Als Ahrend am Tage darauf, am Weihnachtsheiligabend, zur Schicht anfuhr, wollte ihn der Bergmönch zur Rede stellen und bestrafen. Doch der Mann hatte zum Schutz gegen Zauber, Teufel und andere Hexerei einen Beutel mit Zauberkräutern unter der Kleidung. Da warf der Bergmönch den Ahrend lediglich zornig aus der Grube und sprach:

„Hättest du nicht Dill und Dust,
so hätt' ich es wohl gewußt."

Eine Zeitlang beutete ein Steiger die Bergleute in den Gruben um Clausthal-Zellerfeld rücksichtlos aus. Das sah sich der Bergmönch nicht lange mit an. Als der Leuteschinder wieder einmal zutage fuhr, stellte sich der Geist über den Schachtausgang und drückte mit den Knien den Kopf des Steigers zusammen, bis dieser die Augen verdrehte und sein Leben aushauchte. (17*)

*

In der Grube „Goldener Altar" zu St. Andreasberg erhielt ein in Ehren ergrauter Steiger vom Berggeist einige unscheinbare Wurzeln zum Geschenk. Er packte sie sorgfältig ein. Zu Hause hatten sie sich in Silber verwandelt. Der gewissenhafte Mann fragte seinen Freund, ob es denn rechtens sei, das Geschenk zu behalten. Dieser bejahte es. In seinem Herzen jedoch fraß der Neid, und nach einigen Tagen zeigte er den alten Steiger an, er habe sich heimlich

Silberstufen angeeignet. Vor Gericht konnte der Alte seine Unschuld beteuern, wie er wollte. Die Richter schenkten ihm keinen Glauben und verurteilten ihn zum Tod durch Enthaupten.

Bevor er den Kopf auf den Richtblock legte, rief er in die Menge: „Zum Zeugnis meiner Unschuld wird sich mein Blut in Milch verwandeln, und nach meinem Tode werden die reichen Silbergruben erlöschen!"

Als sein Haupt unter dem Streich des Scharfrichters fiel, sprang Milch hervor. Nun erkannten die Richter ihr Unrecht.

Der treulose Freund hatte sich mit der Verleumdung die Nachfolge des Verratenen erschlichen. Als er zum ersten Male als Steiger in die Grube „Goldener Altar" einfuhr, packte ihn der Berggeist und schmetterte ihn in das Kunstgestänge, dann trieb er die Bergleute aus den Bergwerken und brachte alles zum Einsturz und zum Ersaufen. So rächte er den unschuldig Gerichteten. Nie konnten die Gruben wieder befahren werden. (18*)

*

Ein frommer Bergmann ging an einem dritten Ostertag auf die Höhe des Kyffhäusers. In der Nähe des alten Turmes sah er einen Mönch mit langem Bart sitzen, der in einem alten Folianten las. Als der Bergmann nahte, schloß er das Buch und sprach: „Auf dich habe ich schon lange gewartet, komm mit mir zum Kaiser Friedrich." Zögernd folgte der Mann dem Alten bis zu einem rings mit Gemäuer eingeschlossenen Platz. Dort zog der Mönch mit einem Stab einen Kreis um beide und las einen unverständlichen Text aus dem dicken Buch. Da senkte sich das Erdreich, auf dem sie standen, sanft abwärts. Sie gelangten in ein Gewölbe, an das sich ein langer Gang anschloß. Diesem folgten sie bis dorthin, wo eine Ewige Lampe ein sanftes Licht spendete. An der Flamme entzündete der Greis zwei

Fackeln, und dann gingen sie weiter in die Tiefe bis zu einem hohen Tor aus Erz. Der Mönch zog eine Springwurzel aus der Tasche und berührte es mit dieser. Da gab es den Weg frei zu einer kostbar ausgestatteten Kapelle. Vor einer silbernen Tür machten sie halt, der Führer öffnete sie, und der Bergmann sah in einer festlich geschmückten Halle den Kaiser sitzen. Dann schloß sich die Tür wieder, der Mönch führte seinen Gast zurück. Zum Abschied schenkte er dem Bergmann zwei Stangen eines ihm unbekannten Metalls und verschwand. Der Bergmann hielt das Geschenk in Ehren, und viele Generationen lang blieb es im Besitz der Familie. (19*)

*

Rübezahl hat sich früher im Harz aufgehalten. Er betrieb bei Goslar ein Bergwerk, seine Bergleute hatten gegenüber anderen manche Vorteile. Deswegen wurden sie oft beneidet und angefeindet. Mehrmals hat Rübezahl sie in Schutz genommen und die anderen ermahnt, seine Leute in Frieden zu lassen. Doch das hat nichts geholfen, sogar dem Berggeist haben sie ins Gesicht gelacht und gespottet.

Eines Tages hat Rübezahl seine Leute veranlaßt, früher als gewöhnlich auszufahren. Kaum hatte der letzte das Bergwerk verlassen, als auch schon der Berg in seinen innersten Festen bebte und alle anderen Bergleute unter herabbrechenden Gesteinsmassen begraben wurden. Das reiche Erz, das ihm seine Knappen gebrochen hatten, verbarg Rübezahl unter sieben großen Buchen. Dann hat ihn im Harz keiner mehr gesehen. (20)

*

Ruebzogel war lange Herr des Harzes gewesen. Die Schätze im Innern der Berge sah er als sein Eigentum an, und mancher Bergmann mußte seinen Zorn spüren, wenn er gewollt oder ungewollt den Berggeist gereizt hatte. Doch oft war Ruebzogel auch zu losen Scherzen aufgelegt, über die allerdings die Bergleute eher weinen als lachen konnten.

Eines Tages bekam er den Harz satt und wanderte aus. Sein Ziel war ein Kupferbergwerk im Riesengebirge, das der Familie Schaffgotsch zu eigen war. Dort neckte er die Bergleute. Wenn sie ihre Mahlzeiten bereiteten, verwandelte er die Speisen in Kröten oder in ekliges Gewürm. (21*)

*

In zahlreichen Bergen auf der Südseite des Harzes gibt es kleine Höhlen. Die Leute meinten, hier hätten Zwerge gelebt. Zwischen Walkenried und Neuhof hatten die Zwerge einst zwei Königreiche.

Mit der Zeit wurden die kleinen Wesen der Bevölkerung dadurch lästig, daß sie von den Feldfrüchten stahlen. Ein Bauer ließ sich von einer weisen Frau beraten und schlug daraufhin des Nachts mit einem dünnen Stabe auf seinem Erbsenfeld in geringer Höhe in die Luft hinein. Tatsächlich konnte er so einigen Zwergen die Tarnkappen vom Köpfchen reißen. Die Kleinen fielen vor ihm nieder und baten um Gnade, denn äußerste Not zwänge sie zu dem Diebstahl.

Die Leute berieten nun, wie sie sich verhalten sollten und verhandelten schließlich mit den Zwergen dergestalt, daß diese das Land verlassen müßten. Über eine schmale Brücke bei Neuhof sollte der Auswandererzug führen, und jeder habe als Entschädigung für das von ihm in langer Zeit Gestohlene einen bestimmten Betrag in ein bereitgestelltes Gefäß zu werfen. Die Zwerge erklärten sich bereit, forderten jedoch, daß sie unsichtbar abziehen könnten. Einige Neugierige hatten sich unter der Brücke versteckt und hörten viele Stunden lang das Getrippel der kleinen Füße.

Seitdem gibt es nur noch wenige Zwerge im Harz. Zuweilen schlichen sie in die Häuser der Menschen und tauschten dort Neugeborene gegen Wechselbälge aus.

Auch auf der Nordseite des Harzes sollen einst viele Zwerge in den Kröpellöchern bei Seehausen gewohnt haben.

Als die Bewohner des Harzes und seines Vorlandes noch in gutem Einvernehmen mit den Zwergen waren, liehen diese armen Bauernfamilien zu Familienfeierlichkeiten Küchengeräte, Teller und Löffel. Bei Dardesheim nahe Halberstadt konnten sich die Leute sogar Feierkleider bei den Zwergen ausborgen. Als Lohn forderten diese lediglich einige gute Bissen von der Festtafel.

Auch im Gebiet zwischen Elbingerode und Rübeland sollen einst die Zwerge die dort zahlreichen Höhlen bewohnt und mit den Bewohnern der benachbarten Ortschaften gute Nachbarschaft gehalten haben. (22)

*

In der Nähe der Lautenthaler Teiche vernahm ein in der Abenddämmerung des Wegs kommender Bergmann ein schreckliches Lärmen. An der Stelle des großen Teiches erstreckte sich ein Schlachtfeld, auf dem kleine, wohlgerüstete Kerlchen aufeinander einhieben und stachen. Erschlagene und Verwundete lagen in Menge da.

Als der Mann sich noch gar nicht recht von seinem Staunen erholt hatte, lösten sich aus dem Gewühl zwei Könige heraus, um an gesonderter Stelle gegeneinander zu kämpfen. Der eine focht ritterlich, der andere brachte ihn durch unritterliche Tücken zu Fall. Das wollte der Zuschauer nicht dulden, und mit einem Hieb seines Gehstockes streckte er ihn zu Boden. Ehe er sich aber recht versah, griff ihn nun eine Schar der Knirpse an, die trotz ihrer Kleinheit dem Bergmann recht zu schaffen machten. Er mußte kräftig dreinschlagen, um sich seiner Haut zu wehren. Schreiend floh nun die Partei des niedergeschlagenen Königs. Der andere hatte sich mittlerweile erholt, dankte seinem Retter und lud ihn in seinen Felsenpalast ein. Nach einem langen und fröhlichen Mahl ging der Mann reich beladen mit Gold und Silber nach Hause.

Der Segen der Zwerge lag fortan auf seinen Unterfangen, und noch die Nachfahren waren recht wohlhabend. Wo aber die Höhle der Zwerge gewesen war, das hat der Bergmann niemandem verraten. (23)

*

Ein armer Lautenthaler Bursche ging zur Innerste, um dort zu fischen. Am Ufer angekommen, legte er Strümpfe und Schuhe ab und stellte sie beiseite. Als er schon eine stattliche Menge Fische beisammen hatte, vernahm er aus einem Gebüsch hinter sich fröhliches Kichern. Er drehte sich um und sah ein winziges Männchen, das des Burschen Fußbekleidung angezogen hatte und nun in den viel zu großen Schuhen lustig umherhüpfte.

Erst wollte der arme Junge den Kleinen packen, denn auf seine Schuhe konnte er nicht verzichten, er hätte sich schwerlich neue kaufen können. Der Zwerg jedoch deutete auf eine Stelle, an der es glitzerte. Dort standen, aus Gold und Edelstein gefertigt, ein Paar winzige Schuhe und ebenso kleine Strümpfe.

Das war nun ein recht guter Tausch. Er bot den Schatz dem herzoglichen Hof an, der ihm eine Menge Geld dafür gab. (24)

*

Ein Bergmann wurde während seiner Arbeit von einem weißgekleideten Männchen besucht. Dieses trug ein Licht und winkte ihm, zu folgen.

Vor ihnen öffnete sich der Fels, und sie gingen eine weite Strecke, bis sie zu einem großen Saal kamen, in dem

Darstellung unterirdischer Geister in der Mitte des 16. Jahrhunderts

lauter bärtige Männer saßen, aßen und tranken. Auch der Bergmann erhielt einen Becher guten Weines. Dann schenkte ihm das Männchen ein Stück kostbares Golderz. Der Bergmann zögerte, es anzunehmen. Er mußte fürchten, von seinem Steiger als Dieb angesehen zu werden. Doch das Männchen sprach ihm Mut zu und meinte, es solle nur einer wagen, ihm wegen des Geschenks auch nur ein Haar zu krümmen.

Als ihn das Männchen wieder aus dem Berge herausgeführt hatte, wunderte er sich darüber, daß alles um ihn her so verändert aussah. Er fand sich in Clausthal nicht mehr zurecht, keinen kannte er, keiner kannte ihn. Um sich Rat zu holen, ging er zum Pfarrer. Der schlug in alten Kirchenbüchern nach und fand eine Eintragung, die drei

Menschenalter früher gemacht worden war. Danach ergab es sich, daß der Bergmann an die hundert Jahre im Berg gewesen war; ihn dünkte die Zeit nur wenige Stunden.

Bald wurde die Geschichte im Ort bekannt. Der Bergoffiziant ließ sie sich erzählen und sah sich das Stück Golderz an. Gierig nahm er es zu sich und weigerte sich, es seinem Besitzer wieder zurückzugeben.

Der Bergmann gedachte des Versprechens, das ihm der Berggeist gegeben hatte und bat ihn um Hilfe. Der tötete den Offizianten und brachte dem Bergmann sein Eigentum zurück.

Noch viele Jahre lebte der Mann sorgenfrei, denn aus dem Gold konnte er reichlich Geld lösen. (25)

*

Die Zwerge im Kreuzberg bei Wernigerode hatten eines Tages ein Kind mit in den Berg genommen und ihm ihr Reich gezeigt. Bevor sie es wieder nach Hause entließen, luden sie es für den folgenden Sonntag ein, am Zwergenloch zu warten. Das Kind kam der Einladung nach und wurde von einem alten Zwerg empfangen, der ihm hundert Taler schenkte. Er mahnte das Kind dringlich, über seine Bekanntschaft mit den Zwergen unbedingt zu schweigen, dann wäre dies sein Schaden nicht. Jeden Morgen fände es nun ein Goldstück an der Türschwelle. Das dürfe es aber erst aufheben, wenn es sich gewaschen habe.

Gewissenhaft hielt der Knabe das Schweigegebot, so sehr die Eltern auch fragten. Eines Morgens ging die Mutter ihrem Sohne nach, als er das Goldstück holen wollte. Da erhielt sie von unsichtbarer Hand einen Hieb vor die Nase, daß diese zu einem unförmigen Kolben anschwoll. Kein Arzt konnte helfen.

Die Zwerge bestellten den Knaben wieder zum Kreuzberg und gaben ihm eine Salbe für die Mutter mit.

Der Junge wuchs zu einem wohlhabenden Manne heran und soll schließlich Ritter der Harburg geworden sein. (26)

*

Die Moosweiblein waren ein freundliches Völklein. Sie kleideten sich ganz in Moos. Ihre Fußspur glich der von Gänsen. Kam ein Wanderer in Not, dann halfen sie ihm und brachten ihn zurück auf den rechten Weg. Wer krank war, erhielt von ihnen heilsame Wurzeln und Kräuter.

Furchtbare Angst hatten sie vor dem Wilden Jäger. Wurden sie eines Holzfällers ansichtig, dann baten sie ihn, in die Bäume an ihren Pfaden Kreuze einzuhauen. Denn die Macht des Wilden Jägers endete dort, wo das Kreuz war.

Nun kam da eines Tages ein Kerl, dessen größte Freude es war, anderen Schaden zuzufügen. Ohne jeden Sinn und Nutz zerstörte er die Hütte der kleinen Wesen, hieb die Bäume mit den schützenden Kreuzen um und jagte die Moosweiblein davon. Seitdem gibt es keine Moosweiblein mehr bei Wildemann. Der Flegel jedoch, der sie vertrieben hatte, wurde taubstumm und lahm. (27*)

*

Das Berggeschrei des Harzes klang weit hinaus ins deutsche Land, so daß Berg- und Hüttenleute von überallher kamen. Auch zwei Männer aus Schwaben wollten ihr Glück versuchen und im Bodetal zwischen Treseburg und Altenbrak ein Hüttenwerk errichten.

Auf der Baustelle besuchte sie ein Graumännchen, sah sich alles an, stellte Fragen, wie sie nur ein Fachmann stellen konnte, und ging dann kopfschüttelnd weiter. Am nächsten Tag geschah das Gleiche mit einem anderen Graumännchen. Als sich am dritten Tag ein weiteres Graumännchen so merkwürdig verhielt, fragten die Männer, was denn eigentlich los sei. „Ihr werdet ja doch nicht auf unseren Rat hören", sagte da der kleine Kerl traurig. Die Männer baten ihn aber so herzlich, daß er schließlich doch seine Meinung sagte: „Baut euer Hüttenwerk an anderer Stelle. Hier wird es das Frühlingshochwasser wegreißen."

Da lachten die Schwaben und meinten: „Darüber mach dir nur keine Sorgen. So hoch über der Bode kann uns nichts geschehen."

Ein schneereicher Winter kam und verging. Das Schmelzwasser trieb gewaltige Eisschollen vor sich her, die sich in einer schmalen Schlucht stauten. Immer weiter stieg die Flut, und schließlich erreichte sie das Werk der fleißigen Männer. Als sich die Überschwemmung verlaufen hatte, war von der mit viel Schweiß gebauten Werkstätte nichts mehr zu sehen. „Ach, hätten wir doch den Rat der Graumännchen angenommen", klagten die Männer, „wie gern würden wir ihnen jetzt folgen!"

„Wenn das so ist, dann kommt nur gleich mit!" ertönte hinter ihnen eine freundliche Stimme. Dort stand eines der kleinen Kerlchen, winkte ihnen, zu folgen, und zeigte ihnen einen sicheren Platz.

Seitdem ruhte Segen auf ihrer Arbeit. Und zu ihrer Verwunderung stellten sie fest, daß dann, wenn sie sich ausruhten, die Arbeit tüchtig weiterging. Die Graumännchen halfen als erfahrene Werkleute.

Nach einiger Zeit kamen die Männer überein, den Kleinen eine Freude zu bereiten. Sie kauften neue Anzüge und Schuhe und legten sie dorthin, wo die Graumännchen gewöhnlich erschienen, wenn sie zur Hilfe kamen.

Doch statt sich zu freuen, traten den Kleinen Tränen in die Augen. „Ihr habt uns ausgelohnt, nun müssen wir gehen", sagten sie traurig. Und ehe noch die Männer etwas erwidern konnten, waren sie verschwunden. Der Segen der kleinen Männer blieb aber dem Hüttenwerk viele Jahre erhalten. (28)

Mit den Bewohnern der Burg Falkenstein waren lange Zeit die Zwerge freundschaftlich verbunden. So retteten sie ein Burgfräulein, das in den tiefen Burgbrunnen gefallen war. Ein andermal gaben sie der auf den Tod kranken Schloßherrin einen heilenden Trank.

Eines Nachts erschien einer der Berggeister einer Burgfrau und bat um ihre Hilfe. Bereitwillig folgte sie dem kleinen Wesen über Treppen und ihr unbekannte Gänge in ein tief unter der Erde liegendes Zimmer. Dort lag ein Weiblein der Unterirdischen in Kindsnöten. Die Frau von der Asseburg tat ihr Bestes, und bald strampelte ein winziges Kind in der Wiege. Zum Dank schenkten die Berggeister der Adligen drei goldene Kugeln und drei kostbare Kelche mit der Mahnung, an diese Dinge sei das Schicksal des Geschlechts derer von der Asseburg geknüpft. Sie und ihre Nachkommen mögen sie in Ehren halten. Sorgsam wurden Kugeln und Pokale über viele Jahre aufbewahrt. Doch mit der Zeit gingen die Goldkugeln verloren.

Eines Tages nun begehrten zwei Junker aus den kostbaren Kelchen zu trinken. Beim Anstoßen fiel der eine in Scherben. Mit bösen Vorahnungen verabschiedeten sie sich anderntags, doch kaum hatten sie das Tor verlassen, als die Pferde durchgingen und die Kutsche umwarfen. Die Junker konnten nur noch tot geborgen werden. (29*)

*

Am Winterberg bei Grund ragt ein Gipsfelsen empor, der Hübichenstein heißt. Es gibt Leute, die meinen, die Sintflut habe ihn an diese Stelle geschwemmt.

Am Fuße dieses Felsens ist eine tiefe Höhle, in der einst der Zwergenkönig Hübich seine Residenz gehabt haben soll. Zum Andenken daran soll in der Höhle ein in Stein gemeißelter Zwerg zu sehen sein. Doch viele haben ihn ohne Erfolg gesucht.

Der Sohn eines in der Nähe wohnenden Försters ist einmal auf den Felsen geklettert. Dort oben wurde er festgebannt. Keiner wußte, wie er wieder herunter zu bringen wäre. Der Vater war verzweifelt, und weil er nicht mit ansehen mochte, wie sein Sohn dort oben eines qualvollen langsamen Todes sterben sollte, beschloß er nach drei Tagen, ihn herunterzuschießen, um ihn vom Leiden zu erlösen.

Als er den schweren Gang zum Felsen tat, begegnete ihm ein Zwerg. Dem klagte er sein bitteres Leid. Der Berggeist winkte ihm zu, still zu sein und zu warten, verschwand und kam bald darauf mit einer ganzen Schar von Zwergen, die alle Leitern und Grubenlichter trugen. Sie brachten den Geschwächten und Verängstigten auch gut vom Felsen herunter und in die Höhle, damit er erst einmal zu Kräften komme. Dort hat er gutes Essen und Trinken bekommen und durfte dann, reich mit Gold und Silber beschenkt, nach Hause gehen.

Er hat später von einem Teil der Schätze als Dank für seine Errettung die Kirche in Grund bauen lassen. (30)

*

Ein Mann war seit langem schwer krank, und seine Frau mußte versuchen, sie beide durch das Lesen und Verkaufen von Holz und Tannenzapfen zu ernähren. Eines Tages saß sie weinend im Walde, ihre Kraft hatte sie verlassen. Da kam ein sonderbar angezogenes Männlein, ließ sich von ihrem Schicksal berichten und wies sie dann an, am Hübichenstein zu sammeln. Das ging dort recht schnell, denn von allen Seiten flogen die Zapfen nur so herbei.

Auf dem Heimwege wurde der Tragekorb immer schwerer, und als sie ihn zu Hause im Schuppen ausleerte, fiel eine stattliche Zahl silberner Zapfen auf den Boden.

Verwundert und verängstigt berichtete sie ihrem Manne von ihrem Erlebnis. Der machte ihr Mut und empfahl ihr, am kommenden Tag wieder zum Hübichenstein zu gehen. Sicher sei es der Gübich gewesen, der sie beschenkt habe, und dem müsse sie schließlich Dank sagen.

Anderntags machte sie sich auf den Weg und fand auch richtig den kleinen Mann. Der lachte ihr schon entgegen und schenkte ihr noch einen Strauß Kräuter, aus dem sie dem Kranken einen Trank brauen sollte. Das tat sie auch, und in kurzer Zeit war ihr Mann wieder gesund.

Das Geschenk des Gübich machte das Paar zu wohlhabenden Leuten, und ein silberner Tannenzapfen wurde über viele Generationen in der Familie als Andenken hoch in Ehren gehalten. (31)

*

Der Müller Lau aus Sonderhausen war ein starker Mann und dazu ein grober Kerl. Eines Tages begab er sich mit einem Gesellen zum Kyffhäuser, um sich im dortigen Steinbruch einen Mühlstein abzuholen. Am Fuße des Berges angekommen, ließ er seinen Knappen mit dem Wagen die Straße entlang fahren, er selbst jedoch schlug einen Fußweg ein, der nahe am alten Turme vorbeiführte.

Dort oben begegnete dem Müller ein kleiner, stämmiger Mann in Bergmannstracht und bat ihn, ihm in eine benachbarte Kluft zu folgen, um dort beim Losbrechen eines Steines zu helfen. Es werde sein Schade nicht sein.

Der Müller lehnte, grob wie er nun einmal war, rundweg ab. Als ihn der Kleine bedrängte, drohte er ihm Schläge an, wenn er ihn nicht in Ruhe lasse. Im nächsten Augenblick fühlte sich der starke Mann gepackt und heftig auf den Boden geschleudert. Der erzürnte Müller ließ sich das nicht gefallen, und es kam zu einer heftigen Prügelei, bei der sich der Kleine als so wendig erwies, daß der Ausgang des Kampfes zweifelhaft war.

Mittlerweile war der Mühlknappe, durch den Lärm neugierig gemacht, herbeigekommen und zog dem Zwerg mit einem Knüppel einen kräftigen Schlag über. Da flüchtete dieser in ein Bergloch und kam nicht wieder.

Der Müller fuhr mit schmerzenden Gliedern, grün und blau gedroschen, nach Hause. (32)

B

4. Schätze, Schatzsucher und Schatzwächter

Am Rande des Harzes, nicht weit von Thale, lebte ein armer Bauer mit seiner fleißigen Tochter. Diese ging eines Tages in den Wald, um Holz zu lesen. Als sie ihren Korb nahezu gefüllt hatte, erschien ihr ein weißes Männlein. Das bedeutete ihr, den Korb wieder auszuleeren und ihm zu folgen. Sie kamen zu einem Hügel. Dort quollen Silbermünzen wie das Wasser aus einer Quelle. Das Kind wollte erschrocken wegeilen, das Männlein jedoch nahm ihm den Korb ab und füllte ihn mit dem quellenden Silber.

Als die Leute im Ort von dem Glück erfuhren, das dem Mädchen widerfahren war, eilten sie geschwind mit Körben und Säcken in den Wald. Doch keiner hat etwas gefunden.

Bei den Münzen soll es sich um alte Geldstücke gehandelt haben, wie sie einst in Goslar geprägt worden waren, mit einem Marienbild auf der einen Seite. (1*)

*

Ein Harzkönig hatte sieben Töchter, deren Schönheit weithin bekannt war. Viele Edle rings im Lande hatten schon um deren Hände angehalten, doch jeder wurde abgewiesen. Der Ruf ihrer Schönheit war sogar bis in den Norden, nach England, gedrungen. Sieben adlige Brüder machten sich von dort auf den Weg, um die Prinzessinnen für sich zu gewinnen. Mit ihrem gefälligen Auftreten und ihrem ritterlichen Aussehen gewannen sie die Herzen der Schönen.

Beleidigt und eifersüchtig schworen die verschmähten heimischen Werber den Mädchen und ihren Liebhabern Rache. Sie wollten sie daran hindern, nach England zurück zu reisen. Freunde hatten ihnen das Vorhaben der Feinde hinterbracht, und so beschlossen sie, heimlich zu fliehen, denn es war mit einer großen Schar von Gegnern zu rechnen. Doch Eifersucht und Neid sind wachsame Hunde. Als sich der Zug Thale näherte, sahen sie im Mondlicht die Rüstungen der Verschwörer glänzen.

Heldenhaft kämpften die englischen Prinzen um ihre Freiheit und um ihre Geliebten, doch schließlich gab auch der letzte unter der Übermacht des Feindes sein Leben auf.

Die Erschlagenen wurden mit allen Ehren und mit Lobgesängen auf ihre Tapferkeit auf hohen Scheiterhaufen verbrannt. Die Asche kam in Urnen, über denen man sieben Hügel aufschüttete.

Was nützten diese Ehrungen den sieben schönen Mädchen. Sie kamen zurück in das Schloß ihres Vaters und besuchten trauernd fast täglich die Stätte ihres vernichteten Glücks. Eines Tages erlöste sie der Tod dort, wo sie ihr Liebstes verloren hatten. Aus den Grabhügeln brachen bald darauf sieben klare Quellen hervor, die Siebenspringe.

Bei den Siebenspringen, dort, wo früher die drei Bruderbirnen standen, soll ein Schatz vergraben sein. Doch keiner weiß so recht, wo genau, und auf welche Weise er zu heben sei. Das beschäftigte die Gemüter der Leute, besonders das eines der Besitzer des Grundstückes.

Im Traum erhielt er den Hinweis, einer müsse auf einem schwarzen Ziegenbock den größten der Bäume dreimal umrunden und dabei im Höllenzwang lesen, dann würde sich die Schatzgrube öffnen.

Der Bauer besprach den Traum mit seinem Großknecht, der sich bereiterklärte, einen Versuch zu unternehmen. Die Nacht war trüb und stürmisch. Er zog seine rote Wolljacke an, ohne die er selten das Haus verließ, und begann den gefährlichen Ritt. Während der dritten Runde rissen die Wolken auf, der Mond beleuchtete einen Augenblick gespenstisch die Landschaft, und aus dem Geäst des Baumes erscholl eine krächzende Stimme: „Den mit de roten

Jacke, den griep!“ Dann knackte es, der Knecht stieß einen gräßlichen Todesschrei aus – der Teufel hatte ihm den Hals umgedreht.

Seitdem versuchte niemand wieder an den Schatz heranzukommen. (2*)

*

Wo nahe Thale einstmals das reiche Dorf Bärensdorf unterging, sollen auch heute noch Schätze im Erdreich ruhen. In den Zwölf Nächten sieht das Sonntagskind auf dem ehemaligen Kirchberg ein Licht flackern. Wer vorsichtig ein Tuch darüber deckt, kann am folgenden Morgen an dieser Stelle nachgraben und einen Schatz heben. Andere sagen, daß die Flamme das Vorhandensein kostbarer Erze anzeigt. Die Bergleute nannten die Erscheinung „Erzbrennen“.

An der Stelle, wo einst die Dorfkirche stand, ist es auch sonst des Nachts nicht geheuer. Viele bringen sie mit dem Tod des wilden Jägers Hackelberg in Verbindung.

Nicht weit ist es von hier bis zum Eingang des Bodetals, wo am linken Ufer der Bode, zwischen Entenstieg und Fohlenstall die Fahle Hölle liegt. In dieser Gegend kann der einsame Wanderer in bestimmten Nächten die Geister der weißen Rosse wiehern hören, die die Germanen hier einst zu Ehren ihres Gottes Wotan züchteten und als Opfertiere zu ihren heiligen Festen gebrauchten. (3*)

*

Ein Hirte, der am Fuße der Harburg seine Herde hütete, träumte in der Mittagsruhe, ein Zwerg zeige ihm unmittelbar neben seinem Lager eine Grube mit einem Schatz. Danach gab er ihm den Auftrag, von einem Teil der Kostbarkeiten in Wernigerode ein Haus zu errichten. Den Bauplan dazu gab er ihm ebenfalls.

Der Hirt erwachte und fand die Zeichnung in seiner

Das Rathaus von Wernigerode um die Jahrhundertwende

Hand. Als er neben sich im Erdreich wühlte, entdeckte er einen kupfernen Kessel voll von Goldstücken.

Als reicher Mann konnte er sich nun in Wernigerode niederlassen. Er vergaß auch nicht den Auftrag des Zwerges und ließ genau nach dessen Zeichnung das durch seine Architektur berühmte Rathaus errichten. (4)

*

In einer Mühle am Fuße des Rammelsberges bei Goslar wollte die Magd am frühen Morgen das Feuer im Herd entzünden. Doch das Feuerzeug versagte ihr seinen Dienst. Da gewahrte sie durchs Fenster am Rammelsberg flackernde Flämmchen. Schnell ergriff sie eine Schaufel, um einige glühende Kohlen zu holen. Dort angekommen, sah sie eine Gruppe alter Männer sitzen, die sie keines Blickes würdigten und sich auch auf ihre Bitte hin nicht regten. Kurzerhand nahm sie etliche der glühenden Stükken und brachte sie zum Herd. Hier verlosch die Glut sofort. Noch zwei Mal ging das Mädchen den Weg, doch immer vergeblich. Schließlich mußte es sein Unterfangen aufgeben und die Frau des Hauses wecken.

Wie erstaunten die Leute, als bei vollem Tageslicht ein Haufen Goldstücke auf dem Herde funkelte. Schnell eilten alle zu der nächtlichen Feuerstelle. Doch dort fanden sich nur Kiesel.

Sie konnten das Erlebnis nicht für sich behalten. So wurde alles der Obrigkeit bekannt, und diese ließ die Stelle durch Bergleute untersuchen. Dabei entdeckte man das Gold im Rammelsberg. (5)

*

Als die wilden Soldatenhorden im Dreißigjährigen Kriege das deutsche Land überrannten, bargen die Bewohner des südöstlichen Harzes ihre Wertgegenstände und ihr weniges erspartes Geld in den tiefen Kellern der Questenburg.

Der lange Krieg ging zu Ende, es lebte keiner mehr von denen, die den geheimgehaltenen Ort kannten. So ruht seitdem ein großer Schatz dort, und bisher hat ihn niemand gehoben.

Einst versuchten Schatzgräber die unterirdischen Geister zu zwingen, ihnen den Schatz der Questenburg auszuliefern. Um Mitternacht begannen sie mit der Beschwörung. Doch das bekam ihnen schlecht. Unter Gepolter erschien der Burggeist und sprach mit dröhnender Stimme: „Verschwindet hier und laßt euch nicht wieder sehen. Der Schatz ist einem Grafen von Stolberg beschieden, der Augen von zweifacher Farbe und Gestalt hat. Bis dahin wird keiner die Macht über das verborgene Gold erhalten." Entsetzt suchten die Glücksritter das Weite und ließen sich nie wieder auf der Burg blicken.

Vor langer Zeit hatte ein Bewohner Questenbergs in dem alten Gemäuer zu tun. Da stieß er auf den Eingang zu einem Keller, der im Gebüsch versteckt lag. Der Mann sprach ein kurzes Gebet und stieg einen langen düsteren Gang hinab. Plötzlich umfing ihn ein helles Licht, und vor ihm stand die weiße Gestalt des Burggeistes. Dieser zeigte ihm einen großen Kessel voll blanker Goldstücke und erlaubte ihm, täglich hierher zu kommen und sich jedes Mal ein Goldstück mitzunehmen. Fröhlich trat der Questenberger seinen Heimweg an, erwartungsvoll kam er am folgenden Tag wieder zu dem alten Gemäuer. Tatsächlich öffnete sich ihm der Schatzkeller wie am Vortage, und er nahm sich seine Münze. So ging es lange Zeit. Der Wohlstand des Mannes wuchs, und bald hatte er keine wirtschaftlichen Sorgen mehr.

Doch mit dem Reichtum kam die Versuchung. Die wisperte ihm des Nachts zu: „Warum mußt du denn täglich ein Goldstück holen? Wäre es nicht viel einfacher, ein Mal mit Säcken heraufzukommen und sich für das ganze

Leben einzudecken?“ Fortwährend plagte ihn nun der Wunsch, sich auf einmal kräftig zu bereichern. Schließlich konnte er nicht mehr widerstehen und setzte den Wunsch in die Tat um. Doch kaum begann er die Goldstücke aus dem Kessel zu raffen, erbebte der Berg, und unter Donnergepolter und in einer Flammenlohe versank der Schatz in der Tiefe. Nur mit Mühe konnte sich der Gierige aus dem Keller ans Tageslicht retten. Dort blieb er lange Zeit bewußtlos liegen und wankte dann als geschlagener Mann nach Hause. (6)

*

Ein Soldat hatte viele Jahre seinem Fürsten treu gedient und wurde in Ehren entlassen. Zum Abschied erhielt er in der Nähe von Quedlinburg ein Stück Wald zum erblichen Eigentum. Das sollte er sich roden und ein Bauerngut daraus machen. Im Schweiße seines Angesichts begann der Mann seine Arbeit, und nach einigen Jahren lagen fruchtbare Felder rund um sein kleines Haus. An einer Stelle hatte der Mann allerdings noch eine Gruppe stattlicher alter Bäume stehenlassen, weil er sich bisher nicht überwinden konnte, sie zu fällen.

Als er einmal, ermüdet von der harten Arbeit, eine Ruhepause im Schatten dieser Bäume einlegte, schlief er ein und träumte davon, daß aus deren Stämmen geisterhafte Wesen schwebten und ihn anflehten, nur ja nicht ihre Behausungen zu zerstören. Es solle auch nicht sein Schaden sein. Der Soldat erwachte sehr nachdenklich und schwor sich, niemals Hand an die alten Stämme zu legen.

Wenig später, als er wieder einmal an dieser Stelle ruhte, erschienen die geisterhaften Jungfrauen erneut, dankten ihm für seine Entscheidung und versprachen ihm ihren Schutz und ihre Fürsorge für seine Felder und Wiesen.

Und so geschah es auch. Reicher Erntesegen belohnte seine Rücksichtnahme, er wurde begütert, und der Wohl-

Blick auf Quedlinburg
in der Mitte des 19. Jahrhunderts

stand pflanzte sich in der Familie fort. Einen seiner Nachkommen packte die Gier. Er errechnete sich einen schönen Pfennig aus dem Verkauf des Holzes und aus dem zugewonnenen Ackerland.

Doch kaum waren die Bäume geschlagen, da verdorrte das Land, und niemand hat davon wieder eine gute Ernte gewonnen.

In Erinnerung an die Geschichte nannten die Leute den Weg, der nahe der Baumgruppe vorbeiführte, Jungfrauenstieg. Als sich die Stadt Quedlinburg ausbreitete, wurden auch hier Häuser gebaut, und die Straße erhielt den Namen „Jungfernhohlweg". (7*)

*

Ein Bergmann suchte in der Nähe von Stolberg nach einer Stelle, wo sich das Einschlagen lohnen könnte. Am Auerberg nahe Stolberg erschien ihm eine weiß gekleidete Jungfrau und bot ihm an, ihm einen reichen Silbergang zu zeigen. Zum Dank dafür müsse er sie zur Frau nehmen. Der Bergmann sagte zu, und beide wurden ein schönes und glückliches Paar. Allerdings hatte die junge Frau zur Bedingung gemacht, daß er sie niemals an ihre Herkunft als Berggeist erinnern dürfe.

Gleich nach der Eheschließung gingen die beiden zum Auerberg. An einer Stelle schlug die junge Frau einen silbernen Nagel ins Erdreich und empfahl ihrem Manne, dort nachzugraben. Es kamen reiche Silberadern zum Vorschein.

Eines Tages kamen beide miteinander in Streit. Der Mann vergaß im Zorne sein Versprechen und meinte, daß die junge Frau es schließlich nur ihm zu verdanken habe, daß sie nicht weiter als Berggeist umgehen müsse.

Kaum waren ihm die bösen Worte entfahren, reuten sie ihn auch schon. Allein er konnte sie nicht zurücknehmen. Die Frau eilte dem Auerberg zu, und ehe sie ihr Mann

Der Marktplatz zu Stolberg um 1830

daran hindern konnte, stürzte sie sich in die Tiefe des Bergwerks.

Von da an war es zuende mit dem Bergsegen am Auerberg. Es fand sich nur noch taubes Gestein. Die Flur, in der einst das Bergwerk kostbares Erz geliefert hatte, hieß später „Der Silberne Nagel". (8)

*

Lange bevor es die Stadt Osterode gab, stand dort auf der Höhe die Burg eines Grafen. Der Jäger des Burgherrn sah öfter an einer bestimmten Stelle in der Waldeinsamkeit nahe der Burg auf einem Stein ein Männlein sitzen, das ins Gebet versunken war. Als der Burgherr davon erfuhr, nahm er es als Zeichen und ließ an der Stelle ein Gotteshaus erbauen. Bald siedelten sich Menschen in der Nähe dieses Bauwerks an. Heute steht dort die Marktkirche von Osterode.

Als der Burgherr in einem Streit mit dem Besitzer der nahen Staufenburg tödlich verwundet wurde, hinterließ er neben großem Reichtum eine bildschöne Tochter namens Astarod, um die sich ein sehr rauhbeiniger Ritter aus der Nachbarschaft bewarb. Sie aber wies ihn ab. Erzürnt darüber überfiel er die Feste mit einer Übermacht an Reisigen, so daß die Burgbesatzung binnen kurzem geschlagen war. Doch auch jetzt verweigerte sich die Grafentochter dem Frechling. Dieser fluchte, rief den Teufel an und verwünschte das Mädchen, daß es auf ewig in einem verborgenen Keller der Burg bei den Schätzen sitzen möge. Der Fluch traf ein, doch nicht zum Nutzen des Ritters. Er selbst muß nun als Hund Grafentochter und Schätze bewachen.

An jedem Ostermorgen steigt die Jungfrau hinunter zum Lerbacher Wasser, um ihre Füße zu baden.

Ein armer Leineweber wanderte am Ostermorgen auf Osterode zu. Sorgenvoll überdachte er, wie er seiner Frau helfen könne, die erkrankt zu Hause lag. Bei einem reichen Vetter hatte er ein wenig Geld für den Doktor borgen wollen. Der aber hatte ihn abgewiesen. In der Nähe des Baches riß ihn eine zarte Stimme aus seinen trüben Gedanken. Am Wasser saß eine bildschöne Jungfrau und badete ihre Füße. Auf ihre Frage, weshalb er so sorgenschwer daherschaue, klagte er ihr sein Leid. Sie hieß ihn guten Mutes sein und gegen Mitternacht zu den Trümmern der alten Burg hinaufsteigen. Er möge aber beileibe niemandem etwas von dem Vorhaben verraten und vollends am Abend kein Wort sagen. Ehe es sich der Mann versah, war die wundersame Gestalt entschwunden.

Mit einigem Zagen trat der Leineweber am Abend den Gang zur Burg an. Als er sie erreicht hatte, schlug die Uhr in Osterode die Mitternachtsstunde. Ein mildes Licht erstrahlte in der Ruine. Es ging von einer Lilie aus, die eben ihren Blütenkelch entfaltete. Im Hintergrund saß das schöne Mädchen vom Morgen und winkte ihm zu, die Blume zu brechen. Zögernd kam er dem Befehl nach. In dem Augenblick erschütterte ein Dröhnen den Berg. Der Boden vor seinen Füßen wich zurück, und aus der Tiefe kam ein mit Goldstücken gefüllter Kessel empor. Die schöne Unbekannte drängte den verschüchterten Gast, sich die Taschen mit diesen Schätzen zu füllen. Mit einem dankbaren Gefühl und tiefen Verbeugungen verließ der Leineweber die Ruine. Es schlug die erste Stunde des neuen Tages, und alles lag im Dunkel, als sei nichts geschehen.

Seit diesem Tag war aus der armen eine wohlhabende Familie geworden. Alljährlich gingen sie zur gleichen Zeit hinauf zur Burg, um der verwunschenen Prinzessin zu danken. Doch gesehen haben sie sie nie wieder. (9*)

*

Dort, wo die Holtemme über Felsen und geborstene Baumstämme rauschend zu Tale stürzt, schlugen vor langer Zeit Bergleute ein. Im Bergesinnern stießen sie auf Adern von Silbererz. Dank der reichen Ausbeute ging es ihnen gut.

Eines Tages fanden sie, als sie Ganggestein wegräumten, einen silbernen Kopf. Vorsichtig arbeiteten sie weiter, und schließlich lag ein ganzer silberner Mann in Gestalt des Bergmönches vor ihnen. Die Männer wußten nun, wem sie ihren Wohlstand verdankten, vermieden scheu, der Gestalt irgend einen Schaden zuzufügen, und machten ringsum gute Ausbeute. Das Bergwerk erhielt den Namen „Der Silberne Mann“.

Eines Tages packte einen der im „Silbernen Mann“ arbeitenden Bergleute die Habsucht. Er wollte ein Stück der liegenden Gestalt abschlagen, um sich heimlich zu bereichern. Weit kam er jedoch nicht. Kaum hatte er den kleinen Finger abgebrochen, schoß daraus ein Wasserstrahl, der binnen kurzem die ganze Grube ersäufte.

Das Bergwerk mußte aufgegeben werden, mit dem Bergsegen war es aus.

Die Leute nannten zur Erinnerung an das Bergwerk zwei dort in der Nähe aufragende Felsen den „Silbernen Mann“ und die „Silberne Frau“. (10*)

*

Über dem Selketal, nahe der Burg Falkenstein, erstreckt sich ein Wald, der den Namen Tidian führte. In ihm soll sich eine Schatzhöhle befinden. Unter den verschiedensten Kostbarkeiten ist auch die Figur eines Mannes aus reinstem Golde. Nicht jedem ist es gegeben, den geheimen Eingang zu finden. Erst eine wunderbare Blume öffnet den Weg.

Ein Schäfer, der in der Nähe seine Herde weidete, fand die seltsame Blume, brach sie und begab sich in den Tidian. Dort, wo sonst nur Fels und Erde war, fand er ein eisernes Tor. Die Wunderblume verschaffte ihm Einlaß, und er füllte sich mit Gold und Edelsteinen die Taschen.

Ein Quedlinburger Goldschmied staunte nicht schlecht über die Kostbarkeiten, die ein so schlichter Mann bei ihm zum Kauf anbot. Er mußte sich vergewissern, ob sie ehrlich erworben oder etwa gestohlen waren. So berichtete ihm der Schäfer die Geschichte.

Nicht lange danach kam der Falkensteiner zum Goldschmied und bestellte ein Geschmeide. Im Gespräch mit dem Meister erfuhr er von dem Schatz auf seinem Grund und Boden. Kaum war er von seiner Fahrt zurück, entbot er den Schäfer zu sich und drohte ihm, ihn wegen Diebstahls zu bestrafen, denn er habe von dem genommen, was ihm, dem Falkensteiner, von Rechts wegen gehöre. Während der Adelige so mit dem armen Manne sprach, hatte ein Affe, der auf dem Falkenstein lebte, den Hut des Schäfers in die Pfoten bekommen, die daran steckende Wunderblume herausgezogen und in kleine Stücke zerfetzt.

Da half es den beiden Männern nichts, daß sie sich auf den Weg machten, um die Schatzhöhle zu suchen. Ohne die Wunderblume starrte ihnen überall nur nackter Fels entgegen.

Die Schätze sollen solange in die Tidianshöhle gebannt sein, bis auf der Burg Falkenstein drei Herren gelebt haben werden, von denen einer lahm, der andere stumm und der dritte blind ist. (11*)

*

Ein Holzhauer aus Gröningen arbeitete an einem Freitag nahe der Ruine der Dummburg im Hakel zwischen Hedersleben und Heteborn. Als er sich zur Mittagsrast niedergesetzt hatte, sah er einen geisterhaften Mönch auf die Ruine zuschreiten. Als die Erscheinung sagte: „Türlein, öffne dich!“ ging in der dicken Mauer eine schmale Pforte auf, die dem Holzhauer noch nie aufgefallen war. Der Mönch verschwand in dieser Öffnung. Die Tür schloß sich wieder. Der Mann blieb sitzen und beobachtete das alte Gemäuer. Nach einer Weile erschien der Mönch wieder und sprach: „Türlein, schließe dich!“ Sofort schlug die Tür zu, und die Pforte wurde unsichtbar.

Am folgenden Freitag betrachtete sich der Holzhauer die Ruine noch einmal genau, fand richtig die Pforte und sagte das Sprüchlein auf. Die Tür öffnete sich. Er betrat einen Gang, der in einen Saal mündete. Hier standen Kessel und Körbe voller Gold und Edelstein. Mitten unter all den Schätzen lag auf einem Kissen ein großer Hund, der aber keine Notiz von dem Besucher nahm.

Der brave Mann fürchtete, einen Diebstahl zu begehen, wenn er einfach von den Kostbarkeiten etwas zu sich steckte und meinte: „Wenn doch jetzt der Mönch da wäre und würde mir von den Schätzen etwas schenken!" Schon erschien der Geist und lud ihn ein, zuzugreifen. Er möge nur keck wiederkommen.

Nun holte sich der Holzhauer jeden Freitag ein wenig Gold und lebte mit der Zeit in einem bescheidenen Wohlstand.

Leider hatte er einen habgierigen und neidischen Nachbarn. Der wunderte sich, daß es dem Holzhauer plötzlich besser ging als ihm. Neid und Neugier veranlaßten ihn, dem Manne nachzuspionieren. Als er wieder einmal den Gang zur Schatzhöhle betreten wollte, sprang der Habgierige aus einem Versteck und drohte, ihn umzubringen, wenn er ihn nicht augenblicklich zu den Schätzen führe. Dort stürzte sich der Nachbar auf die Truhen und stopfte sich alle Taschen voll. Knurrend näherte sich der Hund. Doch in seiner Gier verkannte der Räuber die Gefahr, bis ihm der Hund an die Kehle sprang. Entsetzt verließ der Holzhauer den Schatzkeller, hinter ihm schlug die Pforte zu.

Nach einer Weile bereute er, dem Nachbarn nicht beigestanden zu haben, und betrat erneut den Raum. Da lag der zerrissene Leichnam des Geizhalses.

Seitdem mied der Holzhauer die Ruine der Dummburg. Das Pförtlein hat niemals wieder jemand gesehen. (12)

*

Als im Verlaufe des Bauernkrieges die Mönche des Klosters Himmelpforten bei Wernigerode fliehen mußten, nahmen sie einen Teil des Klosterschatzes mit. Das meiste jedoch bargen sie in einem geheimen Gewölbe innerhalb des Klostergeländes. Über Berg und Tal ging der Weg. Der greise Abt hielt diese Anstrengungen nicht aus. Unter einer Buche legte er sich nieder und starb. Die Mönche bestatteten ihn im Walde und vergruben zusammen mit dem Leichnam die mitgeführten Kostbarkeiten.

Später versuchten viele Schatzsucher vergebens, die Stelle zu finden.

Nach langer Zeit weidete ein Hasseröder Hirte gemeinsam mit seinem Sohn an der Mönchslagerstätte die Kühe. Da erschien der Geist des Abtes und bat sie, an einer bestimmten Stelle in den Ruinen des Klosters Himmelpforten nach einer Schieferplatte zu suchen, die als Falltür in den Boden eingelassen sei. Darunter befände sich ein Gewölbe, in dem ein kostbares Meßbuch liege. Das sollten die Schäfer ihm am folgenden Tage bringen. Ihr Schade werde es nicht sein, denn von dem dort aufgehäuften Gold dürften sie sich nehmen, soviel sie tragen könnten. Sie müßten sich aber davor hüten, die Edelsteine anzurühren. Das bringe Unglück.

Vater und Sohn folgten den Anweisungen des Geistes und fanden alles so, wie er es ihnen gesagt hatte. Der Vater hob das Buch auf und füllte sich die Taschen mit Gold. Dem Jungen jedoch stach der Hafer, und gegen die Weisung des Geistes steckte er eine Handvoll Juwelen ein.

Anderntags brachten die Männer das kostbare Buch zur Mönchslagerstätte. Der Abt erwartete sie schon und mit ihm eine große Zahl geisterhafte Mönche. Sorgenvoll warnte er den Vater, seinen Sohn zu veranlassen, die Edelsteine schleunigst zu vergraben. Schließlich bat er die Hirten, nie wieder ihre Herde auf die Mönchslagerstätte zu treiben. Vor allem aber sollten sie vor jedermann über ihr Erlebnis schweigen, weil sie sonst andere ins Unglück stürzen würden. Dann wandte er sich den Mönchen zu. Mit Hilfe des Buches zelebrierte der Abt eine Messe, nahm mit ihnen das Abendmahl und erteilte ihnen seinen Segen. Nach einem stillen Gebet sank er erlöst nieder zur ewigen Ruhe. Die Geister bestatteten ihn, und der Spuk verschwand.

Der Segen des Abtes über die Kühe tat seine Wirkung. Bald konnten sich die Hirten über den wachsenden Wohlstand freuen. Allerdings hatte den Jungen die Habgier gepackt, und er dachte nicht daran, sich von den Edelsteinen zu trennen, mochte der Vater ihn auch ermahnen. Das wurde ihm zum Verhängnis. Der wachsende Wohlstand rief Neider auf den Plan, und eines Tages durchsuchten die Büttel das Haus der Hirten und fanden die Juwelen. Als Diebe wurden sie verhaftet und verhört. Getreu der Weisung des Geistes schwiegen sie auf alle bohrenden Fragen, bis man sie schließlich folterte. Auf der Stelle verlangte der Dorfschulze, sie sollten ihm die geheime Tür zeigen. Er konnte kaum die Zeit erwarten, in die Tiefe zu steigen. Hinter ihm schlug die Platte herab und verschwand vor den Augen der versammelten Menschen. Kein Suchen half etwas, die Ruinen lagen still und vergrast da wie eh und je. (13)

*

Während einer Hochzeitsfeier in Drübeck ging der Wein zur Neige.

Da die Gastgeber eine sehr einfältige Magd hatten, gab ihr einer der Gäste im Spaß den Auftrag, aus dem Kloster Himmelpforten einen Krug Klosterwein zu holen. In dem Wiesental, in dem sich einstmals die Gebäude des Klosters ausgebreitet hatten, fand sie am Berghang eine geöffnete Tür. Unbekümmert betrat sie einen großen Weinkeller. Ein geisterhafter Mönch fragte sie nach ihrem Anliegen und zapfte ihr den Krug voll.

Begeistert vom herrlichen Geschmack des Weines machten sich die Leute auf, noch mehr zu holen. Doch außer langen Gesichtern brachten sie nichts mit nach Hause. Der Eingang zum Weinkeller war verschwunden, und niemand hat ihn bisher je wieder gesehen. (14)

*

Altdeutsche Küche
bei wohlhabenden Leuten

Einem Sauhirten, der seine Herde öfter am Kyffhäuserberge weidete, verschwand immer mittags eine Sau und fand sich wieder ein, wenn die Herde zurückgetrieben wurde. Da band der Bursche ihr den Anfang eines Garnknäuels an das Hinterbein und ließ diesen abrollen. Dann ging er dem Faden nach und kam an die Öffnung einer Höhle. Er kroch hinein und fand sich in einem Stall voller schwarzer Pferde wieder, die an ihren Krippen standen und Hafer fraßen. Die Sau aber sammelte den am Boden reichlich verstreuten Hafer auf.

Als er sich noch darüber wunderte, erschien das Burgfräulein, führte ihn zu einem Tisch und bewirtete ihn. Nach einiger Zeit bedankte er sich und wandte sich zum Gehen. Als er wieder den freien Himmel über sich hatte, war die Herde verschwunden und alles schien ihm merkwürdig verändert. In Tilleda mußte er sich zurechtfragen, und die Leute betrachteten ihn verwundert. Jetzt blickte er an sich herab und sah, daß ihm ein langer, weißer Bart über den Gürtel wallte. Er ging zum Pfarrer, um sich Rat zu holen. Der schlug in den Kirchenbüchern nach und fand eine Eintragung, die vor genau hundert Jahren gemacht worden war. Darin stand, daß der Hütebube eines Sauhirten am Kyffhäuser verschwunden sei und keiner ihn je wieder gesehen habe.

Einem Schweinehirten am Kyffhäuser kam ein Tier abhanden. Er suchte es überall. Nach drei Tagen lief es ihm aus einem Bergloch entgegen, dick und kugelrund gemästet.

Weil der Hirte dieses Erlebnis nicht verschwieg, erfuhr es auch der Graf in Roßla. Er schlug einem zum Tode verurteilten Verbrecher vor, ihm das Leben und die Freiheit zu schenken, wenn sich der Delinquent bereiterklären würde, in das Bergloch zu kriechen, das Innere zu untersuchen und ihm darüber zu berichten. Der Mann stimmte gern dem Vorschlag zu und machte sich auf den Weg. Tief in den Berg hinein führte ein Gang und endete in einem Saal, in dem der Kaiser Friedrich saß. Der sah ihn starr an, gab ihm einen goldenen Ring und sprach: „Hier ist ein Ring für deinen Grafen. Sage ihm, er solle niemals wieder jemanden hierher schicken. Das ist meine Residenz, und keiner hat hier etwas zu suchen." Nach diesen Worten sah der Mann nur noch ringsum graue Felswände, kehrte um und fand mit Angst und Not zum Ausgang. Verwundert nahm der Graf die Nachricht und den Ring entgegen und schenkte dem Verbrecher die Freiheit. (15)

*

Musikanten, die zu einer Hochzeit aufgespielt hatten, führte ihr nächtlicher Heimweg über den Kyffhäuser. Auf der Höhe schlug der eine vor, dem Kaiser ein Ständchen zu bringen. Als die Musik verklungen war, kam eine hübsche junge Dienerin, bedankte sich im Namen ihres Herrn und schenkte jedem der drei Männer einen Pferdeschädel.

Die Burschen schauten sich verwundert an, und in der Meinung, sie seien an der Nase herumgeführt worden, warfen zwei von ihnen kurze Zeit später das merkwürdige Geschenk in die Büsche. Einer jedoch meinte: „Und ist's nichts weiter, so kann ich mir doch mit meiner Alten einen Spaß machen." Zu Hause angekommen, legte er ihr den Schädel unter das Kissen und konnte kaum die Zeit bis zum Morgen erwarten, daß diese einen Schrei ausstieß.

Die Frau schrie beim Erwachen tatsächlich auf, doch nicht vor Schreck, sondern vor Verwunderung und Freude. Unter ihrem Kissen lag ein großer Goldklumpen, so schwer, daß ihn keiner allein zu heben vermochte.

Als das die beiden anderen erfuhren, eilten sie spornstreichs dorthin, wo sie die Schädel weggeworfen hatten. Doch mit langen Nasen mußten sie sich wieder heimwärts trollen. (16*)

Deutsche Musikanten zur Zeit der Renaissance

Ein Schäfer, der am Kyffhäuser seine Herde austrieb, erlebte es des öfteren, daß er seinen Weg bei Regen antrat, auf der Höhe des Berges aber strahlenden, warmen Sonnenschein vorfand. An einem Tage sah er dort oben sogar eine altmodisch gekleidete Frau, die Flachsknotten zum Trocknen ausgebreitet hatte.

„Wenn ich das meinen Leuten im Tal erzähle, glaubt mir das keiner", brummte er vor sich hin und bat dann die Frau, zum Beweis dafür, daß hier oben trockenes Wetter herrsche, einige Knotten mitnehmen zu dürfen. Er möge nur zugreifen und sich die Taschen vollstopfen, meinte sie freundlich.

Auf dem Heimwege wurden seine Taschen immer schwerer, und als er sie zu Hause leerte, hatten sich die Knotten in lauteres Gold verwandelt. Die Leute sagten ihm, daß er auf dem Kyffhäuser der Frau Holle begegnet sei. (17*)

*

An den Gegensteinen bei Ballenstedt hat der Teufel oftmals die Vorbeikommenden gefoppt. Ein Mönch ließ sich davon nicht schrecken, fiel auf die Knie nieder und betete zu Gott, er möge diesem Spuk ein Ende bereiten. Da wisperte ihm eine Stimme geheimnsivoll zu: „Wenn eine reine Jungfrau, auf den Wogen des Weltmeeres geboren, am Tage Allerheiligen vor dem Felsen niederkniet und dreimal die Namen der Heiligen mit lauter Stimme gegen den Felsen ruft und dann Gott bittet, den Zauber zu lösen, so wird der Felsen niedersinken, ein Goldschatz heraufsteigen, der Jungfrau Eigentum sein, und der Geisterspuk wird für immer aufhören."

Ein Einwohner von Ballenstedt war beim Reiten eingeschlafen, und das Pferd suchte seinen Weg nach eigenem Gutdünken. Der Reiter erwachte, als es stehenblieb, und fand sich vor den Gegensteinen wieder. Alles kam ihm merkwürdig verändert vor. An einer Stelle, die sonst glatter Fels war, befand sich eine Pforte. Er stieg ab und versuchte sie zu öffnen. Die Tür gab nach, und er gelangte in eine Höhle. Dort waren Gold- und Silbermünzen aufgehäuft, und an der Seite lag eine silberne Peitsche. Allerdings bewachte ein großer Hund den Schatz.

Mutig stopfte sich der Ballenstedter die Taschen voll, eilte ins Freie und entleerte sie in seine Packtaschen. Schnell wiederholte er den Besuch, obgleich der Hund

Das Schloß zu Ballenstedt in der Mitte des 19. Jahrhunderts

leise zu knurren begann. Beim dritten Mal gab das Tier so drohende Laute von sich, daß es dem Manne unheimlich wurde. Doch die Raffgier hatte ihn gepackt. Die silberne Peitsche wollte er sich unbedingt noch holen. Schon hatte er sie ergriffen, als es ihm einfiel, auch noch einmal die Hände nach dem Gelde auszustrecken. Da riß der Hund seinen Rachen auf und spie Feuer. Kaum seiner Sinne mächtig, taumelte der Eindringling aus der Höhle und brach dort ohnmächtig zusammen. Als er wieder zu sich kam, stand sein Pferd ruhig neben ihm. Das Geld war verschwunden, und auch von der geheimnisvollen Pforte war nichts mehr zu sehen. Ein Traum konnte das alles aber nicht gewesen sein, die silberne Peitsche lag neben ihm.

Mit Mühe kroch der Mann auf sein treues Pferd und ließ sich nach Hause tragen. Dort warf ihn ein schweres Fieber auf das Krankenbett, wenig später verstarb er. (18)

*

Die Kirche zu St. Nicolai in Quedlinburg stand lange Zeit nach Fertigstellung des Kirchenschiffs noch ohne Türme. Zu ihrem Bau hatte das Geld nicht mehr gereicht. Zwei fromme Schäfer, Vater und Sohn, weideten am Waldrand ihre Herde. Ihr Blick fiel dabei auf die nicht weit von ihnen liegende Stadt, und der eine meinte zum anderen: „Es ist doch schade, daß unsere Nicolaikirche so nackt und bloß ohne Türme dastehen muß. Wenn ich das Geld hätte, sie zu bauen, ich gäb's gewiß. Doch das wird erst am Sankt-Nimmerleins-Tag geschehen."

Kaum hatte er diese Worte gesprochen, da stürmten die Hunde, als gehorchten sie einem fremden Rufe, davon, verschwanden im Gehölz und begannen dort zu jaulen. Verwundert folgten ihnen die Männer und sahen, daß die Tiere an einer Stelle im Erdreich wühlten. Vater und Sohn legten mit Hand an und stießen nach kurzer Zeit auf den Deckel einer kleinen mit Gold gefüllten Truhe.

Die Schäfer fühlten sich als Werkzeug Gottes, der durch sie die Fertigstellung des Gotteshauses fördern wollte. Wenig später wurde mit dem Bau zweier Türme begonnen, und jeder erhielt zum Gedenken an die wunderbare Begebenheit das Steinbild eines Mannes mit einem Hunde. (19)

*

Aus einem alten Walenbuch:

Wenn du nach Stolberg kommst, so frage nach einem Berge, der heißt der Schieferberg. Gehe des Berges zur rechten Hand im Grunde hin ans Wasser, so findest du 2 Steinklüfte. In der einen ist ein Münch eingehauen. Allda wirst du ein Loch finden, darinnen ist gediegen Gold-Erz, das Pfund hält 120 fl. Das ist mit altem Holz bedeckt. Von dannen suche weiter hinauf zur rechten Hand. Da kommt ein Bächlein hereingeflossen. Gehe an demselben ein gut Stück hinauf, so findest du abermals 2 Steinklüfte und 2 eingehauene Münche. Der eine weiset mit dem Finger darauf, da liegen Steine und Steinhaufen. Räume sie hinweg und du findest Gold-Körner das Pfund 112 R. Dann gehe noch besser hinauf, so siehest du zwei große Bäume stehen, es sind Buchen; zwischen denselben ist ein Stein mit einem eisernen Ringe, den hebe auf, so findest du auch gediegen Gold-Körner das Pfund 112 R.

(Aus einem alten Walenbuch) (20* O)

*

Zwei slowakische Händler sprachen in Harzgerode einen Fuhrmann an und forderten von ihm, er möge sie zur Burgruine führen und ihnen die Stelle zeigen, an der er immer seinen Lehm hole. Es werde nicht sein Schade sein.

An der Lehmgrube angekommen, entfachten die Fremden ein Feuer und murmelten unverständliche Worte. Da kam eine große Schlange gekrochen. Die Männer ergriffen, schlachteten und brieten sie. Während sie das Fleisch verzehrten, boten sie dem Fuhrmann auch ein Stück an, doch der dankte und verzog sich in einen Winkel. Von dort aus konnte er beobachten, wie die Slowaken in die Lehmgrube gingen und sich vor ihnen eine Höhle öffnete, die voller Schätze war. Die Männer füllten ihre Beutel und brachten dem Fuhrmann auch eine Handvoll Gold mit. Dann versetzten sie ihm einen Backenstreich, daß er bewußtlos wurde.

Er erwachte anderntags mit einem Brummschädel, voll bekleidet, in seinem Bett und hatte die Taschen voll Gold.

Von seinem Erlebnis hat er erst viel später seinen guten Freunden berichtet. In der Lehmgrube allerdings hat er die

Blick auf Stolberg
um 1830

Schatzhöhle nie gefunden. Dazu hätte ihm das Schlangenfleisch die Augen öffnen müssen. (21)

*

Vor langer Zeit war ein Jäger so seiner Jagdleidenschaft erlegen, daß er nach seinem Tode zur Strafe als weißer Hirsch an eine hohe Felsenklippe oberhalb Treseburgs gebannt wurde. Nur am Johannistag konnte er sich frei und für die Menschen sichtbar bewegen. Einer der Ritter von der Treseburg hatte ihn an einem solchen Tage entdeckt und verfolgte ihn. Das Tier entkam seinen Verfolgern in Richtung des Luppbodetales.

Zwei erfahrene Venediger sahen das Tier. Sie wußten, welche Bewandtnis es mit ihm hatte und folgten ihm, so rasch sie ihre Füße tragen konnten. Wo sich das Tiefenbachtal mit dem der Luppbode vereinigt, löste sich das Tier geisterhaft in Luft auf. Die Venetier merkten sich die Stelle. Dort wurde später wertvolles Eisenerz für die Hüttenwerke in Thale und Altenbrak gefunden. (22)

*

Venediger besuchten dereinst auch Schwenda. Dort quartierten sie sich bei einem Schneider ein. Am frühen Morgen verließen sie das Haus und kehrten erst am Abend zurück. Den Mann brachte die Neugierde bald um, doch die Fremden verrieten ihm nicht, wo sie den Tag über verweilten. Sie drohten ihm sogar, ihn zu töten, falls er ihnen nachschleichen würde. Er kehrte sich aber nicht an die Warnung und verfolgte sie heimlich. Unweit der Josephshöhe, dort wo das Krummschachttal beginnt, ragt eine Felsklippe empor, die das Volk den „Güldenen Altar" nennt. Dort machten sich die Venediger zu schaffen.

Als der Sommer zur Neige ging, kehrten die Fremden in ihre Heimat zurück. Kaum hatten sie den Harz verlassen, als der Schneider auch schon zum Güldenen Altar eilte, um dort im Erdreich zu wühlen. Und richtig, er fand Gold und Silber, füllte sich alle Taschen und lebte herrlich und in Freuden.

Im Frühjahr kamen die Venediger zurück und merkten sofort, daß der Schneider hinter ihr Geheimnis gekommen war. Zum Schein zogen sie wieder fort, lauerten ihm aber am Güldenen Altar auf. Dort brauchten sie nicht lange zu warten. Sie ergriffen ihn und wollten ihre Drohung wahrmachen. Er flehte aber so inständig um sein Leben, daß sie ihm nur die rechte Hand abhieben. Dann bezahlten sie ihm ihre restlichen Schulden und verschwanden auf nimmerwiedersehen. (23)

*

Ein ortskundiger Einwohner des Ortes Grund hatte alljährlich Gäste aus Venedig. Sie wohnten bei ihm und ließen sich von ihm an weitabgelegene Stellen führen. Die Fremden bezahlten ihn gut, was dieser sich zur Aufbesserung seines Lebensunterhaltes gern gefallen ließ.

Die Venediger führten einen Erdspiegel bei sich. Standen sie vor einem Berg, dessen Inneres sie erforschen wollten, sahen sie in den Spiegel. Das Zaubergerät verriet ihnen dann, welche Erze und andere Schätze der Berg in seinem Innern führte.

Eines Nachts eignete sich der Mann aus Grund den Spiegel an und verbarg ihn vor seinen Gästen. Doch diese wußten sofort, was geschehen war, forderten ihn zurück und gingen fort auf nimmerwiedersehen. Nun mußte sich der Mann seinen Lebensunterhalt mit großer Mühe wieder selbst verdienen. (24)

*

Zu einem Manne, der in einem Ort am Fuße des Brockens wohnte, kamen die Walen und baten ihn, sie auf den Berg an eine bestimmte Klippe zu führen. Dort angekommen, berührte einer der Fremden mit einer eisernen Rute den Fels, und der tat sich auseinander. In der Öffnung lag gelber Lehm. Den packten sie in ihre Ranzen. Auch ihrem Führer boten sie an, zuzugreifen. Doch der lehnte ab, denn er habe zu Hause genug und satt davon.

Nun zog einer der Venediger eine Flöte hervor und begann darauf zu blasen. Von allen Seiten kamen Schlangen, zuletzt sogar der Schlangenkönig. Den fingen sie, schlachteten ihn, brieten und verzehrten die Teile. Dem Manne boten sie auch von dem Braten an. Der aber wendete sich mit Ekel ab.

Schließlich pflückten die Walen einige merkwürdige gelb blühende Blumen und empfahlen dem Manne dringlich, wenigstens diesen Strauß von ihnen zu nehmen. Um die Fremden nicht zu beleidigen, nahm er die Blumen. Die Gäste hatten mittlerweile die Felsen wieder mit der eisernen Gerte berührt und wandten sich zum Gehen.

Als der Mann zu Hause war, erwiesen sich die Blumen als reines Gold. Nun ging ihm ein Licht auf, und er ärgerte sich gewaltig, daß er nicht vom Lehm und vom Schlangenbraten auch etwas genommen hatte. (25)

*

Ein Venediger hatte sich in Thale einquartiert und bat seinen Wirt, ihn doch zur Roßtrappe zu führen, es werde sich für ihn lohnen. Der Fremde suchte nach irgendwelchen Zeichen in der Felswand, und schließlich bog er die Zweige eines Haselnußstrauches auseinander. Dahinter verbarg sich eine Tür, die den Weg zu einer Höhle öffnete. Dort saß ein wild aussehender Hund, der den Harzer anknurrte, sich aber von dem Venetianer einen Schlüssel aus dem Maule nehmen ließ. Der Schlüssel öffnete den Weg in eine weitere Höhle, die voller Schätze lag. Der Fremde warnte seinen Führer davor, sich an den Kostbarkeiten zu vergreifen, selbst aber packte er einige mitgebrachte Säckchen voll.

Dem Manne aus Thale wollte das nicht einleuchten, heimlich grapschte er nach einem Goldklümpchen. Das hätte er aber besser unterlassen, denn augenblicklich schickte sich der Schatzwächter an, ihn knurrend anzuspringen. Der Fremde konnte ihn jedoch beruhigen.

Kaum hatten die Männer die Höhle verlassen, da krachte die Tür hinter ihnen zu. Der Venetianer übergab dem Hund wieder den Schlüssel, und dieser verschwand plötzlich und spurlos.

Der Fremde schalt seinen Gastgeber tüchtig aus, denn durch seine Habsucht hatte der sich großen Reichtum verscherzt. Dann ging er davon und ließ sich nie wieder blicken.

Von der Schatzhöhle hat niemals wieder jemand etwas gesehen. Der unheimliche Hund mit dem Schlüssel soll jedoch späterhin an verschiedenen Stellen im Bodetal erschienen sein. (26)

*

Zwei Venediger sprachen in einem kleinen Häuschen in Harzburg um ein Nachtlager vor. Der dort wohnende Mann gewährte ihnen das gern und teilte auch sein bescheidenes Mahl mit ihnen. Anderntag baten die Gäste ihn, sie zum Brocken zu führen. Nach einiger Zeit forderte der eine der Fremden zur Rast auf. Er hob ein Stück Rasen ab und fand eine sonderbar gefärbte Erde, die er in einen Sack schaufelte. In der Zwischenzeit hatte der andere gelbe Blütenköpfe einer bestimmten Pflanze gepflückt. Beides gaben die Venediger in ein Gefäß und schmolzen es über einem Feuer zusammen. Das abgekühlte Schmelzgut packten sie in ihre Ranzen. Ihr Gastgeber bat um ein Stück des Masse. Sie schlugen ihm aber die Erfüllung des Wunsches ab, es sei in diesem Jahr zu spät dafür. Er möge sie im kommenden daran erinnern, wenn sie wieder bei ihm vorsprächen.

Blick auf Harzburg mit den Resten der Burg um die Mitte des 19. Jahrhunderts

In einer Stube in einem Harzburger Haus war eine bunte Gesellschaft zusammengekommen. Die Gespräche drehten sich um Zauber, Spuk und anderes Furchterregendes. Ein Sägemüller behauptete, das, was ihn fürchten mache, müsse erst noch gefunden werden. Da nahte sich ihm ein fremdartig gekleideter Mann und bot ihm an, ihn das Fürchten zu lehren. Er möge nur mit ihm in sein Wohnzimmer kommen. Dort war eine Fensterscheibe entzwei. Der Sägemüller mußte sich an den Tisch setzen und zum Fenster sehen. Der Fremde, ein Venediger, nahm ein Zauberbuch hervor und begann Unverständliches zu murmeln. Da nahte sich dem Fenster der Kopf einer großen Schlange. Das Tier kam herein und schlängelte sich zischend auf den Mann zu. Als es nur noch eine Spanne vom Gesicht des Mannes entfernt war, wäre der beinahe in Ohnmacht gefallen.

Der Venediger las den Text von hinten nach vorn, und das Spuktier zog sich zurück. Der Schneidemüller atmete auf und nahm sich vor, nie wieder mit Unerschrockenheit zu prahlen. (27)

*

Ein Bergmann, der in einer mondhellen Nacht über den Bocksberg bei Hahnenklee ging, sah, wie einige Männer an einer abgelegenen Stelle ein Loch gruben und Erde in Säckchen füllten. An der Kleidung erkannte er sie als Venediger. Er verhielt sich still, bis die Fremden fertig waren und ihres Wegs gingen. Dann eilte er heim und berichtete seinen Kameraden von der Entdeckung. Drei Bergleute wollten gleich in der folgenden Nacht der Sache auf den Grund gehen. Als sie sich jedoch am Abend auf den Weg machen wollten, mußte einer von ihnen zur Schicht und meinte:

„Was mir wird zugedacht,
das wird mir ins Haus gebracht.“

Die beiden anderen machten sich auf den Weg, fanden aber nichts außer dem Gerippe eines Tieres. Verdrießlich warfen sie ihr Werkzeug hin, als der eine zu lachen begann und meinte: „Das werden wir unserem Kameraden ins Haus bringen. Der wird seine Freude haben!"

Um Mitternacht kam der so Beschenkte nach Hause und fand seine Stube ringsum mit kostbaren Figuren aus Gold und Silber geschmückt. Nachdem er alles gehörig bewundert hatte, legte er sich zur Ruhe.

Wie staunten anderntags seine beiden Kameraden, als sie ihn besuchten, um zu erfahren, wie er ihre Neckerei aufgenommen hatte.

Er jedoch teilte mit beiden redlich, und jeder bekam so viel, daß er ein reicher Mann wurde. (28*)

*

Ein Schlossergeselle wollte nach Schierke gehen. Dabei mußte er die Brockenkuppe umwandern. Unterwegs traf er zwei Venediger, die ihn einluden, mit in ihre Heimat zu reisen. Der Bursche wußte nicht so recht, wie er sich verhalten sollte. So weit laufen wollte er nicht gern. Doch die Venediger lachten und meinten, sie wüßten da eine viel bequemere Art zu reisen. Da stimmte der Schlosser zu. Nun mußte er Schnaps besorgen. Den tranken sie zu dritt und legten sich zum Schlafe nieder. Als sie erwachten, hatten unbekannte Kräfte sie nach Venedig befördert.

Der Schlosser lernte von seinen Gastgebern viel Geheimnisvolles. Doch nach einigen Jahren sehnte er sich zurück in den Harz und machte sich ohne Zustimmung seiner venezianischen Gastgeber heimlich auf den Weg in die Heimat.

Als er endlich in Schierke ankam, begab er sich ins Wirtshaus und bat den Wirt um ein Faß, das sich dicht verschließen ließe. Als ihm der Wirt ein solches brachte, kroch er hinein und bat darum, den Deckel wieder daraufzuschlagen. Dann würde etwas Merkwürdiges geschehen. Wenn dies vorbei sei, möge man den Deckel wieder öffnen.

Kaum war das Faß verschlossen, kam von irgendwoher eine Büchsenkugel angepfiffen, schlug auf das Behältnis auf und rollte zur Verwunderung der Gäste lange Zeit auf dem Deckel im Kreis herum, bis sie schließlich still liegenblieb. Da öffnete man das Faß, der Bursche stieg heraus, nahm die Kugel, lud sie in das Gewehr des Wirtes und sprach: „Du sollst mich nicht töten, du bist schon selbst in einer Viertelstunde tot!“ Mit diesen Worten drückte er ab.

Nun konnte er sich unbesorgt in Schierke niederlassen. Doch noch lange wurde im Harz von dieser Geschichte gesprochen. (29)

*

Als ein Lautenthaler Bergmann durch den Wald von der Schicht nach Hause ging, begegnete ihm ein Unbekannter. Der sprach ihn wegen seines sorgenvollen Gesichts an. Der Bergmann klagte ihm sein Leid. Er habe eine große Kinderschar, und die Arbeit erbringe lange nicht so viel, wie die Familie zum Leben benötige.

Der Fremde versprach ihm Hilfe und nötigte den Lautenthaler, sich im grünen Gras unter einer Tanne niederzulegen.

Er erwachte in einem weichen Bett, und ein wenig später trat der freundliche Unbekannte herein und erklärte seinem Gaste, daß er sich in Venedig befinde.

Der Venediger führte ihn in ein Kabinett mit vielen Spiegeln. In einem davon sah der Bergmann sein ganzes vergangenes Leben abrollen. In einem anderen konnte er sehen, wie sich die Seinen grämten, weil sie ihn verloren glaubten. Schließlich hieß ihn der Gastgeber in einen dritten Spiegel schauen. Darin konnte der Lautenthaler einen Blick in die Zukunft tun. Er führte dort ein gutes Leben, doch zuletzt wurde er habgierig, und durch die Habgier verarmte er völlig.

Als der Venetianer das entsetzte Gesicht seines Gastes sah, meinte er: „Es liegt an dir, ob sich diese Prophezeiung erfüllt. Befolge mein Gebot, dann wird dir nichts geschehen. Wenn du wieder zu Hause bist, dann grabe unter dem Baum in deinem Garten um Mitternacht ein Loch. Du wirst gelbe Erde finden. Aus dieser forme dir zwei Kugeln, wie du sie mit beiden Händen umfassen kannst. Biete sie einem Goldschmied in Goslar an. Du wirst viel Geld dafür erhalten. Doch tue dies nicht mehr als zweimal in einer Woche und hüte dich vor Geiz und Habsucht!"

Als der Lautenthaler am nächsten Morgen erwachte, lag er wieder unter der Tanne im Harzwald. Froh ging er nach Hause und folgte gegen Mitternacht dem Rat des Venetianers. Nun gab es keinen Mangel mehr für ihn und seine Lieben.

Nach vielen Jahren reizte ihn die Habsucht, mehr als erlaubt von dem Schatz zu nehmen. Auf dem Wege von Goslar zurück durch den Wald überwältigte ihn die Müdigkeit. Er legte sich nieder und schlief sofort ein. Da erschien ihm im Traume sein Gönner. Er blickte ihn traurig an und sagte: „Deine Habgier richtet dich zugrunde. Nun wirst du wieder arm werden." Dann verschwand er.

Und wie es der Venetianer verkündet hatte, so geschah es auch. Bettelarm wurde der Mann für den Rest seines Lebens. (30)

*

Im Morgenbrodstale bei Schierke beobachtete ein Mann einen seltsam gekleideten Fremden, der ein Sieb in einen Quellbrunnen tauchte und es gefüllt mit Perlen herausnahm. Die packte er ein. Dann wusch er die Hände in dem Quellwasser und sprach dabei:

„Im Morgenbrodstal wasch ich mich,
und in Venetien drög ich mich".

Gleich war er verschwunden.

Wünschelrutengänger
aus einer Darstellung des 16. Jahrhunderts

Der Schierker ging flugs zur Quelle und fischte auch ein paar Perlen aus dem Wasser. Dann stach ihn der Hafer, und er wollte sehen, was das Sprüchlein bei ihm bewirke. Er hatte es noch nicht ganz ausgesprochen, schon fühlte er sich in Windeseile hinweggeführt und stand in einer großen, schönen Stadt auf dem Marktplatz. Zum Glück sah er dort den Fremden vom Morgenbrodstale. Den sprach er an. Gern half ihm der Venediger und nahm ihn mit in sein prächtiges Haus. Anderntags stellte er eine Schüssel mit Wasser vor seinen Gast und hieß ihn den Spruch sagen:

„In Venetien wasch ich mich,
und im Morgenbrodstal drög ich mich.“

Wieder wurde er durch die Luft davongeführt und fand sich im Morgenbrodstale wieder. Seine Reise nach Venedig hatte jedoch nicht nur einen Tag gedauert, wie er glaubte, vielmehr war er einige Jahre fortgewesen. (31)

*

In einem Bergwerk bei Clausthal war ein Steiger tätig, der aus Venedig stammte. Er war bei seinen Männern beliebt, weil er hilfsbereit und in bergmännischen Dingen sehr beschlagen war. Das allerdings brachte ihm den Neid seiner Vorgesetzten ein, und sie versuchten ihn nach Möglichkeit zu demütigen.

Eines Tages schickte er alle Arbeiter aus dem Berge außer einem Anschläger, mit dem ihn Freundschaft verband. Den lud er ein, mit nach Venedig zu kommen, und der Clausthaler sagte gern zu.

Der Steiger führte seinen Freund immer weiter in den Berg hinein, durch Felsenklüfte und Höhlen. Hinter ihnen brach prasselnd der Stollen zusammen. Nach Tagen sahen sie vor sich Helligkeit und stiegen aus einem Schacht im Garten des Steigers in Venedig.

Dem Bergmann gefiel es in Venedig ausnehmend gut, doch eines Tages packte ihn die Sehnsucht nach der Heimat. Sein Gastgeber führte ihn durch die Berge zurück.

In Clausthal angelangt, verwunderte sich der Mann sehr. Alles sah fremd aus, und keiner wollte ihn kennen. Er wandte sich an den Pfarrer. Der schlug in alten Kirchenbüchern nach, und schließlich stellte es sich heraus, daß der Rückkehrer einige hundert Jahre von zu Hause fort gewesen war. (32)

Blockes-Berges Verrichtung /
Oder
Ausführlicher Geographischer Bericht / von
den hohen trefflich alt- und berühmten

Blockes-Berge:

ingleichen von der
Hexenfahrt / und Zauber-Sabbathe /
so auff solchen Berge die Unholden aus gantz
Teutschland / Jährlich den 1. Maij in Sanct-
Walpurgis Nachte anstellen sollen.
Aus vielen Autoribus abgefasset / und mit schö-
nen Raritäten angeschmücket sampt zugehö-
rigen Figuren /
von
M. JOHANNE PRÆTORIO,
Poëtâ Laureatô Cæsareô.
Nebenst einen Appendice vom Blockes-
Berge / wie auch des Alten Reinsteins /
und der Baumans Höle am
Hartz.

Zu Leipzig /
Bey Johann Scheiben / und Franckfurth
am Mäyn / bey Friedrich Arnsten
zufinden.
Gedruckt Anno 1669.

*Titelblatt zu "Blockes-Berges Verrichtung"
des Magisters Johannes Praetorius
aus dem Jahre 1669*

5. Teufelsspuk und Hexerei

Vor langer Zeit versiegten bei Friedrichsbrunn zwei Quellen, die zu Füßen des Bückeberges entsprangen und das Wasser zum Betrieb einer Mahlmühle geliefert hatten. Dadurch kam der Müller in große Not. Um seine Sorgen zu vergessen, wanderte er auf den Rammberg. Dort blies ihm ein kräftiger Sturm ins Gesicht. „Hier müßte man eine Windmühle haben“, meinte er, „doch wie soll ich das schaffen?“. Da vernahm er hinter sich ein Räuspern, und als er sich umdrehte, sah er einen fein gekleideten Herrn, der sprach: „Ich habe mit angehört, wie du eben geklagt hast. Was gilt es, wenn ich dir hier oben die gewünschte Mühle errichte? Morgen mit dem ersten Hahnenschrei wird sie fertig sein. Ich möchte nichts weiter, als in zehn Jahren deine Seele.“ In seiner Not ging der Müller auf den Handel ein, eilte nach Hause und berichtete seiner Frau davon.

Der Frau grauste es, wenn sie daran dachte, daß ihr Mann sich dem Bösen zum Opfer gegeben hatte. Doch ihm das Vorhaben auszureden, wollte ihr nicht gelingen. Voll Sorge stieg sie in tiefer Nacht auf den Rammberg, wo der Teufel bereits mächtig bei der Arbeit war. Unbeobachtet, ganz an der Seite, hatte er den großen Mühlstein abgelegt, den er zuletzt in das Werk einbauen wollte. Als Herr Urian wieder davonfuhr, um eine neue Ladung Steine zu holen, griff sie beherzt zu, wuchtete den Stein empor und gab ihm einen Stoß, daß er mit gewaltigen Sprüngen den Berg hinabrollte und erst tief unten im Tal wieder zur Ruhe kam. Dann eilte sie nach Hause.

Wenige Minuten vor dem ersten Hahnenschrei hatte der Teufel die Gebäude fertiggestellt und wollte nun den Mühlstein einsetzen. Doch soviel er auch suchte, er konnte ihn nicht finden. Nun rief ein Hahn in der Ferne, gleich antwortete ein zweiter, und der Herr der Finsternis mußte erkennen, daß er verloren hatte. Kochend vor Zorn warf er den Bau zusammen und fuhr davon.

Wer auf der Wanderung von Friedrichsbrunn zur Viktorshöhe die Augen offenhält, kann auch heute noch die Trümmer finden. (1)

*

Ein Zellerfelder Pochjunge aus dem Nonnenkloster-Pochwerk setzte sich am Lohntage mit seinen Kameraden zum Würfeln zusammen. Dabei verspielte er die sieben Pfennige, die ihm von zu Hause aus als Taschengeld zugedacht waren. Um sie zurückzugewinnen, nahm er vom übrigen Lohn und verlor schließlich alles. Das war für die Familie ein harter Schlag, denn mit dem Wenigen, was der Vater in schwerer Arbeit verdiente, kamen sie zu Hause nicht aus.

Mit hängendem Kopf machte er sich auf den Heimweg. Unterwegs kam ihm ein gutaussehender Fremder entgegen, der fragte den Burschen nach seinem Kummer. Als er alles erfahren hatte, steckte er dem Pochjungen ein stattliches Beutelchen zu und sagte: „Komme morgen vor dem Beten aus dem Pochwerk zu mir. Wenn du mein sein willst, wirst du nie mehr in Geldnot geraten."

Fröhlich eilte der Junge nach Hause, schüttete stolz seinen Schatz auf dem Tisch aus und erzählte von seiner Begegnung. Den Eltern gefiel das gar nicht. Der Vater forderte den Jungen auf, das Teufelsgeld schleunigst einzupacken und ihm zum Superintendenten zu folgen. Dort gab er den Geldbeutel ab und bat den Geistlichen, das Geld unter die Armen zu verteilen. Der Superintendent gab dem Jungen den Rat, drei Tropfen seines Blutes auf den Brotbeutel fallen zu lassen und diesen unbedingt mitzunehmen, wenn er am anderen Morgen gemeinsam mit ihm zur Arbeit gehen werde.

Als der Schluß des Vaterunsers in der Morgenandacht

gebetet wurde, klopfte es ans Fenster der Kapelle. Der Superintendent öffnete das Fenster und reichte den Brotbeutel hinaus. Da gab es draußen einen Mordsspektakel und einen fürchterlichen Gestank. Als die Berg- und Hüttenleute die Kapelle verließen, fanden sie vor dem Fenster den Brotbeutel in tausend Fetzen zerrissen. Dem Pochjungen aber geschah nichts Böses. (2)

*

Heilung eines Besessenen
durch Exorzismus (Teufelsaustreibung)
im 14./15. Jahrhundert

In Zellerfeld lebte ein Sonntagskind. Dieser Mann konnte Dinge sehen, die anderen verschlossen blieben. Im Verlaufe eines Fastnachtsgottesdienstes beobachtete er zwei Bergleute, die auf der gegenüberliegenden Empore saßen und so in ihre Unterhaltung vertieft waren, daß sie weder auf die Predigt noch auf das Gebet achteten. Hinter den beiden sah der Geisterseher den Teufel stehen, der auf eine Kuhhaut alles das schrieb, was die beiden da schwatzten. Bald reichte diese nicht mehr aus, und Herr Urian versuchte sie zu dehnen. Dabei zerriß sie, und durch den Ruck fiel der Teufel rücklings hin und zappelte mit den

Beinen in der Luft. Das sah so putzig aus, daß unser Sonntagskind mitten im Vaterunser laut zu lachen begann.

Nach dem Gottesdienst bat der Pastor den Störenfried zu sich. Der Mann berichtete ihm von dem, was er gesehen hatte. Der Pastor ließ die beiden Bergleute rufen und redete ihnen ins Gewissen. Als sie erfuhren, wer ihr Zuhörer gewesen war, versprachen sie, in Zukunft nicht mehr die Predigt und Gottes Wort zu verachten.

Am folgenden Sonntag versuchte der Teufel wieder, Schlechtes über die beiden aufzuschreiben. Diese aber folgten den Worten der Predigt und beteten schließlich das Vaterunser andächtig mit. Da verließ der Versucher das Gotteshaus unter fürchterlichem Gepolter. (3*)

*

Ein Stück Wegs von Strasberg gab es ein gutes und reichhaltiges Eisenerz. Dort fand man auch die Reste eines stillgelegten Schachtes, in dem keiner arbeiten wollte. Und das kam so:

Es gab in Strasberg einen Bergmann, der so kräftig darauflos arbeitete, daß keiner mithalten konnte. Zugleich war er mit jedem Kameraden unzufrieden, so daß es schließlich hieß: „Mit dem kann nur der Teufel zusammenarbeiten."

Eines Tages sprach ein unbekannter Bergmann um Arbeit vor. Der Steiger stellte ihn ein unter der Bedingung, daß er mit dem unbeliebten Gesellen auskommen müsse. Der schaffe für zwei, und keiner könne es ihm recht machen. Spöttisch meinte der Unbekannte, er werde ihm schon gleich arbeiten, es frage sich nur, ob der andere auch ihm gleich arbeiten könne.

Den ganzen Vorrat, den der grobe Geselle seit vielen Tagen gebrochen hatte, fuhr der Neue innerhalb kurzer Zeit fort. Dann meinte er: „Laß mich losbrechen und fahre du, du schaffst nicht genug." So arbeiteten beide um die

Wette, daß dem Grobian die Schwarte knackte. Bei der nächsten Lohnzahlung bekamen beide zusammen vierhundert Taler und einen Pfennig. Der Strasberger nahm den Pfennig und warf ihn achtlos in den Schacht. Da fuhr sein Kamerad mit viel Gepolter dem Pfennig nach. Dem Strasberger überlief es eiskalt. Er hatte vier Wochen mit dem Teufel zusammengearbeitet, und der saß jetzt irgendwo im Schacht versteckt! Seitdem traute sich niemand mehr in dieses Bergwerk. Die Leute nannten es den Teufelsschacht. (4)

*

In einem Bergwerk bei Goslar arbeitete ein Steiger, der wegen seiner Grobheit und schonungslosen Härte allgemein gefürchtet wurde. Es verging kein Tag ohne Fluchen und Schelten, und dabei rief er ständig den Teufel an: „Der Teufel soll den und den holen ... Der Teufel weiß ... Hier mag der Teufel dreinschlagen!"

Eines Tages beobachtete er, wie sich ein Knappe an einer Erzader vergeblich mühte, auch nur ein Bröckchen zu lösen. Er riß ihm das Werkzeug aus der Hand und erprobte selbst, was es mit der Härte des Erzes auf sich habe. Doch das Eisen sprang ab wie von einem Diamanten. „Hol mich der Teufel, hier soll er selbst arbeiten!" schrie er ärgerlich und wandte sich mit dem Knappen zum Gehen.

Anderntags sprach ein Fremder den Steiger um Arbeit an. Der nahm ihn unter der Bedingung, daß er in dem verrufenen Stollen sein Probestück ablege. Nach kurzer Zeit hatte er dort eine solche Menge Erz gelöst, daß es dem Steiger unheimlich wurde. Doch der Unbekannte hatte das Probestück erfolgreich abgelegt. Der harte Mann traute sich nicht, ihm die Anstellung abzuschlagen.

In der Folgezeit gab es in der Grube steten Händel. Die Bergleute fürchteten um ihr Brot, wenn sie sahen, welche

Mengen Gestein und Erz der Neue losschlug, und der Steiger wäre froh gewesen, wenn er sich ihn wieder hätte vom Halse schaffen können.

Schließlich kam es zum Streit zwischen den beiden. „Hol dich der Teufel!" schrie der Steiger – doch die folgenden Worte blieben ihm im Halse stecken. Die Augen des Knappen spien Feuer, er stampfte mit dem Fuß gewaltig auf, so daß das Bergwerk in seinen Grundfesten erbebte. Kaum konnten sich die Bergleute noch ins Freie retten, als alles zusammenbrach.

Die Teufelsgrube wurde seitdem nie wieder befahren. (5)

*

Unsere Vorfahren gingen nicht gern bei beginnender Dunkelheit an einem Erdfall nahe Osterode vorbei, der mit trübem, grünlichem Wasser gefüllt ist und unergründlich tief sein soll. Sie wollen darin das Auf und Ab unheimlicher fremdartiger Lebewesen gesehen haben. Man erzählte, daß der Teufel in diesem Pfuhl bade und in der nächsten Umgebung auch als wütender Stier, reißender Werwolf oder flackerndes Irrlicht spuke, immer mit dem Ziele, den Menschen Schrecken einzuflößen und Schaden zu bringen.

Vor langer Zeit hauste in den Wäldern des Harzes ein gefährlicher Räuber. Er lauerte den Menschen auf, beraubte sie und brachte sie um. Eines Tages überfiel er einen wandernden Mönch und forderte von ihm die Schätze, die er angeblich bei sich trug. Als ihm der alte Mann versicherte, daß er nichts bei sich habe, durchsuchte er ihn, fand keine Kostbarkeiten und erschlug ihn aus Wut über den Fehlgriff. Dann wandte er sich dem Gebirge zu, um in seiner Höhle zu übernachten. Unterwegs kam ihm eine Köhlersfrau entgegen. Er hielt sie an und forderte von ihr, sie möge ihm von den Lebensmitteln geben, die sie im

Korbe trage. Die Frau bat zitternd um Gnade; ihr Korb sei leer, sie könne ihm nichts geben. Fluchend wollte er auf die Frau einschlagen – doch sein Arm erlahmte und seine Augen wurden starr vor Schrecken. Die vor ihm stehende Köhlerfrau wuchs zur Riesengröße, zeigte mit kralligen Fingern auf ihn und drohte ihm einen baldigen schrecklichen Tod an. Dann verschwand sie.

Eingeschüchtert legte sich der Räuber an diesem Abend nieder. Am anderen Morgen war seine alte Bosheit wieder erwacht. Als aus dem Gebüsch ein riesiger Eber brach, verfolgte er diesen mit Hussa und Hallo über Berg und Tal. Das Tier wandte sich dem Teufelsbad zu. Der Mann merkte in seinem Jagdfieber nicht, daß er dem trügerischen, mit Sumpfpflanzen bedeckten Weiher immer näher kam und stürzte schließlich in das trübe Wasser. Ein lautes Hohnlachen erscholl. Der Teufel nahm sein Opfer in Empfang und zog es in die unergründliche Tiefe. Lange Zeit fand die Seele des Räubers keine Ruhe und soll als Spuk mit glühenden Augen und einem Schwert in der Hand die Vorübergehenden erschreckt haben. (6)

*

Das Becken des Goslarer Marktbrunnens ist uralt. Keiner weiß so recht, wer es angefertigt oder dort aufgestellt hat. Wenn man kräftig daran schlägt, erschallt das eherne Gefäß mit einen starken Klang, ähnlich einer Glocke. In alten Zeiten wurde es darum des öfteren als Feuerglocke benutzt. Die Leute meinten, es sei zu dem Zwecke geschaffen worden, daß man mit Hilfe seines weittragenden Klanges auch Hilfe herbeirufen könne, wenn unerwartet Feinde vor den Toren auftauchten.

Andere jedoch sind der Meinung, es handele sich um ein Geschenk des Teufels zu dem Zweck, daß ihn jeder, der seine Hilfe in Anspruch nehmen wolle, mit drei kräftigen Schlägen herbeirufen könne. (7)

Als die Boten der Guten Nachricht an den Rand des Harzes kamen, forderte der Teufel vom Herrn einen Platz, wo nur er das Sagen habe. Damit wolle er sich dann zufrieden geben und sich ruhig verhalten. Gott gab ihm daraufhin einen Landstrich zwischen Blankenburg und Quedlinburg. Voll Freude darüber führte der Teufel auf einem Felsen bei Thale einen Höllentanz auf, und zahlreiche Hexen aus der weiten Umgebung tanzten begeistert mit. Darum heißt diese steinige Fläche noch heute der Hexentanzplatz.

Um sein Eigentum auch recht sichtbar gegen die christliche Umgebung abzugrenzen, errichtete er aus riesigen Felsbrocken die Teufelsmauer.

Als er aber trotz seiner Versicherungen später keine Ruhe gab, wurde ihm auch dieses Gebiet abgenommen. Nun zeugen nur noch die Ruinen der Teufelsmauer in der Nähe von Blankenburg von ihrem einstigen Besitzer.

Als die christlichen Missionare in die dichten Wälder des Harzes und seines Vorlandes eindrangen, um dort die Botschaft von Jesus Christus zu verbreiten, war das dem Teufel gar nicht einerlei. Er sann darüber nach, wie er sein Teufelsreich auch sichtbar und wirksam gegen den Einfluß des Christentums abgrenzen könne, und begann eine Mauer zu errichten, die wegen ihrer Höhe und Schroffheit schier unüberwindlich sein sollte. Dieses Riesenwerk konnten die höllischen Geister keinesfalls in einer Nacht fertigstellen. Wenn der Tag begann, mußten sie mit ihrer Arbeit innehalten. Und dann begann das über Nacht Aufgeführte zu bröckeln und zusammenzustürzen.

Schließlich hatte es der Höllenfürst satt, immer wieder von vorn beginnen zu müssen. Zornig warf er auch die bestehenden Teile in Trümmer, verzichtete auf das Land am Harz und verzog sich in sein unterirdisches Reich.

Die Reste der Mauer kann der Wanderer in der Gegend zwischen Blankenburg und Ballenstedt betrachten. (8*)

Kostbarkeiten
aus dem Anfang des 19. Jahrhunderts
abgebrochenen Goslarer Kaiserdom:
Eherner Thronsessel,
sogenannter Krodo-Altar und Krodo-Säule,
Säulenkapitell

umseitig:
Alte Kaisersiegel
aus Goslar

+ ALBERTVS · DEI GRACIA · ROMANORVM REX · SEMPER AVGVSTVS

+ HEINRICVS DI GR ROMANOR IMPR AVG

Im alten Dom zu Goslar war lange Zeit ein Loch in der Mauer, das keiner schließen konnte. An einigen Pfeilern befanden sich uralte Blutspritzer, die nach jedem Tünchen erneut sichtbar wurden. Sie gaben Zeugnis von einem gotteslästerlichen Kampf zwischen dem Bischof Horzilo von Hildesheim und dem Abt Widerad von Fulda.

Zwischen beiden war ein Streit um den Ehrensitz im Dom entbrannt. Beider Gefolge ging mit scharfen Waffen aufeinander los, daß das Blut zur Pforte hinaus und die Domstufen hinabfloß.

Dem Teufel behagte dieses blutige Getümmel. Er brach ein Loch in eine der Wände und feuerte die Kämpfer zu immer neuen Greueltaten an. Die Seelen der Erschlagenen nahm er gleich mit. Drei Tage und zwei Nächte dauerte das Gemetzel.

Als nach dieser ruchlosen Tat das erste Mal wieder ein Gottesdienst gefeiert wurde, störte der Teufel die Andacht durch lästerliches Geplärre.

Das Loch, das er in die Wand gebrochen hatte, konnte erst nach vielen Jahren geschlossen werden, als man eine schwarze Katze mit den Worten einmauerte: „Willst du nicht festsitzen in Gottes Namen, dann sitze fest in Teufels Namen." Das half, jedoch blieb ein Riß, der durch nichts zu beseitigen war. (9*)

*

Als der Halberstädter Dom gebaut wurde, hatten die Baumeister Sorgen, ob sie auch pünktlich fertig würden. Öfters erschien ein Fremder und fragte, was das denn für ein Gebäude werden solle. Die Bauleute schwiegen, denn sie hatten ein feines Gespür dafür, wer der neugierige Bursche war. Solche Füße wie er konnte nur Herr Urian besitzen. Also beschlossen sie, ihn tüchtig zu foppen und seine Kräfte auszunutzen. Als er wieder einmal auftauchte und nach dem Gebäude fragte, meinten sie: „Das wird ein

Wirtshaus. Da werden viele die Kirche schwänzen und statt zur Messe zum Biere gehen, wenn es fertig ist." „Da helfe ich tüchtig mit!" lachte der Teufel und brachte im Schweiße seines Angesichts Baumaterial angeschleppt.

Als er mit einem besonders großen Brocken durch die Luft herbeifuhr, stellte er fest, daß der Bau kein Haus zum Zechen, sondern ein solches zum Beten wurde. Zornig darüber, daß man ihn zum besten gehalten hatte, schleuderte er den Felsbrocken nach dem Bauwerk. Doch Gott hielt seine Hand schützend darüber. Der Stein stürzte auf dem Platz vor dem Dome nieder, wo er noch heute liegt. Zwei rundliche Vertiefungen an seinen Seiten zeigen die Stellen, an denen der Teufel seine Fäuste eingedrückt hatte. (10)

*

Als in alten Zeiten die Burg zu Wernigerode vergrößert und stärker befestigt wurde, war es nötig, eine Wasserleitung zu bauen, denn der Wassertransport mit Eseln war aufwendig und nicht zuverlässig genug.

Der Brunnenbauer stand vor einer schweren Aufgabe. Das Gelände stellte ihn vor schier unlösbare Fragen. Eine weise Frau gab ihm zwei Ratschläge: Zum einen, wie er sich der Hilfe des Teufels bedienen könne, und zum anderen, wie er ihn dann wieder ungeschoren loswerde.

Für den Teufel war das Anlegen der Röhrenleitung kein Problem. Allerdings forderte er als Sold die Seele des Meisters. „Kommt Zeit, kommt Rat", meinte der im stillen und sagte zu.

In der folgenden Nacht begann ein emsiges Wühlen. Der Teufel und seine höllische Schar sprengten Felsen und rissen Gräben, daß die Brocken nur so umherflogen. Es dauerte gar nicht lange, und Herr Urian meldete, daß die Gräben zum Verlegen der Rohre fertig seien. „Vergelt dir's Gott!" sprach der Brunnenmeister. Das war ein schöner

Dank für den Herrn der Hölle! Doch ihm war damit alle Macht genommen. Zornig verschütteten er und seine Gehilfen die Gräben und zogen davon.

Der Meister jedoch hatte nun, was er brauchte. Er legte die Gräben wieder frei, und es dauerte nicht mehr lange, bis eine Röhrenleitung frisches Wasser in den Hof des Wernigeröder Schlosses lieferte.

Der Forellenbrunnen, an dem der Weg zum Schloß vorbeiführt, soll ein Rest der teuflischen Wasserleitung sein. (11)

*

Nahe dem Hexentanzplatz stand einst die Homburg. Von ihr findet der Wanderer heute keine Spur mehr. Dort lebte im Mittelalter der berüchtigte Raubritter Heinrich von Homburg. Er hatte sich in die Tochter eines Harzgrafen verliebt. Doch weder das Mädchen noch der Vater gingen auf die Werbung des übel Beleumundeten ein. Nun sann er darauf, wie er die Grafentochter gegen ihren Willen in seine Gewalt bekommen könne.

In einem nahen Kloster lebte Bruder Anselmus. Warum er das Leben als Mönch erwählt hatte, konnte sich niemand erklären, denn er sann nur Böses aus und bereitete seinem Oberen darum schwere Sorgen. An ihn wandte sich der Raubritter und versprach ihm eine große Belohnung, wenn er ihm helfe, das Mädchen zu entführen. Mit List und Zauberei wurde die böse Tat vorbereitet. Doch damit brachte der Mönch das Maß seiner Sünden zum überlaufen. Gott gab dem Teufel freie Hand, ihn zu strafen. Als Anselmus in der Nähe des Hexentanzplatzes weilte, verwandelte ihn der Böse in einen Felsen, den der Wanderer noch heute dort aufragen sieht. (12)

*

Bei Halberstadt liegt ein einst kahler Berg, den die Leute den Feuerberg nannten. Dieser soll inwendig von großen Höhlen durchzogen gewesen sein, in denen der Teufel die Seelen derjenigen quälte, über die er Macht besaß.

Ein rechtschaffener Mann aus Wernigerode hatte einem Grafen viel Geld geborgt. Als die Frist verstrichen war, machte der jedoch keine Anstalten, seine Schulden zu begleichen. Im Gegenteil, er verschloß sich allen Mahnungen und vertröstete seinen Gläubiger von einem Mal zum anderen. So ging es einige Jahre. Eines Tages war der Graf verschwunden, und keiner wußte, wohin. Die Leute meinten, der Teufel habe ihn geholt.

Der geprellte Mann sprach nun die Erben um die Rückzahlung der Schuld an. Die aber lachten ihn anfangs aus und drohten ihm schließlich Prügel an, wenn er nicht schleunigst das Weite suche.

Traurig ging er seines Wegs durch den Wald. Dort gesellte sich ihm ein Fremder zu und ließ sich alles berichten, was den Mann bedrückte. Dann lächelte er spöttisch und forderte ihn auf, ihm zu folgen. Sie kamen zum kahlen Gipfel des Feuerberges. Auf einen Wink des Unbekannten öffneten sich die Felsen, und aus dem Bergesinnern schlugen die Flammen heraus. Mitten in der Lohe saß der betrügerische Graf auf einem glühenden Stuhl. Der rief ihm zu: „Bring dieses Tuch hier meinen Erben als Beweis dafür, daß du mit mir gesprochen hast, und berichte ihnen von meiner Qual!"

Schaudernd nahm der Mann das Pfand entgegen, ließ sich von dem unheimlichen Fremden auf den rechten Weg führen und ging zurück zum gräflichen Schloß.

Die geizigen Erben erschraken nicht wenig über den schrecklichen Bericht und gaben dem Gläubiger schleunigst den ihm zustehenden Betrag zurück.

Mit der Zeit wuchsen auf dem Berge Bäume. Und heute weiß keiner mehr, was sich einst in seinem Innern abgespielt hat. (13*)

In Nordhausen war ein Mann so tief in Schulden gestürzt, daß er keinen anderen Weg mehr wußte, als sich an den Bösen zu wenden. Der versprach ihm auch Hilfe. Der Teufel verabredete sich mit ihm auf dem Kohnstein, denn dort hatte er einen Schatzkeller.

In einer stürmischen Nacht trafen sich die beiden. Herr Urian berührte den Felsen; da öffnete sich eine Höhle, in der es nur so von Gold und Edelsteinen flimmerte. Ganz vorn lag in einer wabernden Lohe ein Buch. Das ergriff der Teufel, öffnete es und hielt es dem Manne hin, damit er seinen Namen hineinschreibe. Nun war unser Nordhausener auch nicht eben auf der Kartoffelsuppe dahergeschwommen. Er warf einen Blick hinein und erkannte unter anderen die Namen einiger seiner Gläubiger. Flugs dankte er dem Teufel und meinte: „Sich in ein solches Buch einzuschreiben, bedarf doch reiflicher Überlegung. Gib mir einen Tag Frist, morgen komme ich wieder und gebe dir meinen Namen." Der Teufel war's zufrieden, der Mann aber auch.

Anderntags besuchte er in Nordhausen seine Gläubiger, einen nach dem anderen, und meinte: „Ich könnte euch ja ohne weiteres die Schulden zurückzahlen, aber warum eigentlich? Da Ihr Euch in des Teufels feuriges Buch im Kohnstein eingetragen habt, könnt Ihr Euch doch bei ihm Geld genug und satt holen."

Da entsetzten sich die Angesprochenen sehr; denn wehe ihnen, wenn es offenbar würde, daß sie einen Pakt mit dem Teufel hatten! So baten sie den Mann inständig, sie nicht zu verraten, und schenkten ihm seine Schulden. Mehr wollte der nicht, und den Teufel hat er auch nicht wieder bemüht. (14)

*

Zwei junge Burschen aus Drübeck erfuhren davon, daß ihre Nachbarin in der Walpurgisnacht zum Brocken zu rei-

Motiv aus dem alten Nordhausen um 1900

sen gedenke. Die beiden warteten vor dem Hoftore. Endlich öffnete sich dieses, und die Frau kam auf einem Heuwagen herangefahren, vor den keine Zugtiere gespannt waren. Die Burschen baten, aufsteigen zu dürfen, und mit Zögern gewährte sie es ihnen. Dann ging es ab durch die Lüfte zum Brocken.

Auf dem Berg waren bereits Hexen und Teufel zur Walpurgisfeier versammelt. Man drückte den beiden Drübeckern eine Schalmei in die Hand, damit sie zum Tanze aufspielen könnten.

Als die fernen Kirchenuhren die erste Stunde des neuen Tages schlugen, war der Spuk vorbei. Die Burschen fanden sich vor ihrem Heimatdorf wieder. Statt der Schalmeien hielten sie tote Katzen in den Händen, auf deren Schwänzen sie musiziert hatten. Einer von beiden, der sich vorgenommen hatte, die Nachbarin als Hexe anzuzeigen, starb, kurz bevor er sein Vorhaben wahrmachen konnte. Der zweite aber ließ sich zu den Soldaten anwerben. (15*)

*

Eine Magd aus Thale hatte sich beim Kräutersammeln verspätet. Schon war es dunkel geworden, als sie ihren Weg nach Hause nahm. Da leuchteten ihr aus einem Dickicht zwei Katzenaugen entgegen. Erschreckt eilte sie davon, in den nahen Wald. Als sie sich nach einiger Zeit umdrehte, konnte sie eine ungewöhnlich große Katze erkennen, die sie verfolgte und, ohne daß es das Mädchen gewahr wurde, immer näher zum Hexentanzplatz trieb. Dort begann der Machtbereich der Hexe Watelinde. Die Katze verwandelte sich auch gleich in ein geisterhaftes Weib, das nach der verängstigten Jungfrau griff, um sie noch näher an den Hexentanzplatz heran zu führen. „Herr Jesus Christus, hilf mir!“ rief diese und versuchte die Hexe von sich zu stoßen.

Als Antwort auf den Gebetsruf erhob sich ein starker Sturmwind, der das Weib ergriff und gegen die Felsen schleuderte. Augenblicklich verwandelte es sich in einen großen Steinblock.

Die Leute nennen diesen Stein „Die Hexengroßmutter". Dort, wo Gott das Mädchen von dem bösen Geist befreite, steht heute das Gasthaus Waldkater. (16)

*

An der Bode nahe Schierke betrieb eine Müllerswitwe eine Mühle. Nach dem Ende des Dreißigjährigen Krieges sprach bei ihr ein ehemaliger Landsknecht um Arbeit vor. Gern nahm ihn die Frau auf.

Die Witwe war eine hübsche Person und noch in einem Alter, daß sich der Müllerbursch in sie verliebte. Sie schlug aber seine Werbung aus.

Der junge Mann vermutete, daß seine Meisterin einen Liebsten hatte, und neugierig legte er sich auf die Lauer. Bald fand er heraus, daß an bestimmten Abenden ein stattlicher Gast Einkehr hielt. Doch mehr konnte er nicht ausmachen, denn von innen wurde ein Tuch über das Schlüsselloch gehängt. Die Tür war so dick und die Mühle klapperte so laut, daß der Lauscher kein Wort verstehen konnte.

Eines Nachts weckte ihn fürchterliches Katzengejaule unsanft aus dem Schlafe. Zornig erfaßte er sein Schwert, riß die Tür auf und hieb auf die Tiere ein. Schreiend stoben sie davon. Auf dem Boden blieb eine abgehauene Katzenpfote liegen. Die nahm der Mann an sich.

Anderntags in der Frühe schrie die Müllerin um Hilfe. Sie hatte in das Mahlwerk gegriffen, und dieses hatte ihr die Hand abgequetscht.

Da vermutete der Müllerbursche etwas, nahm die Katzenpfote und ging zum Gericht. Die Frau wurde verhaftet, peinlich verhört und als Hexe verurteilt.(17)

Abmessen und Abfüllen von Getreide mit Hilfe des Scheffels in der Mitte des 16. Jahrhunderts

Ein junger Wernigeröder mußte zu den Soldaten gehen. Herzlich verabschiedete er sich von seiner Liebsten und versprach ihr, er werde sie heiraten, sobald er von seinem Dienst zurückkehre.

Weit weg von zu Hause traf er ein schönes Mädchen, das sich sofort in ihn verliebte. Mit allen ihr zur Verfügung stehenden Künsten versuchte die Fremde ihn zu halten, schließlich versprach er ihr die Ehe und nahm sie mit nach Hause.

Die Großmutter des jungen Mannes sah es der Fremden am stechenden Blick an, daß sie über geheime Kräfte verfügte, und überlegte, wie sie ihren Enkel aus deren Einfluß befreien könne. Als bei einem Fest fröhlich getanzt wurde, sah sie die Gelegenheit gekommen. Sie forderte die Musiker auf, den Kiebitztanz zu spielen, und die neue Liebste des Burschen mußte mittanzen. Während des Tanzes zündete die Frau eine Fackel an. Kaum stand diese in Flammen, schoß das Feuer auf die Fremde zu und riß sie durch den Kamin nach draußen. Damit war es offenbar, daß es sich um eine Hexe gehandelt hatte.

Nun war der Bursche von dem Banne befreit und konnte das Mädchen heiraten, dem er vor seinem Soldatendienst die Treue versprochen hatte. (18)

*

In Gittelde lebte eine Bäuerin, die sich mit dem Teufel verbündet hatte. Man erkennt Häuser, in denen Hexen wohnen, oftmals daran, daß des Nachts über dem Schornstein das Uriänchen leuchtete.

Der Knecht wunderte sich lange Zeit, wozu er so viel Holz fahren mußte, obwohl der Herd kaum geheizt wurde. Gutes Essen war dennoch immer reichlich vorhanden. Als an einem Sonntag die Frau die Familie und das Gesinde in die Kirche geschickt hatte, schlich sich der Knecht zurück und versteckte sich in der Küche unter einem Faß. Nach einiger Zeit rief die Bäuerin nach dem Uriänchen, doch das wollte nicht kommen, sondern rief ärgerlich: „Hei kucket – soll ich ihm den Hals umdrehn?" Als es der Frau endlich gelungen war, das Uriänchen zu beruhigen, fragte es: „Was willst du essen?" und ließ dann auf ihren Wunsch das Mittagsmahl in einen Topf fallen.

Dem Burschen war der Appetit vergangen, und er redete sich des Mittags damit heraus, daß es ihm schlecht sei. Die Bäuerin, die Verdacht geschöpft hatte, fragte ihn nach dem Essen eindringlich. Da gab er zu, sie belauscht zu haben und drohte ihr, sie als Hexe anzuzeigen. Sie aber versprach ihm, wenn er das unterließe, wolle sie ihm viel Geld geben und ihn das Hexen lehren. Der Bursche sagte zu und mußte daraufhin einen neuen Topf kaufen. Dann befahl ihm die Frau, sich darauf zu setzen und zu sprechen: „Ick löv an diesen Pott un schet innen leven Gott!" Den Knecht graute davor, diesen verruchten Spruch zu sagen, und er sprach: „Ick löve an Gott un schet in diesen Pott." Da zerbarst das Gefäß, und darunter wurde eine große Kröte sichtbar.

Nun entschied er sich doch dafür, die Frau als Hexe anzuzeigen. Bald darauf verbrannte sie auf einem Scheiterhaufen. (19*)

*

Ein Bergmann aus Clausthal lachte immer spöttisch, wenn von den Hexenritten zum Brocken in der Walpurgisnacht gesprochen wurde und prahlte damit, daß er mit dem Hexenzeug schon fertig würde, wenn es ihm in die Quere käme. „Napper, Napper, su wos Lächtes iss es doch net, sune Reiterin obzeschmeißen. Nammt ich an Wulperscheahmd in acht!" mahnte ihn eine Nachbarin.

Am Walpurgisabend mußte er zur Schicht. Auf der Bremerhöhe überholte ihn ein Schwarm alter Weiber auf Besen. Eine stürzte sich auf ihn, bekam ihn unter sich, und nun mußte er ihr als Reittier dienen bis hinauf zum Brocken. Er konnte kaum noch schnaufen, als die Hexe abstieg. Doch damit nicht genug. Das Hexenvolk umzingelte ihn und trieb seinen Schabernack. Dann drohten sie ihm den Tod an, falls er anderntags einem Menschen auch nur ein Wörtchen von dem verraten sollte, was er hier oben erlebt hatte.

Pünktlich um Mitternacht machten sich die Hexen wieder auf den Heimritt. Der arme Clausthaler mußte erneut als Reittier dienen. Dort, wo sie ihn erwischt hatte, auf der Bremerhöhe, ließ das Weib von ihm ab. Geschunden und zerschlagen kam er am Morgen zu Hause an. Auf die dringenden Fragen seiner Frau antwortete er nur, sie möge den Ofen, der zwischen Küche und Stube steht, anheizen. Er hätte es nötig. Während die Frau in der Küche an der Ofentür beschäftigt war, erzählte er in der Stube dem Ofen die ganze Begebenheit. Seine Frau hörte das und zeigte die Alte als Hexe an, die bald darauf gefangen und verbrannt wurde. (20*)

*

In Zellerfeld lebte ein Bergmeister, der über alles, was im Schacht geschah, genauestens Bescheid wußte, auch wenn er zur Zeit des Geschehens gar nicht vor Ort war. Einmal arbeitete ein Bergmann namens Schramm mit seinen Kameraden auf dem Durchschlag. Da es Freitag war, gedachten sie, heimlich die Schicht eher zu beenden. Doch sie konnten sich nicht aus dem Fahrloch schleichen, denn dort saß der Bergmeister. Nachdem ihnen das zum dritten Mal geschehen war, kam der Bergmeister zu ihnen und drohte, sie nicht wieder aufs Gedinge zu nehmen.

Die Männer zerbrachen sich den Kopf, wieso der Mann stets ausgerechnet im rechten Augenblick zur Stelle war. Von der Haushälterin des Bergmeisters erfuhren sie, daß ihr Herr das Haus gar nicht verlassen sondern geschlafen

Hexe reitet zum Hexensabbat auf den Brocken. Darstellung aus dem 17. Jahrhundert

habe. Es sei ihm eine Maus aus dem Munde gelaufen und verschwunden. Kurz bevor er wieder erwachte, sei sie zurückgekehrt und ihm wieder in den Mund gehuscht. Nun wußten die Bergleute, daß der Bergmeister mehr konnte als Brot essen. (21*)

*

Sieh wie die teufflisch Hexen-Rott/
Nachdem sie hat verläugnet GOTT/
Gantz schrecklich bey nächtlicher Zeit/
Suchet hie ein elende Freud/
Bald auff ein Berg bald in ein Thal/
In öden Oertern überal/
Da ihn der Teuffel samt den seinen/
So schrecklich scheußlich thut erscheinen.
Daß man sich billich fürchten solt/
Vnd solchem Spiel werden abhold.
Seind ihr doch viel/ ja gantze Schaaren/

So ungestüm zusammen fahren/
Etlich auff Gabeln in der Lufft/
Fahren über hohe Berg und Klufft/
Andre kommen daher auff Drachen/
Etlich auff Bock sich reitend machen/
Ein Ander lockt herbey/
Da man sich lehrt die Zauberey/
Diese lehrt das Gifft bereiten/
Ein andere viel Zeichen deuten/
Etliche bringen zu die Nacht/
Mit fressen/ sauffen über Macht.
Ja andere seyn so gar verrucht/
Treiben mit dem Teuffel Unzucht.
Die Ubrigen sind bey dem Reyen/
Und sich mit Tantzen thun erfreuen.
Bey ihnen auch stetig auffwart/
Scheußlicher Thier mancherley Art/
Als Katzen/ Schlangen/ Kröten und Eul/
So machen ein schrecklich geheul.
Solches ist ihr Lust/ biß sie nach Jahren/
Zur Höllen mit dem Teuffel fahren.

(Aus Prätorius: „Blockes Berges Verrichtungen“)
(22 O)

*

Is ämol ä Barkmann gewest. Wenn dar hot vor Ort gestanden und hot sich epper geschnieft oder darkleinig, so hot er gesaht: „Da, Teifel, dan sost du hahn!“ Dos hot er lange Zeit su getriem.

Ämol schtieht er ahch vor Ort un schnieft sich un saht: „Da, Teifel, dan sost du hahn!“ So wiere dos gesaht hot, schtieht a der Teifel vor ‘ne. „Was hoste do gesaht, Karrel! Dos prowier mr noch ämol; soste sahn, wie dersch gieht!“

„Haha“, saht dr Barkmann, „en was woste mir tun? Du host an mir kä Täl.“

Na, ich sah dersch“, schpricht der Teifel, „tuste mersch noch ämol, ich will net häßen, wie ich häß, giehtersch ene Värtelschtunne schlacht!“ Und do dermit verschwindt er.

De annre Nacht, wie mei Barkmann wieder vor Ort stieht, klatsch! „Da, Teifel, dan sost du hahn!“ Dr Teifel is wieder do un is glatt unriemsch vor Wut. „Wart, Jerg! Nu will ich dersch eindränge! Du sost mich zum letztenmol gefoppt hahn!“ Do dermit verschwindt er. Mei Barkmann ober lacht sich schief un ähtscht ne wos aus. Gut das Ding.

In der namling Nacht macht sich dr Herr Uriäng nong Clasthol, nimmt a paar Fansterscheim ausen Kerringfanster, fährt in dr Kerch nein un langt de silwern Lächter von Altar und prackteziert se dan Barkmann ins Haus un unter sän Bett. Dr Barkmann kimmt gehng Morring häm un legt sich zu Bett un hot aus nischt wos Arges.

Na! ganz frieh an Morring wärd’s all publiek, daß de Kerch beschtuhln is, und ‘s kimmt a dr Owrigkeit ze Uhren. De Herrn hin nahch dr Kerch un sahn de Beschäring.

Nu isses aber Winter gewast, un es is von dr Kerch aus ene Schpur gange nohch dr Schulgaß zu. Dar Schpur wärd nochgange, un weil se ahm in dan Barkmann sän Haus fiehrt, wärd gleich neingemarschiert un flucks gefissentiert.

Dar Barkmann is ahm aufgeschtanden, un weil er noch de Schlof in de Ahng hot un sich das net ze reime wäß, su schmeißt er de Piedels un dn Herrn gleich ä Schock Dunnerwatter an Kopp un will wissen, wosse in sän Haus zu suchen hahn.

Dos wier sich finden, häßt’s. Forsch ärschte sollt’ er ju sei Maul halten. – Wos will er machen? Har muß es sich gefallen lossen, lett sich’s a gefallen un denkt: Wardt ihch schneiden! Saht ober: „Wenner ober nischt findt, saht, Karrels, kännter das Ding? (‘s is ä Axtenhalm gewast). Soll ihch ä Watter regieren!“ Ober dos Ding kimmt annersch, wie er ihch lächtsen denken kännt. Untern Bett waren de Lächter gefunden. Un nu trawalljeh la port! Marsch in dn Pfardieb seiner Schtet!

Drauf ins Verhär. Hie verzehlt er, wos ne mit dn Teifel begähnt is. Ober de Herrn lachen na in de schieren Zähn un denken: Dar Karrel wäß wull, wie's elfte Gebut häßt, ober hie kimmste an de Unrachten. Es Ortel häßt: har sull gehängt waren.

Ne Nacht vor dr Ecksekuzion kimmt dr Teifel zum Barkmann in dn Pfardieb seiner Schtet: „Na, Jerg, wie gefällt's dr in dr Fisitenschtuh? Hoste endlich genunk? Oder hoste a Lust zum hanneftne Fanster?"

„Dn Teifel offen Kopp", saht dr Barkmann, „ich sah wull, du bist ä Erzgeneralschpitzbub, un war dich porrt, dan kost's Hals un Krahng."

„Na, ich sah, du bist klieger geworren. Här, ich will dr än Vierschlohk machen. Verschreib mer deine Seel, su soste dei bissel Lahm behalten."

„Was? ischa? meine Seel? Dan Teifel will ich dir verschreim!"

„Na här, än verdammt harten Kopp hoste denn aber doch. Verschprach mer, daß de mer su deschpektierlich net wieder begähne witt, so soste deine Seele un a dei Lahm behalten. Giehste dos ein?"

„Nu, ja, dos is wos annersch; dos will ich eingiehn."

„Na gut! Dos is dei Gelick! Wennste nu morring offen Galling schtiehst un dr Schinderknecht will dr de Schlink iwern Kopp schmeißen, denn gieh mant schlank wack, offen Galling hin, un schteig dr Fahrt nob; 's wärd dich käner hinnern." Na, gut das Ding.

Dn Tohk drauf, 's nohchmittogs, wiere seine Armesinderschmohlzeit ahm in Leiwe hot, wärd er ausen Gefängnis rausgefiehrt. No, es Harz hot ne denn doch ober gepuckert, wierre dr Fahrt nauf schteigt. Ober wie ne dr Musche Plicks de Ehs iwern Kopp schmeißen will, wutsch do bickt er sich, wutscht ne untern Arm wack, gieht hin nohch dr Fahrt un schteigt nob. Wierre sich umguckt, wos dan Dunnerwatter! De schtieht dr Teifel bei dn Schinderschknecht un hot än Schtruhwisch un hältn in dr Ehs nein un zeigt dn Leiten, was kä Gesicht is. Wierre dos ane Weil ahngesahn un sich saht gelacht hot, gieht er mitten dorch dan Rummel Menschen dorch. Käner halt ne ahn, daß er ungeschuren häm kimmt. Do schtoppt er sich äne un guckt zum Fanster naus. Na prost!

Endlich kumme de Leit wieder zurick von der Ecksekuzion. Sowie de ärschten vor sän Haus kumme un sahn, daß dr arme Sinder zum Fanster raus guckt: „Harr Jeses!" schrein de Leit, „dr Dellequent gieht all wallen! Har leit in sän Fanster un schmökt, daß es pafft!"

Har bleit ruhig in Fanster ling un fletscht, as wenn er än Lork an Schtrick hot. Endlich, wie er sän Schpaß lang genung gehat hot, redt er de Leit ahn: „Kinnersch un ihr Leit! Wos hotter denn fier? Seid doch gescheit! Kummt doch rein! Ich bin doch kä Geschpenst! Ä Geschpenst kann doch net schmöken. Un de Geschpenster giehn doch ahch an Tohk net wallen. Ober käner hot den Hannel getraut.

Endlich kimmt a sei Kamerad. Dar faßt sich ä Harz un redt ne ahn: „Bengel, bistes oder isses dei Gäst?"

„Ach, sei doch gescheit!"

„Ja, sah mant, Bengel, was de gemacht hast? Du hängst ju leibhaftig an Galling! Harr Jeses, hoste denn mit dn Teifel ä Verbindnis gemacht?"

„Ach, Schwatzewark! Wenn ich mit dn Teifel ä Verbindnis gemacht hätte, wier dar mich hie sitzen lassen? Kumm rein, su will ich dersch verzehln."

Na, su gieht denn sei Kamerad nein zune in de Schtuh, un weil alle Leit sahn, daß ersch salwer is un net sei Gäst, so kumme se ah rein, daß die Schtuh geschtoppet vull wärd. Un do hatt er allen Leiten de Geschichte von vornst ahn verzehlt.

Genung, es giehn weche hin nong Galling. Was sahn se? Än Schtruhwisch!

Satt! Su is mei Barkmann dismol noch mit an blau Ahg dervon gekumme; ober ihr gläbt mersch, daß er zitter dar Zeit dn Teifel net wieder geporrt hot. Un ihr tut ahch an gescheitesten, wenner su was unterwahng lott. Denn wenner dn Teifel an dr Wand mohlt, su kimmt er.

(Georg Schulze, gekürzt) (23* O)

*

Der Scharfrichter Kraft zu Goslar war vor allem wegen seiner Kunst gefürchtet, jemanden festbannen zu können. Einmal führte ihn eine Reise in ein einsames Wirtshaus. Er bat dort um ein Nachtlager, konnte aber den Wirt nicht dazu bewegen, ihn aufzunehmen. Den Streit vernahm ein Kaufmann, der in dem Hause einquartiert war, öffnete das Fenster und lud Kraft ein, das Zimmer mit ihm zu teilen.

Bald fanden die beiden Männer heraus, daß es in dem Hause nicht mit rechten Dingen zuging, und so beschlossen sie, in der Nacht wohl auf der Hut zu sein. Als alles im tiefen Schlafe lag, öffnete sich leise die Tür zum Zimmer der beiden, sechs Gestalten mit geschwärzten Gesichtern betraten den Raum und zückten ihre Dolche. Da sprach Kraft ein Zauberwort, und die sechs Räuber standen zu Bildsäulen erstarrt da. „Jetzt werde ich euch erst einmal waschen“, meinte er dann und schrubbte ihnen die Schwärze vom Gesicht. Der Scharfrichter erkannte schon lange gesuchte Verbrecher, und ihr Anführer war der unfreundliche Wirt.

Kraft ließ erst einmal die Gebannten stehen, wo sie standen und eilte in den benachbarten Ort, um Leute zu holen. Dann wurden die Bösewichte abgeführt und dem Richter übergeben. (24)

Der Tod fällt den Lebensbaum.
Holzschnitt aus dem 16. Jahrhundert

6. Tote, Geister, verdammte Seelen

Zur Zeit unserer Urgroßeltern leitete der Hüttenmeister Böse die Saigerhütte zu Hettstedt. Er trieb seine Arbeiter an und versuchte alles, sie um ihren sauer verdienten Lohn zu betrügen. Wer zu murren wagte, verlor auf der Stelle die Arbeit. Einmal klagte ein alter Arbeiter: „Schwere Arbeit gibt's genug, doch von dem, was wir verdienen, können wir uns noch nicht einmal satt essen." Das hörte Hüttenmeister Böse und schrie: „Wollt ihr faules Volk denn jeden Sonntag Hirsebrei fressen?" Da antwortete ihm der Alte: „Ich wünschte, Ihr müßtet dereinst in diesem Steinbruch rastlos arbeiten, so wie wir jetzt, und als Wochenlohn nur ein Hirsekorn bekommen. Das sollte so lange währen, bis Eure Körner einen Scheffel füllen."

Der Hüttenmeister kam nach Hause, legte sich krank nieder und starb am dritten Tage. Seitdem muß sein Geist im Steinbruch am Roten Berg ohne Ruhe arbeiten, bis die Körner, die er als Wochenlohn erhält, einen Scheffel füllen werden.

Ähnlich erging es dem Faktor Macht, der ebenfalls lange Zeit in der Hettstedter Saigerhütte die Arbeiter peinigte und betrog. Nach seinem Tode geisterte seine Seele ruhelos zwischen Steinbruch und Saigerhütte hin und her.

Ein Jesuit wurde beauftragt, den Geist zu bannen. Um Mitternacht ließ er den Wagen des Faktors anschirren und vor den Eingang der Saigerhütte fahren. Dann zitierte er den Geist hinein. Doch der Wagen konnte nicht mehr von der Stelle fahren. Kein Bannspruch des Jesuiten half. Das Gespenst meinte drohend: „Auch du bist ein elender Sünder und willst dich über mich erheben?. Hast du nicht erst gestern einer armen Frau eine Rübe gestohlen? Ich werde dir eine Lehre erteilen, daß..." Doch ehe es ausgeredet hatte, war der Geisterbanner vom Kutschbock gesprungen und hatte das Hasenpanier ergriffen.

Darauf versuchte es ein anderer Jesuit, der grundgescheit und ohne jeden Makel war. Er bannte den Geist des Faktors in den Steinbruch. Als aber die erste Lokomotive im Steinbruch ihre Arbeit begann und pfeifend und zischend auf ihren Gleisen entlangrumpelte, wurde der Geist wild und tobte derart herum, daß die Felswand zusammenbrach. Seitdem traute sich niemand mehr in den Steinbruch aus Angst, es könnte weiterer Felsen abstürzen. (1)

*

In der Clausthaler Münze ging es eine Zeitlang nicht mit rechten Dingen zu. Manch einer, der dort gewacht hat, lag am anderen Morgen tot da. Schließlich wollte keiner mehr über Nacht dortbleiben. Längere Zeit wurde in der Münze deshalb gar nicht gearbeitet.

Eines Tages kam ein pfiffiger Bursche und bot sich an, in dem unheimlichen Haus des Nachts nach dem Rechten zu sehen. Er versah sich mit Lichtern, Waffen und einer Bibel. Als es dämmerte, setzte er sich in die Justierstube und las in der Bibel. Nachts zwischen elf und zwölf erschien eine unheimliche Gestalt, nahm neben ihm Platz und sah mit in das Buch. Zwar fuhr es dem Burschen tüchtig unter die Haut, doch er rührte sich nicht und beschäftigte sich weiter mit der Heiligen Schrift. Als die Uhr zwölfmal schlug, verschwand der Spuk so plötzlich, wie er gekommen war. Ebenso geschah es in der folgenden Nacht. Mit einiger Sorge dachte der Bursche an die dritte Nacht. Da würde es sich entscheiden, wer der Stärkere sei. Er suchte sich seine Bibeltexte besonders sorgfältig aus und begann sie in der entscheidenden Zeit laut zu lesen.

Als es auf Mitternacht ging, war er im Lukasevangelium im fünfzehnten Kapitel angekommen und las die Worte des Herrn Jesus Christus: „Ich sage euch: So wird auch Freude im Himmel sein über einen Sünder, der Buße tut, mehr als über neunundneunzig Gerechte, die der Buße nicht bedürfen."

Da begann die Gestalt zu reden: „Die Worte, die du da gelesen hast, bedeuten meine Erlösung. Ich bin der frühere Münzmeister und habe zu Lebzeiten betrügerisch gehandelt. Aus Angst vor Entdeckung habe ich mir das Leben genommen. Nun weiß ich, daß auch für mich bei Gott ein Platz sein kann. Zum Dank will ich dich reich machen." Er führte den Burschen hinunter zum Pferdegaipel und hieß ihn einen schweren Stein aufheben. Darunter lag ein großer Schatz.

Seitdem konnte in der Münze wieder Geld geschlagen werden. (2)

*

In einer Papiermühle bei Goslar gebar eine Frau ihr Kind. Zwei Dienstmädchen wachten bei der Wöchnerin. Doch gegen Mitternacht überfiel sie eine eigentümliche Müdigkeit. Des Morgens erwachten sie und fanden den Säugling gestorben neben seiner Mutter liegen. Kein Arzt konnte die Ursache des Todes erkennen.

Ein Jahr später brachte die Papiermüllerin ein zweites Kind zur Welt. Wieder schliefen die wachenden Mägde gegen Mitternacht ein, und wieder fanden sie am anderen Morgen das Kind tot neben der Mutter liegen.

Als die Frau zum dritten Male in die Wochen kam, war eine sehr redselige Magd bei der Nachtwache. So kamen die anderen gar nicht dazu, auf ihre Müdigkeit zu achten.

Gegen elf stand die Magd auf, um ein wenig in die mondhelle Nacht zu schauen. Da gewahrte sie gegenüber im Nebengebäude an einem Fenster eine weiße Gestalt. Mit dem Schlage zwölf verschwand diese.

Die Magd berichtete anderntags dem Müller von dem Gesehenen, und dieser konnte in der folgenden Nacht erkennen, daß es der Geist seiner Mutter war, der dort am

Fenster stand. Die Mutter war einst gegen die Heirat gewesen, doch der junge Mann hatte auf seinem Willen beharrt.

Man holte zwei Barfüßermönche. Es gelang ihnen, den Geist in ihren Zauberkreis zu zwingen, und nun beichtete er, daß er die beiden Kinder aus Haß gegen die junge Mutter umgebracht habe. Wie sich der Geist der Mutter auch sträubte, er mußte weichen und wurde ins Rote Meer gebannt. Seitdem war Ruhe in der Papiermühle. Das Kind wuchs gesund und munter heran. (3)

*

Die Tochter eines Grafen von Blankenburg hatte einem Ritter Reinhold ihre Gunst zugewandt. Dessen Freund war der Jungfrau ebenfalls in Liebe zugetan. Er dingte sich einige Kumpane, ermordete den Nebenbuhler heimtückisch samt seinem Pferde und verscharrte den Leichnam. Vor dem schönen Mädchen gab er sich entsetzt über den Tod des Ritters und hoffte, dereinst ihre Liebe zu gewinnen. Sie jedoch war untröstlich und hielt sich von ihm fern, denn eine Ahnung sagte ihr, daß er nicht schuldlos am Tode ihres Geliebten sei.

Den Mörder quälte bald die Reue über seine Tat, und er bat den Abt des Klosters Michaelstein um die Beichte. Mit Schaudern vernahm der Mönch, was geschehen war. Doch fühlte er sich nicht berechtigt, den Mörder zu verdammen. Er schlug ihm vor, zur Sühne am Kreuzzug teilzunehmen. Den Leichnam des Ritters Reinhold ließ er bergen und beim Klostergut Helsungen bestatten.

Nach Jahren kam der Mörder vom Kreuzzug zurück, warb erneut um die Grafentochter, und dieses Mal mit Erfolg.

In einer Nacht kurz vor der Hochzeit ritt er durch den Klostergrund, als ihn ein unbekannter Ritter zum Kampf stellte. Das Geklirr des heftigen Waffenganges lockte die

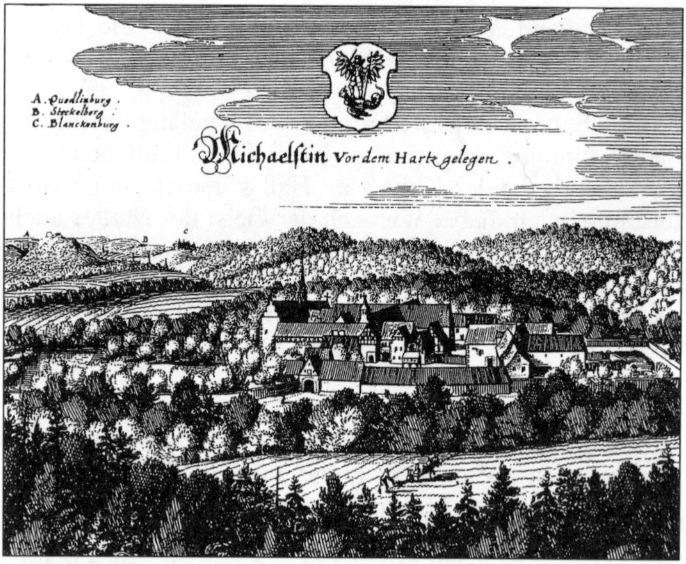

Kloster Michaelstein bei Blankenburg.
Mitte des 17. Jahrhunderts

Mönche herbei, die eben noch Zeuge werden konnten, wie der fremde Ritter den Mörder mit einem gewaltigen Schwerthieb den Schädel spaltete. Dann öffnete der Unbekannte das Visier seines Helms, und mit Grausen sahen die Mönche darunter einen Totenschädel grinsen. Da verkündete die Klosterglocke die erste Stunde des neuen Tages. Der Spuk löste sich auf. Auf den Bericht der Mönche hin wurden die Überreste Reinholds von Helsungen in die geweihte Erde des Klosters Michaelstein übergeführt.

Noch viel später sahen nächtliche Wanderer zuweilen geisterhafte Mönche einen Sarg von Helsungen nach Michaelstein tragen. Darum hieß der Wege lange Zeit „Der Leichenweg". (4)

*

Etwa in der Zeit des Dreißigjährigen Krieges lebte in Hackpfüffel der Küster Renatus Wolf. Mit seiner Fiedel spielte er an den Wochenenden der Jugend zum Tanze auf. Darum wurde er gern in die verschiedenen Orte der Umgebung eingeladen. Einmal um Mitternacht führte ihn der Heimweg von einem Tanzvergnügen an der Rothenburg vorbei. Der Wanderer gewahrte in den Ruinen eine riesige Gestalt mit langem Barte und einem Bund Schlüsseln am Gürtel. Diese winkte ihm zu, ihr zu folgen. Zagend ging der Musikus hinter dem unheimlichen Bärtigen her. Sie kamen in einen gewölbten Raum. Dort lag auf einem Schrein ein totes Kind, und eine Frau beugte sich weinend über die Leiche.

Der Geist befahl dem Manne, das Kind in einer Ecke des Gewölbes zu beerdigen. Als er seine Arbeit getan hatte, schickte er ihn hinaus und sagte dabei: „Du wirst draußen ein Roß finden. Es sei dein. Du kannst es unbesorgt reiten. Doch hüte dich, deine Fiedel anzurühren, solange du auf seinem Rücken sitzt!“

Vor den Ruinen fand der Fiedler tatsächlich das Verheißene: ein kohlschwarzes Roß, das schon ungeduldig auf dem Boden scharrte. Vorsichtig stieg Renatus Wolf auf, und das Tier trabte so sanft und dabei so schnell und zielsicher in Richtung seines Heimatdorfes, daß er bald alle Bedenken verlor. Er empfand plötzlich den unwiderstehlichen Wunsch, seine Geige hervorzuholen und darauf zu spielen. Da erhob sich das Tier mit ihm in die Luft, gleichzeitig zwang ihn eine unbekannte Kraft, weiter und weiter zu spielen. Die Reise setzte sich während des folgenden Tags und in der anschließenden Nacht fort, bis ihnen ein Reiter auf einem schneeweißen Roß entgegenkam. Endlich hielt das unheimliche Tier in einer öden Gegend. Der Küster quälte sich aus dem Sattel und brach auf dem Boden bewußtlos zusammen.

Als er aus seiner Benommenheit erwachte, sah er sich

in einen orientalisch geputzten Raum versetzt. Vor ihm saßen ein alter Mann und eine schöne junge Frau. „Du wurdest auf der Rothenburg das Werkzeug einer Freveltat“, sagte der Alte. „Ein dem Kaiser Friedrich feindlich gesonnener Geist rächte sich mit deiner Hilfe an dem großen Kaiser. Mehr darf ich dir nicht sagen. Als du den Befehl übertratest, die Geige nicht anzurühren, ging an dir der Spruch in Erfüllung, so lange auf einem schwarzen Rosse reiten zu müssen, bis dir ein Reiter auf einem weißen begegnet. Wir wußten von dem Spruch, und meine Tochter Zoraide kam dir auf ihrem weißen Zelter entgegengeritten, um dich von dem Fluch zu befreien.“

Einige Monate lebte der Musikus als Gast bei dem alten Emir. Und sonderbar – je länger er sich hier aufhielt, desto mehr verjüngte er sich.

Nach fast einem Jahr machte sich Renatus auf den Heimweg, begleitet von Zoraide, die ihm als seine Frau folgte. Unsere Ur-Ureltern konnten dem Besucher auf ihrem Friedhof noch den Stein zeigen, der das Grab der beiden deckte. (5)

*

Dem Nachtwächter von Drübeck erschien eines Nachts der Geist einer jungen und schönen Frau, die seit langer Zeit vermißt wurde. Sie bat ihn, ihr genau zuzuhören und das Vernommene anderntags dem Ortspfarrer zu berichten. Sollte er schweigen, werde sie ihm wieder und wieder erscheinen.

Nun erzählte sie ihm, der Amtmann habe sie vor mehr als zwanzig Jahren überredet, mit ihr ein Liebesverhältnis zu beginnen. Ein Jahr darauf trug sie von ihm ein Kind unter dem Herzen. Als er dies erfuhr, waren alle schönen Reden vergessen, und er setzte ihr zu, sich das Kind nehmen zu lassen. Sie aber verweigerte standhaft eine so lästerliche Tat.

Das Kind wurde geboren. Noch in der gleichen Nacht verschaffte sich der Amtmann Einlaß in ihr Haus und brachte Mutter und Kind um. Das Kind warf er in einen stillgelegten Brunnen, die Leiche der Frau verscharrte er unter einem großen Birnbaum. Die Sterbende hatte ihn verflucht und angekündigt, genau zwanzig Jahre nach der Mordtat werde er für sein Verbrechen bestraft.

Der Nachtwächter meldete das Gehörte anderntags dem Pfarrer. Der hatte vorerst Bedenken, denn mit einer so hohen Persönlichkeit wie dem Amtmann wollte er nicht in Konflikt geraten. Der Schäfer jedoch bat so dringend, daß man schließlich unter dem Baume nachgrub und das Skelett der Frau fand. Der Amtmann wurde gezwungen, einen der Knochen in die Hand nehmen, und als der sich blutrot färbte, war seine Schuld erwiesen. Vor den Toren Wernigerodes wurde er wenig später an den Galgen gehängt. Als man die Zeit nachrechnete, waren es genau zwanzig Jahre, nachdem die junge Frau mit ihrem Kinde vermißt worden war. (6)

*

Nicht weit von Blankenburg, am Rande des Harzes, ragen die bizarren Ruinen einer merkwürdigen Burg, des Regensteins, empor. Sie steht auf einem steilen Felsen und scheint wie aus diesem herausgewachsen. Ein Teil der Räumlichkeiten wurde aus dem harten Gestein herausgemeißelt, so daß das Bauwerk über viele Generationen als uneinnehmbar galt. Der Ursprung liegt in der grauen Vergangenheit. Zu Zeiten Heinrichs des Finklers soll der Grundstein gelegt worden sein.

Das Wasser bezog die Feste aus einem tiefen Burgbrunnen, in den der Geist eines Ahnherrn des dort residierenden Geschlechts wegen schwerer Vergehen gebannt war. Erst dann, wenn der Regenstein in Trümmer fällt, soll die Stunde seiner Erlösung gekommen sein. Ab und zu erschien er den Burgbewohnern und sagte zukünftige Ereignisse voraus.

Einst gehörte die Burg einem Grafen, dessen Ehe über viele Jahre kinderlos geblieben war. Zu Mitternacht eines Marientages befragte er den Geist seines Ahnherrn, wie er doch noch zu leiblichen Erben kommen könne. Von ihm erhielt er die Kunde: „Was du erhoffst, wird erfüllt."

Noch im gleichen Jahr erblickte ein Knabe das Licht der Welt, und im folgenden Jahre folgte ein weiterer. Bei dessen Geburt erschien der Geist dem Burgherrn und meinte: „Durch das heute geborene Kind werde ich erlöst werden, es trägt meinen Namen: Helmbold."

Dieser Junge schlug völlig aus der Art, entfloh von zu Hause und wurde zum Hauptmann einer gefährlichen Räuberbande. Als der Vater gestorben war, erpreßte er von seinem Bruder die Burg als Erbteil und zwang ihn, sich ebenfalls der Räuberei zuzuwenden.

Die Klagen über das Raubnest nahmen derart zu, daß der Herzog von Braunschweig schließlich die Burg belagerte, einnahm und so zerstörte, daß nur noch die in den Felsen gehauenen Gemächer übrigblieben.

Als die Feste in Flammen stand und die Mauern in der Hitze barsten, stieg der Brunnengeist aus seinem jahrhundertelangen Verließ und ging zur ewigen Ruhe ein. (7)

*

Hoch über dem Selketal thront die Burg Falkenstein. Sie barg in ihren Mauern einen Burggeist, der öfter einmal seinen Schabernack mit den Burgbewohnern trieb.

Eines Tages war der Graf von Anhalt mit noch vielen anderen Männern des Adels auf der Burg zu Gast. Die Herren hatten sich zum Kartenspiel niedergelassen, und der von Anhalt verlor seine gesamte Barschaft. Schließlich setzte er die Haare seines Bartes zum Pfand – und verlor auch diese. Doch keiner traute sich, ein solches Pfand

Burg Falkenstein,
vom Selketal aus gesehen,
um 1830

einzufordern, und sein Besitzer dachte gar nicht daran, ihn freiwillig herzugeben.

In der Nacht erschien der Burggeist und trieb zum Entsetzen des Grafen die Schuld ein. Das ging nicht ganz ohne Schmerzen ab. (8*)

*

In Clausthal lebten einst zwei Junggesellen, die beide am Sonntag zu der Zeit das Licht der Welt erblickt hatten, da der Pfarrer die Predigt hielt. So waren sie zwei echte Sonntagskinder, und es war ihnen manche Gabe geschenkt, deren sich andere nicht rühmen konnten.

In einer Nacht vom Sonnabend zum Sonntag kamen sie von der Freite und gingen, um den Weg abzukürzen, über den Clausthaler Gottesacker. Zwischen dem Spittel und der Gottesackerkirche stand ein uralter Baum. Dort verharrten sie lauschend. Ihnen war es, als wenn sie den Streit zweier Männer unter sich in den Gräbern vernahmen. Der eine schien den anderen zu Lebzeiten übervorteilt zu haben, denn der andere warf ihm vor, von ihm betrogen worden zu sein.

Da meinte der eine Claustaler zum anderen: „Das sollte man doch nicht glauben, daß es welche gibt, die noch nicht einmal im Grabe Frieden halten können.“ „So geht es,“ meinte der andere. „Mein Vater sagte immer: Ein gut Gewissen ist ein sanftes Ruhekissen.“

Und kopfschüttelnd gingen die beiden ihres Wegs. (9)

*

Als der Pastor Reckhart in Wernigerode das Zeitliche gesegnet hatte, fand er im Grabe keine Ruhe. Er geisterte des Nachts auf dem Johanniskirchhof umher, und selbst während der Gottesdienste, am hellichten Tage, machte er sich in der Kirche unangenehm bemerkbar. Zwar konnte die versammelte Gemeinde nichts bemerken, doch seinem

Nachfolger erschien er am Altar und auf der Kanzel. Er schien etwas auf dem Herzen zu haben, doch keiner ging darauf ein, vielmehr beauftragte die Gemeinde zwei Mönche, den mißliebigen Geist zu fortzuschaffen.

In einer Nacht zwangen sie ihn in eine Kutsche und führten ihn in die Turmwarte zwischen Wernigerode und Schmatzfeld. Dort bannten sie ihn. Später hat er vom Turm aus des Nachts manchen Reisenden in die Irre geführt. Warum er nicht den Grabesfrieden fand, hat niemand erfahren. (10*)

*

Auf dem Gottesacker zu Zellerfeld stand früher eine Kapelle, mit der es eine besondere Bewandtnis hatte. In bestimmten Nächten schien Licht durch ihre Fenster, und wenn sich einer den Mut nahm und trat durch das Tor, dann sah er vorn am Altar in einem Sarge denjenigen liegen, der am kommenden Tage sterben sollte.

Eine Frau hatte sich in Goslar verspätet und kam spätnachts am Zellerfelder Gottesacker vorbei. Sie sah die Kirche erleuchtet, und da sie mutig und zugleich recht neugierig war, wollte sie erkunden, was das auf sich hat. Vor dem Altar lag in einem Sarg ihr eigener Mann.

Die Frau sah dieses Gesicht als Warnung an und bat ihren Mann, am kommenden Tag nicht zur Schicht zu gehen. Der hörte auf ihren Rat, doch es half ihm nichts. Als er ein Schläfchen auf der Ofenbank machen wollte, fiel vom Ofengesims ein Plätteisen herab und erschlug ihn. (11)

*

Zwischen Benneckenstein und Tanne, im Grünen Grunde, kam es um das Jahr 1631 zu einem Gefecht zwischen Schweden und Kaiserlichen, bei dem auf beiden Seite viele Soldaten fielen. Anderntags, als Ruhe eingetreten war, fanden die Benneckensteiner die Wiesen mit Leichen bedeckt. Was blieb ihnen weiter übrig – sie mußten sie an Ort und Stelle bestatten.

Der grauenvolle Tag haftete den Menschen lange im Gedächtnis, und Kinder und Kindeskinder wurden immer von neuem an das Gemetzel erinnert. Die Toten waren dazu verdammt, keine Ruhe zu finden. Jedes Jahr in der Nacht zum grausigen Tage stiegen die Geister der Gefallenen aus ihren Gräbern und trugen den Kampf erneut aus. Wenn die Glocke am Kirchturm zu Benneckenstein ein Uhr schlug, endete der Spuk ebenso schnell und spurlos, wie er um Mitternacht begann. (12*)

*

Ein Türmer auf dem Petriturme zu Nordhausen sah eines Nachts, wie sich auf dem Gottesacker ein Grab öffnete und ihm eine bleiche Knochengestalt entstieg. Das Gespenst legte sein Totenhemd ab und lustwandelte zwischen den Gräbern. Der Türmer war ein arger Schalk und beschloß, dem Spuk einen Streich zu spielen. Er schlich sich auf den Friedhof, entwendete das Totenhemd und flüchtete schleunigst wieder in seine hochgelegene Stube.

Zu seinem Entsetzen beobachtete er, wie sich der Knochenmann erst suchend umsah, dann nach oben blickte und sich anschickte, wie eine Spinne den Turm von außen zu erklettern. Noch im letzten Augenblick griff der Mann nach dem großen Zeiger der Turmuhr und rückte ihn auf Eins. Da begann das Werk die erste Tagesstunde zu schlagen. In dem Augenblick verließ das Gerippe die Kraft, und klappernd rasselte es in den Abgrund. (13*)

*

Oberhalb von Wimmelburg, nicht weit von Eisleben, stand in alter Zeit ein Raubnest, die Hüneburg genannt. Die Burgbewohner trieben ihr Handwerk mit Rauben und

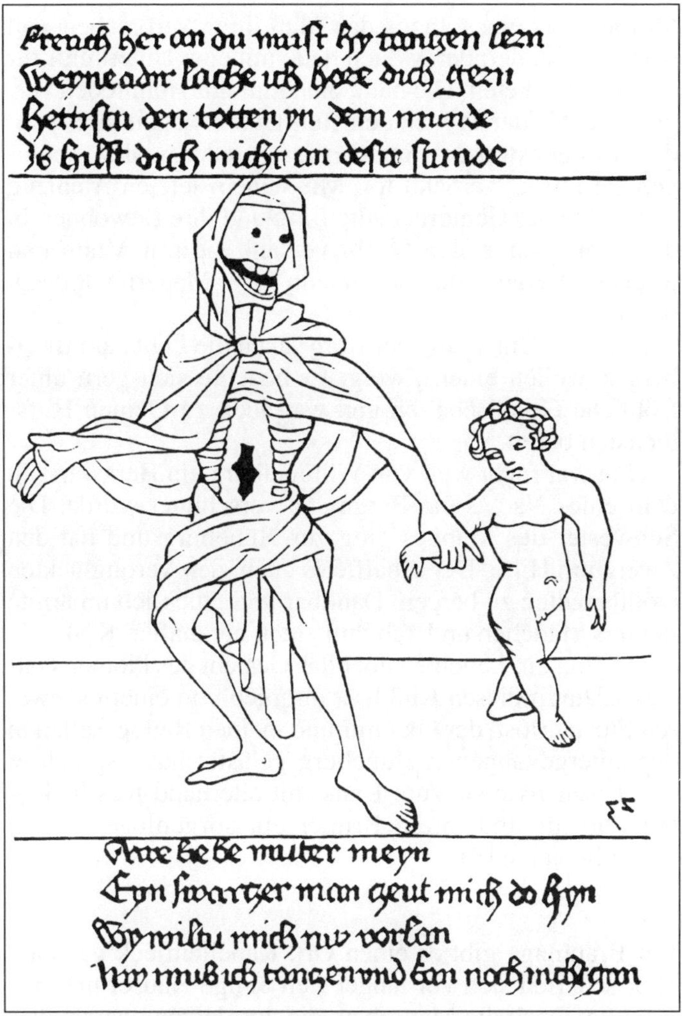

Totentanzbild
in einem xylographischen Totentanzbuch
aus dem 15. Jahrhundert

Morden, bis eines Tages das Maß ihrer Verbrechen voll war. Ein wandernder Mönch hatte um eine Unterkunft für die Nacht gebeten. Die hatte man ihm mit Hohnreden verweigert. Als der Mönch den Burgleuten wegen ihres sündigen Lebenswandels ins Gewissen reden wollte, schlugen sie ihn kurzerhand tot. Mit seinem letzten Atemzug verfluchte der Gemordete die Burg und ihre Bewohner. In der darauf folgenden Nacht versank sie mit Mann und Maus im Berge. Alles Lebende in ihren Mauern wurde zu Stein.

Seit dem Untergang der Burg sahen die Leute am Burgberg zuweilen einen Zwerg. Er mischte sich gern unter fröhliche Gesellschaften und war auch zu kleinen Hilfsdiensten bereit.

Nun war nicht weit von Wimmelburg ein Bergwerk, in dem eines Nachts ein Bergmann verschüttet wurde. Die Schwester des Mannes ging zur Hüneburg und bat den Zwerg um Hilfe. Der schaffte es auch, den Verunglückten wohlbehalten zu bergen. Dankbar und glücklich umarmte ihn das Mädchen und gab ihm einen herzhaften Kuß.

Da ging ein Leuchten über das Gesicht des kleinen Geistes: „Durch diesen Kuß hast du mich von einem schweren Fluch erlöst, der über mir und meinen Raubgesellen in der untergegangenen Hüneburg gelastet hat“, sprach er und beschenkte sie zum Dank mit allerhand Kostbarkeiten, die ihr und ihrem Bruder ein sorgenloses Leben ermöglichten. (14)

*

Bei Braunlage gibt es einen Ort, Kapellenfleck genannt. Hier scharten sich vor langer Zeit einige Häuser um eine Kapelle. Doch die Menschen, die dort lebten, waren alles andere als gute Christen. Nahten sich der Kapelle fremde Wanderer, die zu beten gedachten, wurden sie überfallen, beraubt und manchmal sogar erschlagen. Selbst innerhalb des Gotteshauses kam es zu solchen schweren Verbrechen. Schließlich ließ Gott den Flecken mitsamt den sündigen Menschen an einem Jahrmarktstage in der Erde versinken. Nur in wenigen Nächten im Jahr durften sie Gottes freie Welt betreten. Dann stand die Kapelle wie ehedem, und vor ihr priesen Händler ihre Waren an. Die Leute der Umgebung wußten das und mieden in diesen Zeiten den Kapellenfleck.

Ein fremder Handwerksbursche kam just in einer solchen Nacht in der Nähe vorbei, ließ sich vom Glöcklein der Kapelle herbeilocken, um am Altar sein Gebet zu verrichten. Sein Werkzeug legte er ahnungslos am Eingang des Gotteshauses nieder.

Er erschrak furchtbar, als er nach vollzogener Andacht nichts mehr vorfand. Was blieb ihm weiter übrig: Er mußte von seinen spärlichen Wegpfennigen neues Werkzeug kaufen. An den Marktständen fand er alles, was er brauchte, und er erhielt noch ein stattliches Wechselgeld zurück. Dann zog er weiter.

Wie verwunderte er sich, als er in der Herberge seinen Ranzen öffnete und alles Werkzeug und die Wechselpfennige in blankes Gold verwandelt vorfand. (15)

*

Ein Jäger sah im Bodetal einen wilden Kater sitzen. Als er ihn erlegen wollte, bat das Tier mit menschlicher Stimme um sein Leben. In ihm stecke die Seele eines Weinschenks, die als Strafe für Weinpanscherei für dreihundert Jahre in die Gestalt einer Wildkatze gebannt sei. Doch er möchte nicht als Wildkatze sterben. Die Zeit seiner Strafe sei bald verflossen.

Der Jäger nahm den Pfeil vom Bogen. Zum Dank führte ihn der Geist zum Bodetor und scharrte an versteckter Stelle einen Goldschatz frei. Dann verschwand er.

Von dem Gold erbaute der Jäger eine Gaststätte, die er

zum Andenken an das bemerkenswerte Ereignis „Waldkater“ nannte. (16)

*

In einem Dorfe nahe Halberstadt verstieg sich im Jahre 1012 ein Bauer namens Albrecht dazu, während der Christnachtsmesse mit fünfzehn anderen Burschen und drei Weibsbildern auf dem Kirchhof zu tanzen und zu lärmen. Der Pfarrherr trat vor die Kirchentür und wollte diesem Treiben wehren, doch die lose Gesellschaft verlachte ihn, und der Anführer rief: „Mich heißet man Albrecht, so heißet man dich Ruprecht; du bist drinne fröhlich, so laß uns außen fröhlich sein; du singst drinnen deine Leisen, so laß uns unseren Reihen singen!“ Zornig antwortete ihm der geistliche Herr: „So wolle Gott und der heilige Magnus, daß ihr ein ganzes Jahr also tanzen müsset!“

Bald verging der Schar das Lachen. Sie konnten den Tanz nicht beenden. Es riß und zuckte in ihren Beinen, die sie in die Luft werfen mußten. Weder Regen noch Schnee, weder Hitze noch Frost, weder Hunger noch Durst verspürten die Tänzer, und ihre Schuhe blieben erhalten wie am ersten Tage.

Nach einem Jahr hatten sie sich bis zum Gürtel in das Erdreich getanzt. Da erbarmte sich ihrer Heribert, der Bischof von Köln, und löste den Bann. Sogleich sanken vier der verwegenen Tänzer tot zu Boden, und die übrigen lagen lange schwer erkrankt darnieder.

Zum Gedenken an diese Strafe des Himmels ließ der Landesherr später so viele Steine an der Stelle errichten, wie Tänzer an dem schrecklichen Reigen teilgenommen hatten. (17*)

*

Die Sage berichtet, daß Hasselfelde und Beneckenstein einst reiche Bergstädte gewesen seien. Nicht weit von

Hasselfelde lag das Gertrauden-Nonnenkloster. Eine Räuberbande, die sich aus Hasselfelder Bürgern zusammensetzte, zerstörte das Kloster und schändete die Ordensfrauen.

Bettelnd zogen die Nonnen durch die Harzorte, um sich mit dem Notwendigsten zu versorgen und das Kloster wieder aufzubauen.

Überall kam man ihnen mitleidig entgegen. Nur die durch ihren Reichtum übermütigen Hasselfelder und Beneckensteiner lachten sie aus und schlugen ihnen die Türen vor der Nase zu. In ganz Hasselfeld fanden sie nur in einem Hause Unterstützung, in Beneckenstein waren es zwei Familien, die ihnen in ihrer Not halfen. Die Nonnen segneten die Mildtätigen, über die anderen sprachen sie einen Fluch aus.

Die Wünsche der Klosterfrauen gingen in Erfüllung. Hasselfelde und Beneckenstein wurden von schrecklichen Feuern eingeäschert, und nur die gesegneten Häuser blieben verschont. (18*)

*

In Wernigerode lebte ein Fuhrmann mit einer großen Familie. Da war Schmalhans Küchenmeister. Mit trauriger Miene ging er oft seinem Tagewerk nach. Bei einem Kopf voller Sorgen ist es kein Wunder, wenn man weder nach rechts noch nach links schaut. Der Mann merkte eines Tages nicht, daß er ohne Gruß am Herrn Bürgermeister vorbeigegangen war. Der aber war ein Mensch, der sich ungeheur wichtig vorkam und das kleine Versehen sehr übelnahm. Da kam es ihm eben recht, daß der Stadtkämmerer ihm berichtete, der Fuhrmann habe seine Steuern nicht bezahlt. Stehenden Fußes ließ er ihm das Pferd pfänden. Der Ärmste kam dadurch in höchste Not, und als er erfuhr, wessen er beschuldigt wurde, trat er entschieden gegen die Strafe auf, denn trotz aller Not hatte er stets das gegeben, was er dem Hohen Rat schuldig war.

Der Stadtkämmerer mußte seine Bücher überprüfen, und tatsächlich – er hatte sich versehen. Das bösartige Stadtoberhaupt jedoch spie Gift und Galle, daß es einem so unbedeutenden Menschen Recht geben mußte, und aus lauter Bosheit ließ es das Pferd töten und verscharren. In ohnmächtigem Zorn sprach der so an den Bettelstab gebrachte Fuhrmann den Fluch aus, daß der Geist des ermordeten Tieres so lange Wernigerode beunruhigen möge, bis der Bürgermeister sterbe.

Viele Jahre spukte das geisterhafte Pferd durch die Stadt, vom Rathaus zum Friedhof und zurück. Erst als das hartherzige Stadtoberhaupt seine Augen für immer schloß, verschwand auch der Spuk. (19)

*

Ein alter, erfahrener Steiger in St. Andreasberg hatte einst mehrere wertvolle Erzstufen beiseitegelegt. Er befürchtete, der Bergsegen würde nachlassen. Dann verlöre der Landesherr die Lust an den Bergwerken, ließe sie eingehen, und viele Männer würden ihre Arbeit verlieren. Er wollte nun, wenn die Silberförderung geringer werden sollte, von dem beiseitegelegten Erz dazugeben, um die Ausbeute reicher scheinen zu lassen.

Einige mißgünstige Männer zeigten ihn daraufhin wegen Diebstahls an. Er wurde verhaftet. Das Gericht verurteilte ihn zum Tode. Noch auf der Hinrichtungsstätte beteuerte er seine Unschuld und sprach: „So gewiß ich schuldlos bin, so gewiß wird sich mein Blut in Milch verwandeln, und so gewiß werden nach meinem Tode die Gruben ‘Der große Johann’ und der ‘Goldene Altar’ eingehen. Wenn im gräflichen Hause ein Sohn mit Glasaugen und Rehfüßen geboren wird und am Leben bleibt, wird der Bau wieder beginnen. Stirbt er aber nach seiner Geburt, so bleiben sie auf ewig verschüttet.“

Als ihm der Scharfrichter den Kopf vom Rumpfe trennte, sprangen statt zweier Blutströme zwei Milchströme empor. Da murrte das Volk gegen die ungerechten Richter. Als nun vollends die beiden Bergwerke keine Ausbeute mehr brachten, wäre es beinahe zu einer Empörung gekommen.

Zwar wurde kurz darauf ein junger Graf mit Glasaugen und Rehfüßen geboren. Doch er starb gleich nach der Geburt. Die wertvollen Silbergruben blieben bis auf den heutigen Tag verschüttet. (20*)

*

In einigen Sommernächten des Jahres 1750 trafen Fußgänger in der Burgstraße zu Wernigerode eine unbekannte alte Frau an, die eifrig die Straße fegte. Verwundert fragte sie einer, was sie denn um die späte Stunde noch zu schaffen habe. Sie antwortete: „So frei von Schmutz, wie jetzt hier die Straße ist, so frei wird sie übers Jahr von Häusern sein."

Die Vorhersage der Spukgestalt traf auch ein. Von den Folgen des großen Brandes am 30. Juni 1751, bei dem insgesamt an die dreihundert Bauwerke vernichtet wurden, konnte sich Wernigerode lange nicht erholen.

Die Ursache für die Katastrophe soll der Streit zwischen einem armen Manne und einem betrügerischen Weinbrenner in der Breiten Straße gewesen sein. Aus Rache hatte der Betrogene in der Scheune des Reichen Feuer gelegt und dieses verflucht, damit es nicht zu löschen sei.

Mag der Zorn des Brandstifters gerecht gewesen sein, seine Tat war grausam und verwerflich. Die Strafe blieb auch nicht aus. Eine rätselhafte Krankheit warf ihn nieder. Er wurde am ganzen Körper schwarz wie verkohltes Holz und starb unter Qualen. Vor seinem Tode versuchte er sein Gewissen durch die Beichte zu erleichtern. Doch da er im Namen des Teufels gehandelt hatte, versagte ihm der Pfarrer die Absolution und gab seinen Namen preis. Bevor der Büttel kam, verschied der Kranke, wurde mit der Schinderkarre zum Galgenberg gefahren und in ungeweihter Erde verscharrt.

Hart aber strafte Gottes Gericht auch den Pfarrer. Er hatte die Worte der Heiligen Schrift verachtet, die dem büßenden Sünder Gnade versprechen und sich darüber hinweggesetzt, daß es letztlich Gott ist, der erlöst oder verdammt. So war die Verweigerung der Absolution eine schwere Schuld vor dem Herrn und der Bruch des Beichtgeheimnisses ein Vergehen wider die Kirchenzucht.

Wenige Tage nach dem Tode des Brandstifters verschied auch der Geistliche. (21*)

*

Nicht weit von Nordhausen in Richtung Harz liegt nahe dem Orte Hochstedt ein fast kreisförmiger See.

An dessen Stelle befand sich einst eine Pferdeweide. Hier hüteten einige Burschen ihre Rösser. Gegen Mittag packten sie ihr Brot aus und stellten fest, daß einer von ihnen feines Weißbrot bei sich führte, während die anderen derbes schwarzes Brot hatten. Neidisch darüber, daß es ein anderer besser habe als sie, schalten sie auf ihre Herren, warfen ihre Zehrung auf die Erde, traten darauf herum und schlugen sie mit der Peitsche. Ein hinzukommender alter Mann wollte ihnen wehren, doch er fand nur taube Ohren. Da gab er dem einen, dessentwegen die anderen neidisch geworden waren, einen Wink, er möge sich spornstreichs davonmachen. Die übrigen tobten weiter, bis sie zu ihrem Entsetzen bemerkten, daß Blut aus dem mißhandelten Brot geflossen kam. Zugleich begann die Erde zu beben. Ehe die losen Burschen sich recht besannen, sanken sie in die Tiefe. Von oben strömte Wasser nach. Keiner von ihnen fand zutage zurück. Den mit Wasser gefüllte Erdfall nannten die Leute „Seeloch“. Es

Kaufleute auf der Tuchmesse
im 14. Jahrhundert

heißt, in ihm wüchsen Wasserpflanzen mit Blättern, die der Form nach einem Hufeisen gleichen. (22)

*

In Eisleben wohnte einst die Familie des Handelsherrn Bucher. Ihr Reichtum war groß und wuchs stetig. Der Hochmut befiel sie. Am überheblichsten wurde die Frau des Handelsherrn.

Eines Tages gab Herr Bucher am Ufer des Süßen Sees

ein Gastmahl, zu dem reiche und mächtige Herren geladen waren, doch auch Geistliche hatten sich eingefunden. Laut wurden Reichtum und Tüchtigkeit des Gastgebers gepriesen. Ein Priester jedoch schüttelte sein graues Haupt und mahnte: „Es ziemt sich eher, die Gnade Gottes zu rühmen, der unserem Gastgeber so viel Gutes getan hat. Auch großer Reichtum kann in Kürze zerrinnen."

Da lachte die Hausherrin, zog einen kostbaren Ring vom Finger und warf ihn mit den Worten in den See: „So wenig dieser Ring zu mir zurückfindet, so wenig wird unser Reichtum je vergehen!"

Lange nach dieser Begebenheit bot ein Fischer der Bucherfamilie einen großen Karpfen zum Kauf an. Als die Köchin den Fisch zerlegte, fand sie im Magen des Tieres den Ring ihrer Herrin und brachte ihn ihr eilends. Die Hausfrau erbleichte und sank zu Boden, sie hatte erkannt, wie lästerlich ihre Worte beim Gastmahl gewesen waren.

Von da an ging es mit den Buchers bergab. Sie starben arm und obdachlos. (23)

*

Zwischen Seesen und dem neuen Kruge liegt ein fast kreisrundes Moor, die Silberhohl genannt. Unsere Voreltern mieden am Abend diesen Ort, denn es sollte dort nicht geheuer sein.

Tief unter der schwankenden Decke von Moor und Moos liegen die Mauern einer Burg, die vor langen Zeiten zur Plage der Menschen in der ganzen Umgebung wurde. Der hier hausende Ritter hatte sich zu einem gefürchteten Räuber gewandelt. Raub und Mord waren sein tägliches Vergnügen. Seine Tochter Jutta, ein frommes und liebevolles Mädchen, versuchte nach Kräften den Schaden auszugleichen, den ihr Vater mit seiner Bande anrichtete. Jutta war heilkundig, und mancher Bauer in der Umgebung verdankte ihr seine und seiner Kinder Gesundheit.

Eines Tages war das Maß der Sünde voll. Die Räuber saßen wie so oft trunken gröhlend im großen Saal und feierten einen gewaltigen Raubzug, als die Burg in ihren Grundfesten erbebte und mit Mann und Maus in der Erde versank. Wasser und Sumpf deckten das Loch zu.

Nicht lange danach erkrankte in einem der Nachbardörfer eine Witwe schwer. Sorgenvoll wälzte sie sich auf ihrem Lager. Wie sollte sie den Hunger ihrer Kinder stillen, wenn sie nicht aufstehen und arbeiten konnte? „Ach, wenn nur das Fräulein Jutta noch lebte“, stöhnte sie. Da öffnete sich die Tür, der Geist des Burgfräuleins betrat freundlich lächelnd den Raum, stellte ein Körbchen mit Goldstücken auf dem Tisch ab, segnete Mutter und Kind mit dem Zeichen des Kreuzes und verschwand. Die Frau fiel in einen tiefen Schlaf und erwachte gesund und rüstig.

Das Fräulein Jutta soll noch vielen Hilfsbedürftigen erschienen sein und ihnen Segen gebracht haben. (24)

*

In Walkenried lebte im 17. Jahrhundert der Fronvogt Creissius. Er war ein Leuteschinder und trieb die Menschen rücksichtslos zur Arbeit an. Auch sonst führte er kein gottgefälliges Leben. Als eines Tages der Pfarrer darüber predigte, wie Jesus einen Menschen von bösen Geistern befreite, indem er diese in eine Herde Säue bannte (Matthäus 8,30), da meinte Creissius spottend: „Ich wollte, mein Geist fährt dereinst in den Erdfall. Als er nach Hause kam, überfiel ihn eine Schwäche, so daß er sich niederlegen mußte. Noch in der folgenden Nacht verstarb er. Sein Geist fand keine Ruhe. Jammernd muß er in gewissen Nächten das Wasserloch umschreiten, das darum den Namen Creissloch erhielt. (25*)

*

Aus dem Wasser des Buntel, eines Teiches bei Ellrich, taucht alle siebzig Jahre ein Gespenst in Gestalt eines Gerippes auf. Es soll der Geist eines Menschen sein, der in seinem Leben Böses getan hat und nun auf Erlösung wartet.

Eines Tages ging eine Frau an dem Teich vorbei, als der Spuk aus dem Wasser stieg und um Erlösung flehte. Sie aber gab Fersengeld und berichtete zu Hause ihrem Manne von dem Erlebnis. Der eilte spornstreichs zum Wasser, um den Geist zu erlösen und das viele Geld zu gewinnen, das, wie er meinte, ihm dann zufließen würde. Doch die Gelegenheit war vertan. Der Geist muß weitere siebzig Jahre warten. Die Frau wurde trübsinnig und war vom Unglück verfolgt. (26)

Die springende Prinzessin
aus der Roßtrappensage
in einer Illustration um 1900

7. Allerhand Spukgestalten

Einst fürchteten sich die Zellerfelder sehr vor der Haulemutter. Diese belästigte oft die am späten Abend von der Schicht heimkehrenden Bergleute. Sie war so riesig, daß ihre Füße, wenn sie die Beine spreizte, links und rechts die Gartenzäune berührten.

Als eines Abends ein Bergmann schnell nach Hause kommen wollte, stellte sich ihm die Haulemutter in den Weg und jaulte, daß es kaum mit anzuhören war. Der beherzte Mann nahm allen Mut zusammen und lief unter der Haulemutter durch. Diese schlug ihm den Hut vom Kopf.

Zu Hause angekommen, bat er seine Frau, doch den Hut zu holen. Kaum hatte sie ihn gebracht, als auch schon die Haulemutter vor dem Fenster ihr scheußliches Geheul begann. Da haben sie ihr den Hut aus dem Fenster zugeworfen, damit sie endlich still sein möge. Anderntags lag die Kopfbedeckung in kleine Fetzen zerrissen vor dem Hause.

Ein Clausthaler Bergmann vernahm auf dem Heimweg von der Nachtschicht ein jämmerliches Weinen. Er ging der Stimme nach und fand ein steinaltes Mütterchen im Schnee sitzen. Voller Mitleid lud er die Alte zu sich nach Hause ein, damit sie sich hinterm Ofen ihre erstarrten Glieder erwärmen möge. Nachdem er seinen Gast versorgt hatte, setzte er sich mit dem Rücken zum Ofen an den Tisch, um vor dem Zu-Bett-Gehen noch etwas zu essen. Da streckte sich über seine Schulter eine unheimlich große und dürre Hand und nahm ihm den Bissen vom Munde weg. Der Bergmann drehte sich um und sah zu seinem Entsetzen ein riesiges geisterhaftes Weib. Doch schnell nahm er sich zusammen, griff nach der Axt und wollte auf das Gespenst einschlagen. Das schrumpfte schnell wieder zusammen und floh durch die offene Tür. (1)

Zwei Burschen aus Altenbrak waren damit beschäftigt, Reisig und Holz dorthin zu schaffen, wo sich einst die Schöneburg erhob. Hier wollten sie, gemeinsam mit der übrigen Jugend, in der Osternacht das Feuer anzünden. Ihnen erschien eine große weiße Frauengestalt und bat sie inständig, ihr Vorhaben zu unterlassen. Die jungen Männer kümmerten sich nicht darum und fuhren in ihrer Tätigkeit fort, unterstützt von Burschen aus Altenbrak und Treseburg.

Als in der Osternacht der Haufen angezündet wurde und die Jugend das Feuer umtanzte, war es ihnen, als wenn sich kindergroße Gestalten unter sie mischten, deren Zahl ständig zunahm. Beim genaueren Hinschauen erwiesen sie sich als Gnome mit langen weißen Bärten und unheimlich funkelnden großen Augen. Die Geister versuchten, ihre ungebetenen Gäste zu fangen. Entsetzt stoben die Altenbraker und Treseburger auseinander, kopflos stolperten sie den Berg hinab, verfolgt von Steinwürfen und Prügeln.

Seitdem vermieden es die Leute, diesen Berg in der Osternacht zu betreten. (2)

*

Die Hasseröder hatten für ihr Gotteshaus von einer katholischen Gemeinde eine Orgel gekauft. Doch konnten sie sich nicht so recht über deren Erwerb freuen, denn das Instrument begann kurz vor Mitternacht, wie von Geisterhand bedient, zu spielen. Als dies mehrere Tage hintereinander geschehen war, machten sich die Geistlichen und eine Anzahl andere Männer auf den Weg, um der Sache auf den Grund zu gehen. Bei Orgelspiel betraten sie das Gotteshaus. Keiner jedoch konnte einen Spieler ausmachen bis auf einen Jäger, dem es schien, als bewege sich ein Schatten auf der Orgelempore.

Nach langer Beratung kam man schließlich überein, das

unheimliche Instrument an den Verkäufer zurückzugeben und sich ein neues bauen zu lassen. Mit dem war man dann recht zufrieden. (3)

*

Ein Köhlerjunge mußte in den Wäldern um Altenbrak nach einem entlaufenen Pferd suchen. Es wurde Nacht, und der Bursche befand sich dort, wo dereinst die Schöneburg gestanden hatte. Es herrschte lebhaftes Treiben, eine ganze Gesellschaft sonderbar gekleideter Männer war beim Kegelspiel versammelt. Sie begrüßten den Jungen mit Freude, denn sie suchten einen Aufsteller. Auf das Bedenken des Köhlerburschen hin meinten die Männer, er möge sich keine Sorge machen. Sein Pferd werde sich hier einstellen. Daraufhin half er getrost beim Spiel. Plötzlich war alles verschwunden, der Junge hielt nur noch den Kegelkönig in der Hand, und am Rande der Lichtung wieherte das gesuchte Pferd. Was sollte er mit dem Kegelkönig anfangen? Die lange Nacht hatte ihn so ermüdet, daß er ihn nur als Last ansah und in die Büsche fallen ließ. Dann zog er mit dem Pferd heimwärts.

Zu Hause angekommen, berichtete er von seinem Erlebnis. Was er sich da alles sagen lassen mußte, weil er den Kegelkönig so achtlos behandelt hatte! Gleich am anderen Morgen mußte er zurück zur Schöneburg. Mit ihm ging ein ganzer Trupp Leute. Sie hofften, auch noch etwas vom Schatz abzubekommen. Der Bursche fand den Kegelkönig; der war schwer geworden und glänzte wie Gold. Doch die anderen mußten mit langen Nasen abziehen. (4)

*

Das Herrenhaus in Thale war lange Zeit der Sitz der geisterhaften Weißen Frau. Vor Katastrophen, die den Ort bedrohten, insbesondere Hochwasser der Bode, ließ sie sich auf den Straßen sehen. Im Juni des Jahres 1677 kehrte eine Frau die Straße vor ihrem Hause, als die Weiße Frau erschien und meinte, sie möge getrost mit ihrer Arbeit aufhören. Wenn das Hochwasser käme, würde die Straße schon reingewaschen werden. Wenige Tage später stürzte eine Flutwelle durch das Bodetal, die in Thale alles hinwegriß, was nicht niet- und nagelfest war.

Seit dem Umbau des Herrenhauses hat sich der Spuk nicht wieder sehen lassen. (5*)

*

In Harzburg war es Tradition, am Tage des heiligen Bartholomäus, dem 24. August, zum Schluß eines Gottesdienstes an die Armen Spendenbrot auszugeben. Einmal wollte man mit diesem Brauch schluß machen. Da versiegte die Sole. Schleunigst holte man den Gottesdienst und die Spende nach, und alles war wieder wie zuvor.

Das Salz aus Juliushall war wichtig für die armen Leute. Eines Tages erhöhten die Salzhändler den Preis, und kurz darauf kam kein Tropfen Sole mehr geflossen. Das bewirkte ein Geist. Der machte sich recht deutlich durch Spuken bemerkbar, als man die Saline schließen wollte. Erst als der Betrieb fortgeführt wurde und die armen Leute weiter mit Salz versorgte, war wieder Ruhe in den Räumen der Saline. (6)

*

Ein kleiner Junge verdiente für seine arme Familie etwas zusätzliches Geld durch Vogelstellerei. Eines Tages flog ihm ein Stieglitz zu, der sich ohne Widerstand fangen und in einen Käfig sperren ließ.

Am Morgen darauf lag im Käfig des Stieglitzes ein goldenes Ei und so auch alle folgenden Tage. Die Eltern schafften den Schatz zum Goldschmied und erhielten viel Geld dafür.

Nach einem Vierteljahr begann der Vogel zu sprechen und sagte: „Laß mich nun wieder frei. Lange genug bin ich bei dir gewesen. Fange von nun an keine Vögel mehr, sonst geht der Reichtum, zu dem ich dir verholfen habe, wieder verloren."

Die Leute befolgten den Rat des seltsamen Vogels und blieben ihr Leben lang wohlhabend. (7)

*

Ein Einwohner von Zellerfeld, der auf der Schulenberger Höhe Holz holen wollte, stieß dort oben auf einen Apfelbaum mit einigen Früchten daran. Er pflückte sich einen Apfel, und auf dem Heimweg biß er herzhaft hinein. Dabei stießen seine Zähne auf einen goldenen Ring. Flugs machte er kehrt, um auch die restlichen Äpfel zu ernten. Doch von einem Apfelbaum fand er weit und breit keine Spur. Kopfschüttelnd steckte er den Ring an den Finger, huckte sein Stämmchen auf und ging heimwärts.

In Zellerfeld sprangen die Menschen alle entsetzt beseite. Zu Hause angekommen, bat er seine Kinder, ihm beim Verstauen des Stammes im Schuppen zu helfen. Doch die suchten das Weite. Dann betrat er die Stube und fragte seine Familie, was denn mit einem Male in die Menschen in Zellerfeld gefahren sei.

„Mann, wo steckst du denn?" meinte die Frau ängstlich. „Wir hören dich, aber sehen können wir dich nicht." Dem Manne fiel der Ring ein, und er zog ihn vom Finger. Da atmete seine Familie auf, denn nun stand er wieder leibhaftig vor ihnen.

„Das war unheimlich", meinten die Kinder, „wir sahen das Holz durch die Luft schweben und wußten nicht, wie das möglich war."

Dem Zellerfelder dämmerte, welch einen Schatz er erworben hatte. Als er gestorben war, konnte niemand den Ring finden. (8)

Ein Mann aus Steina hatte von irgendwoher einen merkwürdigen Gürtel geerbt und ihn unachtsam beiseitegelegt. Als er eines Tages aus dem Haus ging, nahm sein kleiner Sohn das Kleidungsstück und legte es um. Augenblicklich war er in einen Werwolf verwandelt und tappte ungeschickt im Zimmer umher. Entsetzt holten die Leute den Vater zurück, der gerade noch den Riemen abschnallen konnte, bevor sein verwandelter Sohn sich auf die Anwesenden stürzte.

Später erzählte das Kind, es habe durch den unheimlichen Gürtel eine solche Freßgier bekommen, daß es hätte zerreißen können, was ihm unter die Augen gekommen wäre. (9)

*

Im Harzvorland, nach Hannover zu, waren einst drei Arbeiter mit dem Heumachen beschäftigt. Die Magd, die das Mittagessen auf die Wiese bringen sollte, hatte sich verspätet, und da legten sich die Knechte unter einen schattigen Baum, um bis zum Mittagsmahl ein wenig zu ruhen. Während zwei sofort einschliefen, schlich der dritte beiseite, legte sich einen Gürtel aus Wolfsleder um und verwandelte sich damit in einen Werwolf. Dann brach er in eine in der Nähe weidende Pferdeherde ein, riß ein Fohlen und verzehrte es. Von dem Aufruhr, den die erschreckten Pferde verursachten, erwachten die beiden Schläfer und wurden Zeuge des schrecklichen Vorgangs. Nach kurzer Zeit kam der zurückverwandelte Mann wieder. Seine Gefährten hüteten sich, ihn wissen zu lassen, was sie gesehen hatten.

Den ganzen Nachmittag klagte der Zauberer über Magendrücken. Kurz bevor die Männer am Abend den Hof erreichten, wurde dem einen das Gerede zu viel, und er meinte: „Wenn ich ein ganzes Füllen gefressen hätte, würde mir sicher auch der Magen drücken!“ Da erschrak der Werwolf und meinte drohend: „Das hättet ihr mir nur früher sagen sollen, dann wäret ihr nicht lebend zu Hause angekommen!“ Er warf seine Sense weg, schnallte den Zaubergürtel um und eilte als Wolf davon. Nie hat wieder jemand etwas von ihm vernommen. (10)

*

„Min Vader, min Vader, horche mal rut,
dat hult da butten, dat hult sau lut;
dat bellt un schtamt, dat grölt un brüllt
hoch öwer de Böhme gruhlich un wild!“

„Min Kind, dat is ne böse Nacht.
Min Kind, dat is de wille Jacht!
En Vaderunser, dri Krieze an’t Door,
gottlov, nu sin me sicher davor!

Nu kann de Spauk tau uns nich rin,
nu leg deck to Bedde, min Kind, schlap in!“
„Ja schlapen, schlapen bei sau’n Gebrus?
De Fenster bewwern, et bewwert dat Hus.

Et is, as runde de Dönder sau hart.
De Staane de poltern, de Danne kracht.
Gebell, Geschricht un Pietschenknall
un willes Raupen all öwerall.“

Doch endlich schwicht et, de dulle Spauk,
fort treckt e öwer Wald un Brauk.
Un Gras un Blumen weifeln im Wind.
„Nu schlape ruhig, schlap in min Kind.“

(J. G. Kohl)
(11 O)

*

Zwei Holzhauer hatten sich nach des Tages Mühen an einem Feuer niedergelassen, um ihr Mahl zu verzehren. Plötzlich unterbrach fürchterliches Toben und Heulen die abendliche Stille. Der Wilde Jäger zog vorüber. Der jüngere der beiden Männer rief dem Geisterzug ein Spottverslein hinterher. Da fiel mit viel Rumoren ein dunkles Etwas in ihr Feuer, das sich bei näherem Hinsehen als eine Pferdekeule erwies.

Ein ähnliches Geschenk erhielten einige rastende Köhler. Als sie die Knochen anderntags betrachteten, stellten sie erfreut fest, daß sie sich in Gold verwandelt hatten. (12)

*

Einige Jungen hüteten die Pferde ihres Dorfes, als die Wilde Jagd heranbrauste. Da stach sie der Hafer, und sie riefen dem Spuk spottende Worte nach. Flugs kam der Wilde Jäger zurück, zerriß eines der weidenden Rösser und verteilte das Fleisch. Mit einem Teil fütterte er seine Hunde, die sich gierig knurrend darüber hermachten. Den Rest warf er den zitternden Burschen zu. Drohend forderte er sie auf, das Fleisch zu essen, sonst werde es ihnen schlecht ergehen. Einige Hütejungen gehorchten, andere würgte der Ekel, und sie nahmen nichts von diesem widerlichen Mahl.

Anderntags lebten nur noch die Hirten, die dem Befehl des Wilden Jägers gehorsam gewesen waren. Die vom Fleisch nichts genossen hatten, waren tot. (13*)

*

Hans von Hackelnberg war Oberforstmeister, und die Jagd war seine größte Freude. Eines Nachts, als er auf der Harzburg nach einem großen Jagdzug rastete, träumte ihn, ein riesiger Eber verwunde ihn tödlich.

Wenige Tage darauf brachte er einen strammen Keiler

zur Strecke. Als er die Beute vor sich liegen sah, erinnerte er sich an den Traum, lachte und gab dem Tier einen Fußtritt mit den Worten: „Du wirst mir nicht mehr schaden!“

Doch einer der scharfen Hauer des erlegten Tieres durchbohrte den Stiefelschaft und fügte dem Jäger eine schmerzhafte Wunde zu.

Hackelnberg biß die Zähne zusammen, und der Verletzung zum Trotz setzte er die Jagd fort.

Gegen Abend war der Fuß dick geschwollen, und der Forstmeister entschloß sich, in Wolfenbüttel einen Arzt aufzusuchen. Auf dem Weg dorthin, nahe dem Dorfe Wülperode, brach er zusammen und wurde in das Spital gebracht. Als er merkte, daß es mit ihm zuende ging, wünschte er, auch nach dem Tode ewig jagen zu dürfen. Dann schloß er die Augen.

In Wülperode wurde er bestattet. Sein Grab soll ein Stein geziert haben, auf dem ein geharnischter Ritter auf einem Maultier dargestellt war.

Sein Geist fand keine Ruhe. Als wilder Jäger muß er in den Harzwäldern umgehen. Sein bevorzugtes Jagdrevier liegt zwischen Halberstadt und Quedlinburg, wo nahe Hedersleben Bode und Selke zusammenfließen.

Vor ihm her fliegt eine große Eule. Sie ist der Geist der Nonne Ursula, die neben anderen Untugenden eine fürchterliche Stimme besessen, mit der sie den Chorgesang ihrer Ordensschwestern empfindlich gestört hatte. Darum erhielt sie den Namen Tut-Ursel oder Tut-Osel. Nach ihrem Tode erschreckte ihr Brüllen die betenden Nonnen weiterhin. Ein österreichischer Kapuzinermönch bannte sie auf die alte Dummburg, dorthin, wo Hackelnberg sein Unwesen trieb. Es dauerte nicht lange, und die beiden Spukgestalten fanden Gefallen aneinander und toben seitdem gemeinsam durch die Lüfte.

Wer sie kommen hört, muß sich mit dem Gesicht auf

den Erdboden werfen und den Zug an sich vorbeihasten lassen.

Andere erzählen, daß Hackelnberg den Traum seiner Ehefrau erzählt habe. Diese bat ihn, am folgenden Tag nicht an der Eberjagd teilzunehmen. Hackelnberg blieb zu Hause. Die Jäger brachten am Abend einen riesigen erlegten Eber. Er hob dessen Kopf empor und meinte: „Na, du wirst mir nichts mehr tun!"

Da entglitt ihm der Kopf des Tieres, und einer der scharfen Hauer durchschlug das Stiefelleder und verletzte ihn am Bein. Der Mann beachtete die Wunde nicht weiter, so kam der kalte Brand hinein.

Der Sterbende verlangte, man solle ihn ungewaschen in den Sarg legen und dort bestatten, wohin ihn sein Schimmel ziehen würde.

Nach seinem Tode meinte man, diese Art der Bestattung sei doch zu sonderbar und beschloß, ihn im Familiengrab der Hackelnbergs beizusetzen. Doch selbst vier Pferde vermochten den Wagen mit dem Sarge nicht vom Fleck zu bringen. Nun folgte man dem Wunsch des Verstorbenen. Der Schimmel führte das Gefährt auf die Spitze des Moßberges. Dort fand der Hackelnberger seine letzte Ruhe. Schon bald nach der Bestattung verbargen Gras und Gebüsch die Grabstätte. (14*)

*

Eine Gruppe Hirten hatte sich an einem schönen Abend am Feuer gelagert, als Hackelnbergs Wilde Jagd heranbrauste. Naseweis rief einer: „Halbpart!" Schon flog eine Pferdekeule herab, gerade ins Feuer.

Nun hat das mit des Hackelbergers Geschenken eine eigene Bewandtnis. Eine solche Keule verfolgt den Beschenkten, bis er davon gegessen hat. Sonst kann es ihm übel ergehen. Doch keiner der Männer hatte Appetit auf einen Braten vom Wilden Jäger. Zum Glück fiel dem Ältesten ein, daß man von Hackelnberg auch Salz zum Braten verlangen müsse. Diesen Wunsch kann er nicht erfüllen, und er muß das Geschenk zurücknehmen. (15)

*

Ein Mann, der weder Tod noch Teufel fürchtete, ging des Nachts durch die Wälder des Harzes, als er plötzlich die Wilde Jagd heranbrausen hörte. Vornweg zog der Hackelnberg und rief „Hoho!"

Der Mann äffte ihn nach. Augenblicklich wandte sich die ganze Meute und stürmte hinter dem Frechling her, der mit Mühe und Not sein Haus erreichte. Doch auch hier fand er keine Ruhe. Bis auf den Heuboden folgte ihm der wilde Jäger. Dort warf er ihm eine Pferdekeule hin und verschwand. Anderntags war der Mann verstorben. (16)

*

Graf Dietrich von Wernigerode war ein streitsüchtiger Herr. Im Jahre 1386 wurde er wegen Landfriedensbruches zum Tode verurteilt. Daraufhin erschreckte er als kopfloser Reiter öfters die Leute.

Eine Gruppe von Wernigeröder Bürgern hatte die Absicht, die Horstbergwarte zu besuchen. Auf den Stufen kam ihnen der gespenstische Reiter entgegen. Hoch bäumte sich sein Roß auf. Die braven Leute mußten fürchten, daß der Spuk sie überreitet, und stürmten in wilder Flucht davon. Der wilde Jäger immer hinter ihnen her. Am Wolfsholz endlich wandte sich der Geist dem Wolfsholzteich zu und sprang in das Wasser. (17)

*

Zu bestimmten Zeiten entsteigen gegen Mitternacht den Felsen nahe der Rehbergklippe zwischen St. Andreasberg und Clausthal Geister und toben als Wilde Jagd durch die

Nacht. Es sind die Seelen von Jägern, die durch ihr Treiben die heiligsten Tage entweiht hatten und außer Jagen nichts anderes im Leben anerkannten.

Zu Urzeiten hauste dort, wo sich heute die Oberharzer Bergstädte befinden, ein gewaltiger Nimrod. Ein frommer Einsiedler, der seine Zelle hier errichtet hatte, um die im Wald verstreut lebenden Menschen geistlich zu betreuen, hatte versucht, ihn zu bekehren. Doch erfuhr er dafür nur Hohn und Spott.

An einem schönen Sonntagabend im Oktober tobte der Jäger wieder mit seinem Gefolge und einer Schar blutgieriger Hunde durch die Wälder und hetzte ein besonders schönes Reh. Dieses flüchtete sich in letzter Verzweiflung auf den Hang der Rehbergklippe und stürzte sich in die Tiefe. Da umstrahlte ein wunderbares Licht das Tier. Langsam, wie von unsichtbaren Händen getragen, schwebte es ins Tal. Die Jäger aber in ihrer Verblendung stürmten vorwärts in ihren sicheren Tod. In einem Wirbel von Menschen- und Tierleibern und nachprasselndem Geröll und Felsgestein stürzten alle in die Tiefe. Nichts war mehr von der Jägerschar zu sehen. Felsbrocken deckten das Grab. Doch es war ihnen dort keine ewige Ruhe vergönnt. Bis zum Jüngsten Gericht müssen sie in gewissen Nächten als Geisterheer durch die Lüfte jagen. (18*)

*

Im Jahre 1712 berichtet D. Georg Henning Behrens in der „Hercynica curiosa“:

„Die Bode ist ein am Harz berühmter Fluß. Sonst ist in diesem Flusse unter dem Roßtrapp ein tiefes und fast unergründliches Loch vorhanden, welches von den Einwohnern der Creful genennet wird und erzehlet von demselben der gemeine Mann: Wie vohrmals eines Hünen – Königes – Tochter eine Wette angestellet habe, mit ihrem Pferde an gedachtem Orte dreymahl von einem Felsen zum anderen zu springen, welches sie zweymahl glücklich verrichtet hätte, zum drittenmahl aber sei das Roß rückwärts übergeschlagen und mit ihr in den Creful gesturtzet, worinnen sie sich auch noch befinde, maßen solche einesmahls von einem Taucher, einigen zu Gefallen um ein Trinkgeld, soweit außer Wasser gebracht worden, daß man etwas von der Crone sehen können; als aber derselbe solches zum drittenmahl thun sollen, hätte er anfänglich nicht daran gewollt, endlich aber dasselbe gewagt und dabei vermeldet: Daß, wenn aus dem Wasser eine Blut-Strahle aufstiege, er alsdann von der Jungfer umgebracht seyn würde, und die Zuschauer geschwinde davon eilen möchten, sonst sie ebenfalls in Lebensgefahr kämen, welches alles dann vorbesagter maßen erfolget sey." (19* O)

*

Die Tochter des Grafen von der Lauenburg war mit dem Ritter vom Regenstein verlobt, bevor dieser unter den Fahnen des Kaisers zu einem Kreuzzug aufbrach. Jahre vergingen, und niemand wußte um den Verbleib des jungen Regensteiners. Um sich vor der Schar der Freier zu schützen, die auf sie einstürmte, schwor sie, nur den zum Gemahl zu nehmen, der ihr die goldene Krone aus der Bode brächte.

Eines Tages kam der verloren Geglaubte zurück. Nun lastete der Schwur der Prinzessin wie ein Fluch auf dem jungen Paar. Der junge Regensteiner jedoch sprang mutig in das schäumende Wasser und brachte auch den Schatz richtig nach oben. Doch da erschien hinter ihm ein zottiges Ungeheuer und riß ihn für immer in die Tiefe. (20)

*

Vor undenklich langer Zeit versuchte der Riese Bodo die Riesentochter Emma vom Riesengebirge zu entführen. Das Mädchen floh auf seinem schnellen Roß vor ihm her.

Der sagenumwobene Bodekessel an der Roßtrappe um 1830

Das Land zog wie im Fluge an ihnen vorbei. Durch das Erzgebirge ging die Jagd, über den Thüringer Wald und schließlich in den Harz. Da scheute das Roß und blieb auf einer Klippe nahe Thale stehen. Vor ihnen tat sich ein unheimlicher Felsschlund auf, sie standen auf dem Hexentanzplatz und hörten hinter sich schon Bodos Pferd schnaufen. Ohne lange zu zögern, trieb sie ihren Zelter zum Sprung an, und er schaffte es: Roß und Reiterin kamen gut auf der anderen Seite der Schlucht an. Tief drückte sich der eine Huf in den Stein. Wir können den Abdruck heute noch sehen. Ihre goldene Krone fiel ihr bei dem Sprung vom Haupte, dorthin, wo die Wasser einen tiefen Strudel bilden. Bodo setzte in blindem Eifer hinterher, erreichte jedoch nicht sein Ziel und stürzte in das tobende Wasser. Verwandelt in einen schwarzen Hund, muß er die schwere Krone bewachen. Ein Taucher wollte sie bergen und wurde von dem Ungeheuer zerrissen. Nach dem abgestürzten Bodo erhielt den Fluß seinen Namen: Bode. (21)

*

Einst bewohnten Hünengeschlechter den Harz. Ein junger Riese mit Namen Wittig liebte eine schöne Riesentochter. Deren Vater jedoch wollte von einer Verbindung der beiden nichts wissen. Da packte die Schöne Kostbarkeiten aus der Schatztruhe ihres Vaters in einen Sack, setzte sich dessen kostbare goldene Krone auf und floh hoch zu Roß. Die Flucht wurde jedoch sehr schnell bemerkt, und die Verfolger waren dem Mädchen dicht auf den Fersen. Plötzlich stand das Roß vor einer Felsenspalte. Aus unergründlicher Tiefe erklang das Rauschen der Bode, die hier einen Kessel in den Felsen gewaschen hatte. Verzweifelt gab die Flüchtige ihrem Rosse die Sporen, und dieses setzte in einem gewaltigen Sprung über die Schlucht. Dabei drückte sich sein Huf tief in den felsigen Boden ein. Das Abbild dieses riesigen Hufeisens kann der Besucher der Roßtrappe heute noch sehen.

Beim Sprung fiel die goldene Krone vom Haupte der Riesentochter in den schäumenden Bodekessel.

Ein Taucher wollte einst das Kleinod bergen. Schon hatte er es ergriffen und strebte zum Ufer. Doch es entfiel seinen Händen und versank in der Tiefe. Ein zweites Mal versuchte der Mutige sein Glück. Er kam nicht wieder an die Oberfläche. Nur ein Strudel Blutes verriet den Umstehenden, daß ihn der Hund zerrissen habe, der die Krone bewacht. (22)

*

Einer der alten Harzkönige hatte eine schöne Tochter. Ein Prinz aus der Nachbarschaft war in Liebe zu ihr entbrannt. Weil aber der Vater in eine Verbindung beider nicht einwilligte, verband sich der Jüngling mit dem Teufel, der ihm ein Pferd aus der Hölle zur Verfügung stellte. Mit Hilfe dieses Rosses entführte er die Prinzessin. Beim Überspringen der tiefen Schlucht drückte sich der eine Huf des Teufelsrosses tief in den Fels ein. (23)

*

Die Tochter eines Harzkönigs war weithin bekannt für ihre Schönheit. Doch sie hatte ein hartes Herz, das nicht zur Liebe fähig war. Viele Prinzen aus edelsten Geschlechtern hatten schon um ihre Hand angehalten, doch sie wies alle mit Hohn ab. Schließlich nahm sie sich vor, jene zu verderben, die um sie warben. Sie forderte von den Freiern, daß diese in rasendem Galopp die Grenzen des Reiches umreiten und sich dann wieder in der Burg einfänden. Wer diese Aufgabe am schnellsten löse, dem wolle sie die Hand reichen. Die Freier machten sich auf den Weg, doch die böse Prinzessin gaukelte ihnen das Trugbild eines Schlosses hoch oben auf dem Roßtrappenfelsen vor. Die Reiter strebten dorthin in der Meinung, gleich das Ziel erreicht zu haben, und stürzten in den Schlund des Bodekessels. Noch während des Sturzes verwandelten sie sich in Stein und stehen heute noch als hochragende Felssäulen da. (24)

*

Wo jetzt Felder und Dörfer sind, der Schaffner laut ruft: „Gatersleben, Nachterstedt, Frose!“ Wo die Eisenbahn weiter saust dem Harze zu, da war früher, ganz früher, ein gewaltiger See. Wo jetzt Hügel sind, ragten Inseln aus dem Wasser. Die Harzberge waren das Ufer. Hier, auf hohen Felsen links und rechts von der Selke, standen zwei riesige Burgen. Massig und trotzig blickten sie hinab in den

See, nach dem Thal, darin die Wohnungen der Harzleute lagen wie Spielzeug.

Ein alter Harzkönig bewohnte die eine der Burgen. In der anderen hauste Luitpold, ein edler Ritter, der von fern hergekommen, hier mit seinen Mannen die gewaltige Burg erbaut hatte. Es war ein riesiges Geschlecht, das des alten Beherrschers des Harzes, und ebenso gigantisch war Luitpold. Letzterer hatte ein Auge geworfen auf Amala, die Tochter des Harzkönigs, und auch Amala war dem Fremdling gewogen. Der König hatte der Prinzessin jedoch schon einen Gemahl erwählt; das war ein Isländer, den er einst von einem Kriegszuge mitgebracht.

Allabendlich würfelten die Beiden, und der Isländer hatte dem alten Könige Krone und Reich, Geld und Gut abgenommen. Dabei blieb er aber bescheidener Dienstmann, da all' sein Sinnen darauf ging, die schöne Riesenprinzessin Amala zu gewinnen. Die aber hielt sich ferne von ihm und auf ihr freundliches Gesicht konnte er sich nimmer besinnen.

Mit Bitten und Klagen hatte die Prinzessin den Vater oft bestürmt, ihr zu erlauben, den Sassenritter zu freien. Der König aber getraute sich nicht, gegen seinen Dienstmann aufzutreten, der, wenn er ihm feind ward, sein Herr wurde und das verspielte Land in Besitz nahm.

Da kam dem Isländer die Kunde, daß der Feind in sein Gebiet eingefallen sei, und er notwendig ihm entgegen müsse. Er brach auf und viele Mannen geleiteten ihn. Zu Schiffe zogen sie über den See und der alte König versprach ihm, nach seiner Rückkehr die Hochzeit zu veranstalten.

Kaum war der Fremde fort, als Luitpold kam, mit seiner Werbung den alten König zu bestürmen.

„Wir wollen vereint dem Fremdling die Rückkehr verweisen", sagte er. Der König aber wies den Sassen ab. „Du bist Fremdling, wie er", war seine Antwort, „und so wenig

Mägdetrapp bei Alexisbad
um 1830

wie Amala von hier hinüberspringen kann über das Thal, ebenso wenig kann ich mein Wort brechen.“ Da ritt Luitpold betrübt von dannen.

Amala aber stand von da an oft am Felsenrand, schaute hinüber und sehnte sich; als sie aber vernahm, auch Luitpold sei ausgezogen zu Kampf und blut'gem Streit, da war sie betrübt und mißmutig.

Dem König ward die Zeit lang, ehe sein Spielkumpan zurückkehrte. Aus Langeweile schalt und peinigte er die Seinen. Langeweile und üble Laune sind ein Paar böse Schwestern.

Die alte Königin sollte Linnen und Bett rüsten und neben der Königsburg sollte noch eine zweite errichtet werden. Da ward der Amala angst und bange, und sie stand und sah voll Sehnsucht und Herzeleid hinüber nach dem Heim des Geliebten. Ihr alter Diener Otto hatte ihr erzählt, daß noch lange Zeit vergehen könne, ehe Luitpold heimkehrte.

Eines Tages ging die Sonne schön auf. Der Himmel strahlte in roter Glut, und das Haidekraut um Luitpolds Burg herum glühte und leuchtete herüber; Amala sah es voll wehmütiger Freude. Sie stand und lehnte an einer Riesentanne und fing an zu singen:

„Du mächtig Haus und doch zu klein,
Mich schirmend zu umfangen;
Wie wollt' ich ruhig, selig sein,
Könnt' ich zu dir gelangen.“

Donnernd prasselte da drüben die Zugbrücke herab und Ritter Luitpold trat heraus. Laut rief er hinüber, daß es dröhnende Echos erweckte:

„Ich hörte Dich singen, Du Liebchen mein,
Komm, komm, Du sollst willkommen sein.“

Da vergaß Amala Vater, Mutter und alle Gefahr. Sie befahl ihre Seele den Göttern und flog gewaltigen Sprunges hinüber in die Arme des Geliebten.

Der alte Otto lief und rief seinen Herrn; der schalt und tobte, und die Königin weinte und klagte, aber was halfs? Drüben trug Ritter Luitpold sein kühnes Lieb über die Zugbrücke in seine Burg. Erst schäumte der alte König vor Wut und schwur Fluch und Tod und Verderben. Als aber Kunde kam, daß der Isländer im Kampfe gefallen sei und nimmer wiederkehre, da halfen die Bitten der Königin zur Aussöhnung mit Tochter und Eidam.

Nach dem Tode des alten Harzkönigs wurde Luitpold Herrscher über den Harz und seine Bewohner. Seine Kinder und Kindeskinder aber haben oft gestanden und gestaunt über den Sprung ihrer Ahnmutter, des Riesenfräuleins. Fest hatte sich ihr Fuß eingedrückt in das felsige Gestein. Noch heute kannst Du die Fußspur sehen. Wuchtig und gewaltig, wie die der Leute der Vorzeit, ist sie. Passe einmal Deinen Stiefel hinein und du hast einen Vergleich zwischen heute und damals.

Clara Förstner (1850–1907) (25 O)

*

Ich bin Prinzessin Ilse
und wohne im Ilsenstein;
komm mit nach meinem Schlosse,
wir wollen selig sein.

Dein Haupt will ich benetzen
mit meiner klaren Well',
du sollst deine Schmerzen vergessen,
du sorgenkranker Gesell!

In meinen weißen Armen,
an meiner weißen Brust,
da sollst du liegen und träumen
von alter Märchenlust.

Ich will dich küssen und herzen
wie ich geherzt und geküßt
den lieben Kaiser Heinrich,
der nun gestorben ist.

Es bleiben tot die Toten,
und nur der Lebend'ge lebt;
und ich bin schön und blühend,
mein lachendes Herze bebt.

Und bebt mein Herz dort unten,
so klingt mein kristallnes Schloß,
es tanzen die Fräulein und Ritter,
es jubelt der Knappentroß.

Es rauschen die seidenen Schleppen,
es klirren die Eisensporn,
die Zwerge trompeten und pauken,
und fiedeln und blasen das Horn.

Doch Dich soll mein Arm umschlingen,
wie er Kaiser Heinrich umschlang;
ich hielt ihm zu die Ohren,
wenn die Trompet' erklang.

Heinrich Heine (1797–1856)
(26 O)

*

Schön-Ilse, des Königs Ilsing auf Schloß Ilsenburg reizende Tochter, war mit dem Vater und ihrem getreuen Verlobten, dem tapferen Ritter Ralf, auf die Jagd geritten, verirrte sich im wilden Gebirge und kam mit einbrechender Nacht an die Pforte des Geisterreiches, über welches die Königin der Berge herrschte. Diese trat ihr freundlich entgegen und lud sie ein, den prachtvollen Kristallpalast zu betreten. Zögernd und furchtsam folgte sie der mächtigen Herrscherin, der überall Gnomen und Kobolde Huldigung erwiesen. Schön-Ilse weilte ein ganzes Jahr in der reichgeschmückten Unterwelt und sah das geheimnisvolle Walten, das Weben und Leben der Geister, das Schaffen und Zerstören des Riesenkönigs, das feindselige Verhältnis der Königin zu dem gewaltigen Herrscher, die unglückliche Liebe ihrer Kinder Ruma und Romao, und was sie nicht verstand, deutete ihr die Königin, und führte sie in die Märchenwelt ein.

Doch alle Pracht und Herrlichkeit konnte die Sehnsucht nach dem Lichte der Oberwelt nicht stillen. Sie verlangte die Rückkehr dahin, die ihr die Königin gewährte, jedoch mit der Drohung ihrer Vernichtung, wenn sie irgend jemand ihr Erlebtes erzähle. Sie trat wieder ans Tageslicht und freute sich der Treue ihres Geliebten. Dieser drohte aber mit dem Verlust seiner Liebe, wenn sie nicht sage, wo sie die lange Zeit geweilt habe. Da setzten sich beide aufs Moos, sie legte ihren Kopf an seine Brust und sah ihn mit ihren treuen Augen an; er legte seine Hand über ihre Schulter, dann begann Schön-Ilse zu erzählen. Ihr Mund verriet das Geheimnis und kosend beschrieb sie das Schloß der Bergkönigin. Der Neumond ging auf und Sterne erschienen, einer nach dem andern am dunkelblauen Himmel. Schön-Ilse plauderte weiter, die Sagen des Harzes erzählend, von den Riesen und Zwergen. Die Nacht kam, aber Schön-Ilse plauderte, wie die Kinder, alles, was sie wußte. – Ralf hatte ihr anfangs staunend zugehört, er hing gefesselt an ihren Lippen, doch die Sagen mehrten sich, sie wurden lieblich und ruhig. Er begann zu träumen und schlief endlich in den Armen seiner Liebe ein. Schön-Ilse aber plauderte fort. –

Als beim Morgengrauen des andern Tages Ralf erwachte, hörte er noch immer Schön-Ilse neben sich plaudern, und als er die liebliche Königstochter umarmen wollte, da

sah er statt ihrer einen frischen, sprudelnden Quell, von der Morgenröte beleuchtet. Das Wasser sprang lustig hervor und plauderte in tausend Sprüngen über die Steine fort und fort. Da faßte Ralf Verzweiflung, er fühlte, was aus Schön-Ilse geworden: ein klarer, frischer Bach, der ewig zum Plaudern verdammt, plätschernd nach dem Tale hinuntereilt. Ralf baute sich eine Hütte am Ilsebach und wurde Einsiedler. Wenn der Neumond kam, stieg er dem Wasser aufwärts; da erwartete ihn Schön-Ilse an der Quelle, lehnte kosend sich an ihn und sie plauderten, bis die Morgenröte das fließende Silber der Quelle färbte.
C. W. Spieker – um 1900 (27* O)

*

Zur Zeit der Riesen im Harz stand auf dem Ilsestein, der damals noch mit dem Westerberg zusammenhing, eine Ritterburg. Der Burgherr hatte eine schöne Tochter, das Burgfräulein Ilse. Sie hatte sich in einen jungen Ritter verliebt, der auf dem Westerberg eine Burg besaß. Als der Vater des Riesenfräuleins hinter das Geheimnis der beiden kam, tobte er und riß ein tiefes Tal zwischen Ilsestein und Westerberg. Das Mädchen stürzte sich voller Verzweiflung in die so entstandene Tiefe und gab dem dort fließenden Bach ihren Namen: Ilse.

Viele Generationen von Harzbewohnern wollen sie zuweilen des Morgens auf einem Stein im Flußbett gesehen haben, in weißen Gewändern und mit einem breiten, schwarzen Hut auf dem Haupte.

Keiner weiß, wer den großen Stein beseitigt hat. Seitdem jedoch ist sie nicht wieder erschienen. Das letzte Mal will sie jemand am Himmelfahrtstage des Jahres 1548 gesehen haben.

Lange Zeit feierten die Leute der Prinzessin zu Ehren am Himmelfahrstage ein Fest mit Musik, Gesang und Markt. Unsere Vorväter glaubten, daß die Prinzessin an

Das Ilsetal
in der Nähe des Ilsesteins

einem Himmelfahrstage erlöst im Himmel aufgenommen werde. (28*)

*

Als das Wasser der Sintflut sich über die Erde ergoß, flüchtete ein Liebespaar dem Brocken zu in der Hoffnung, dort oben den Wassern zu entrinnen. Als sie auf einem hohen Felsen am Rande des Harzes rasteten, schnitt ihnen die Flut den weiteren Weg ab und unterspülte einen Teil des Berges. Krachend spaltete sich der Felsen. Die Liebenden stürzten in die Tiefe und ertranken. Als sich das Wasser verzogen hatte, war der Spalt zu einem Tal geworden, das ein Bergbach durchfloß. Zum Gedenken an das Liebespaar hieß das Flüßchen Ilse, so wie die ertrunkene Jungfrau. Diese wurde in den Felsen entrückt, doch an bestimmten Tagen darf sie hinaus und in der Ilse, unsichtbar für die meisten Menschen, baden. Nur demjenigen, der durch Fügung gleichzeitig dort badet, wird sie sichtbar, wenn er ihr an Schönheit und Tugend gleicht. (29)

*

Nicht weit von Ilsenburg, an der Landstraße, die zum Brocken führt, ragt der Ilsestein hoch empor. An seinem Fuße rauscht das Flüßchen Ilse vorbei, das nahe dem Brockenmassiv entspringt.

In alten Zeiten wollen nächtliche Wanderer gesehen haben, wie eine bildschöne Nixe am Fuße des Ilsesteins im Wasser gebadet hat. Wurde sie erschreckt, verschwand sie in einer Höhle im Fels, die gleich darauf niemand mehr finden konnte.

Diese geheimnisvolle Jungfrau ist Ilse, ein friedfertiger und gutmütiger Geist.

Sie lebte zur Zeit, als der Harz noch seine eigenen Fürsten hatte, als Tochter eines Harzkönigs. Dieser war mit einer Hexe in Streit geraten, die aus Rache das

Mädchen in eine Nixe verwandelte und in den Ilsestein verbannte.

Andere meinen, die Hexe habe eine Tochter gehabt, die der Ilse an Schönheit nachstand. Aus Neid darüber habe sie die Zauberin in den Berg verbannt.

Nur ein junger Mann, der sich noch nichts hat zu Schulden kommen lassen, der auch noch nie verliebt gewesen ist, kann sie erlösen, wenn er ihr seine Liebe gesteht.

Bis dies geschieht, erscheint sie zuweilen einem vom Glück besonders bevorzugten Menschen und macht ihm Geschenke. (30)

*

Vor langer Zeit wanderte ein Köhlerbursche am frühen Morgen am Ilsestein vorbei. Er gewahrte an einer sonst durch Gestein versperrten Stelle ein Pförtchen, aus dem ihm ein bildschönes Mädchen zuwinkte. Erstaunt trat er näher. Die Schöne nahm ihm den leeren Ranzen ab, ging damit in den Berg und brachte ihn kurz darauf gefüllt zurück. Er solle ihn ja erst zu Hause öffnen, flüsterte sie ihm zu, dann verschwand sie.

Kopfschüttelnd setzte der Wanderer seinen Weg entlang dem Flüßchen Ilse fort. Der Ranzen wurde immer schwerer. Den Burschen plagte die Neugier, er nahm ihn ab, stützte ihn auf das Geländer einer kleinen Brücke und öffnete ihn. Zu seiner Enttäuschung fand er nur Eicheln und Tannenzapfen und enleerte ärgerlich das Gepäck ins Wasser. Als jedoch ein paar Handvoll des vermeintlich wertlosen Zeuges in den Fluten verschwanden, blinkte es goldig auf und ging klirrend auf Grund. Schnell nahm er den Ranzen auf und verschloß ihn. Der Rest an Waldfrüchten hatte sich auf dem Weg nach Hause in Gold verwandelt und reichte noch aus, ihn zu einem wohlhabenden Mann zu machen. (31)

Ein Schäfer, der des öfteren nahe dem Ilsestein seine Herde hütete, benötigte einen neuen Schäferstab. In den Büschen, die am Ilsestein standen, suchte er sich einen geeigneten dünnen Stamm aus und schnitzte sich daraus den Stecken. Als er des Abends seine Herde zusammentrieb, mußte er ein Schaf suchen, das sich am Fuße des Ilsesteins verlaufen hatte. Dabei berührte der Stab den Felsen, und in diesem öffnete sich ein Tor. Prinzessin Ilse trat heraus und lud den jungen Mann in ihr Reich ein. Überall lagen Schätze umher, und Ilse ermunterte ihn, nur tüchtig zuzulangen. Der Schäfer vergaß alles um sich her, lehnte seinen Stab an die Wand und stopfte sich die Taschen voll. Als er sich zum Gehen wandte, ermahnte ihn seine Gastgeberin, das Beste nicht zu vergessen. Er meinte, das Beste seien die Goldmünzen, die in Trögen dastanden, und füllte sich damit den Hut. Dann verließ er den Berg, der hinter ihm krachend zusammenfuhr. Die Schätze in seinen Taschen und die Goldmünzen in seinem Hut verwandelten sich in wertloses Gestein.

Das Beste war sein Hirtenstab gewesen. Ohne daß er es gewußt hatte, war ihm ein Ast der Springwurzel in die Hände gekommen, und aus dieser hatte er sich den Stecken geschnitzt.

Von der Schatzhöhle hat er nie wieder etwas gesehen. (32)

*

Nur ein rechtschaffener Mann kann Prinzessin Ilse in der Johannisnacht erlösen. Ein armer, ehrlicher Waldarbeiter hatte sich auf einem Botengang verspätet. In der Dunkelheit war er vom Wege abgekommen und irrte lange ziellos im Walde umher. Schließlich legte er sich ermattet nieder, wollte erst einmal ausruhen und anderntags bei Morgenlicht den rechten Weg suchen. Gegen Mitternacht weckte ihn ein gleißendes Licht. Vor ihm stand eine schöne Frau und winkte ihm, ihr in den Berg zu folgen. Sie gelangten in eine Schatzhöhle, und der Geist schenkte dem Manne einen schön geformten Korb mit dem Hinweis, erst zu Hause den Deckel zu lüften. Damit könne er sie erlösen und selbst reich werden.

Der Ilsestein
um 1830

Als er das unterirdische Schloß verlassen hatte, wurde das kostbare Geschenk immer schwerer. Schließlich packte ihn das Mißtrauen. Wollte ihn der Geist etwa foppen? Sollte er sich zu Hause auslachen lassen? Also hob er den Deckel ein wenig hoch und gewahrte im Innern des Korbes nur Haferkörner. Auch Haferkörner wären für ihn wertvoll gewesen. Er aber fühlte sich an der Nase herumgeführt und entleerte zornig den Korb in das Wasser des munter dahinplätschernden Ilseflüßchens. Im Mondlicht war es ihm, als wenn die Körner glitzerten und blitzten. Nachdenklich geworden, kippte er den Korb schnell zurück und ging seines Wegs. Hätte er doch nur Ilses Gebot befolgt! Er und seine Frau fanden im Geflecht des Korbes noch einige Haferkörner. Die waren in Gold verwandelt. Durch sein Mißtrauen hatte er es versäumt, Prinzessin Ilse zu erlösen und damit für sich und seine Frau großen Reichtum verscherzt. (33)

*

Zwei Männer aus Silstedt beabsichtigten, aus dem Wolfsholzteich Fische zu angeln, die ihnen nicht gehörten. Es war eine schöne, ruhige Nacht, doch mit einem Male wurde das Wasser unruhig. Gleichzeitig sahen die Fischdiebe einen riesigen Gänserich herangeflogen kommen. Sie flüchteten zu einem nahen Gebüsch. Doch als sie von dort wieder auf den Teich schauten, schien aller Spuk ein Ende gefunden zu haben. Der Gänserich war ebenso plötzlich, wie er erschienen war, auch wieder verschwunden.

Sie gingen zurück zum Wasser, um ihr Netz einzuziehen. Das aber war sehr schwer. Ihre Freude darüber schlug allerdings in einen fürchterlichen Schrecken um, als sie statt des guten Fanges einen großen Nix ans Ufer zogen, der sich am leeren Netz festhielt. Hals über Kopf ergriffen sie das Hasenpanier. Als sie sich nach einer Weile umdrehten, sahen sie, wie sich der Wassergeist mit plumpen Schritten wieder in den Teich begab. (34)

*

Ein Burgfräulein auf der Erichsburg hatte sich in einen frischen und fröhlichen Jägerburschen verliebt. Weil es die Grausamkeit ihres Vaters fürchtete, flüchtete es mit dem jungen Manne und sie fristeten in einer im tiefen Walde versteckten Hütte ihr Leben.

Nun hatte aber die Nixe einer nicht weit von dieser

Hütte entfernten Quelle, dem Rambergborn, ebenfalls ihr Herz an den Burschen verloren. Mit Hilfe ihrer Verführungskünste verdrehte sie ihm völlig den Kopf. Eines Tages überraschte die junge Frau ihren Geliebten mit der Nixe in vertraulicher Umarmung. Verzweifelt entriß sie ihm den Hirschfänger und stieß ihn sich ins Herz.

Die Nixe verschwand lachend im Wasser und wurde nicht wieder gesehen. Der Jäger ist kurz darauf gestorben. Nach seinem Tode umschlich sein Geist noch lange die Stelle, an der die schlimme Begebenheit geschah. Die Leute nannten die Quelle daraufhin den Untreue- oder Untrüborn. (35*)

*

Manch einer ist von den Wassern der Bode verschlungen und später als Toter an Land gespült worden. Da entschlossen sich die Bewohner von Thale, einmal im Jahr einen schwarzen Hahn zu opfern. Seitdem forderten die Wassergeister keine Menschenleben mehr. In einem Jahr unterließ man das Opfer, und wenig später ertrank erneut ein Mensch im Bodewasser. (36)

*

Die Nixen steigen des Nachts aus der Bode, setzen sich in die Weidenbäume und kämmen dort ihre langen, schönen Haare. Die Nickelmänner fangen in Reusen Fische, besonders an den unteren Mühlen und am Moorteich.

Diese Wasserleute sind ein unheimliches Völkchen und haben es auf das Leben der Menschen abgesehen. In Quedlinburg warnt man die Kinder vor ihnen. Früher haben die Leute den Wassergeistern bei Thale zu Pfingsten ein Huhn, einen Hund oder eine Katze geopfert. Wenn dies in einem Jahr unterblieb, mußte man damit rechnen, daß sie sich stattdessen ein unvorsichtiges Kind holten, das zu nahe am Wasser gespielt hatte.

Zwischen Treseburg und Thale, an der Heuscheune, hatte zu Urgroßvaters Zeiten ein Fischer Forellen in der Bode gefangen. Es war bereits Nacht geworden, als er sich auf den Heimweg begab. In der Nähe des Bodetores vernahm er aus dem Fischgefäß, das er auf dem Rücken trug, eine Stimme, die rief: „Laß mich heraus!" Der Mann dachte an eine Täuschung und setzte ruhig seinen Weg fort. Doch kurz darauf forderte die Stimme wieder, und diesmal heftiger: „Laß mich heraus!" Jetzt wurde es dem Manne doch etwas anders zu Mute. Als schließlich die Aufforderung ein drittes Mal, und jetzt gefährlich drohend, erklang, war es mit dem Mut vorbei. Er warf den Behälter in das Bodewasser und eilte, zitternd vor Angst, nach Hause. Viele Tage mußte er krank das Bett hüten. (37*)

*

Ein Bauer in einem Dorfe bei Halberstadt wußte sich über das Verhalten seines Kindes keinen Rat. Es hatte nicht nur die Brüste der Bäuerin leergesogen, auch fünf Ammen waren nicht in der Lage, es zu sättigen. Da meinte man, gewiß habe der Teufel den rechten Sohn gegen einen Wechselbalg vertauscht. Er möge mit dem Kinde eine Wallfahrt nach Heckelstadt zur Jungfrau Maria unternehmen. Der Bauer setzte das Kind in einen Huckelkorb und machte sich auf den Weg. Als er eine Brücke betrat, rief es aus dem Wasser: „Kielkropf, Kielkropf, wo willst du hin?" Aus dem Korbe antwortete es:

„Ick well gen Heckelstadt
to unser Leven Fruggen:
mik laten wigen
dat ick möge gedigen."

Niemals vorher hatte der Wechselbalg ein Wort gesprochen. Als der Bauer die Worte vernahm, warf er vor Zorn und Grauen den Korb mitsamt dem unheimlichen Wesen in das Wasser. Dort haben ihn die beiden Teufel kräftig ausgelacht, dann sind sie verschwunden. (38*)

*

Auf dem Hausberg bei Lauterberg stand einst eine Burg. Von ihr ist nur noch der Eselsborn übrig, von dem aus das Trinkwasser auf Eselsrücken zur Burg befördert wurde. Hier wohnt die Lutterjungfer. Wenn Kinder ein Geschwisterchen haben wollen, dann gehen sie zu diesem Brunnen und rufen: „Schlüsseljungfer, bring uns ein Brüderchen!", oder „Schlüsseljungfer, bring uns ein Schwesterchen!"

Unartigen Kindern drohen die Leute damit, daß sie sie wieder zum Lutterborn zurückbringen. Und wenn gar Kinder sich an den Eselsbrunnen stellen und vorlaut rufen: „Duck, duck!", dann kommt ein Esel und zieht sie hinein.

Die Leute meinen, daß die Lutterjungfer im Schloßkeller Schätze zu bewachen habe. Einmal im Jahr, am Ostersonntagmorgen, darf sie hinunter zur Lutter gehen und sich dort waschen. Einmal ist ein täppischer Bursche gekommen und hat nicht daran gedacht, daß man am Ostersonntagmorgen beim Osterwasserholen gefälligst den Mund zu halten hat. Er hat den Geist angesprochen und dafür eine derbe Maulschelle erhalten. Hätte er geschwiegen, wäre die Lutterjungfer erlöst gewesen und hätte ihm den verborgenen Schatz geschenkt. (39)

*

Vom Jueß, einem Teich bei Herzberg, heißt es, auf seinem Grunde stehe ein untergegangenes Schloß. Dort harrten noch große Schätze auf den mutigen Finder. Um der Sache auf den Grund zu gehen, boten die Herzberger vor langer Zeit einem Taucher eine hohe Belohnung, wenn er die Tiefe des Gewässers erforsche.

Der mutige Mann fand unten ein prächtiges Bauwerk und berichtete nach dem Auftauchen der neugierigen

Menge davon. Die drängte ihn, noch einmal nach unten zu schwimmen und sich in den Räumen umzusehen. Auch das tat der Mann. Er fand im Innern des Schlosses eine wunderschöne Prinzessin mit einem großen Schlüsselbund. Den Herzbergern reichte auch diese Nachricht noch nicht. Sie forderten von ihm, noch ein drittes Mal sein Glück zu versuchen und ihnen ein Zeichen zum Beweis der Wahrheit seines Berichts zu holen. Nach langem Widerstreben gab er dem unseligen Drängen nach. Das schlug ihm zum Unheil aus. Nie kam er wieder empor. Stattdessen quoll ein Blutstrom aus der Tiefe. (40*)

*

Im Sommer des Jahres 1850 suchte die Cholera die Stadt Osterode heim. In einem Krankenzimmer saß eine Frau am Bett ihres Sohnes, als ein weiß leuchtendes Gespenst erschien, von einer Ecke zur anderen schwebte und fortwährend rief: „Wollt ihr mit? Wollt ihr mit?“

Die Frau war vor Entsetzen starr und wurde erst durch das ängstliche Fragen ihres Kindes: „Mutter, siehst du mich nicht?“ wieder zurückgerufen. Anderntags starb das Kind, ihm folgten aus dem gleichen Haus innerhalb von einer Woche noch fünf weitere Opfer. (41)

Bau einer Stadtmauer
um 1478

8. Buntes Allerlei

Heinrich III. verliebte sich in seine eigene schöne Tochter Mathild. Darum wünschte sich die Prinzessin, daß sie häßlich wäre. Der Teufel hatte diesen Wunsch vernommen und bot ihr seine Hilfe an, wenn sie sich ihm verschreiben wolle. Das Mädchen handelte mit ihm die Bedingung aus, daß sie nur dann ihm gehöre, wenn er sie in den folgenden drei Nächten schlafend fände. Damit war der Teufel zufrieden.

Die Kaisertochter vertrieb die lange Zeit damit, daß sie ein kostbares Tuch webte und bestickte. Das hielt sie munter. Sollten ihr aber doch einmal die Augen zufallen, dann begann ihr kleines Hündchen Quedl zu bellen. Mehrmals kam der Teufel und sah nach, ob er denn keine Gelegenheit fände, das Mädchen an sich zu reißen. Doch jedesmal traf er es hellwach an. Da fuhr er Mathild mit seiner kralligen Pfote ins Gesicht, daß dieses völlig entstellt wurde. Nun hatte sie Ruhe vor ihrem liebestollen Vater, führte ein geistliches Leben und gründete eine Abtei, die sie zu Ehren ihres Hündchens Quedlinburg nannte.

Kreuzritter hatten dem Kaiser Heinrich III. aus Jerusalem ein kostbares Schmuckstück mitgebracht. Seine Tochter bat ihn, die Juwelen einmal tragen zu dürfen, und der gestrenge Vater erlaubte es widerwillig. Frohen Mutes eilte das Mädchen durch die Goslarer Kaiserpfalz und kam schließlich an den tiefen Brunnen. Sie beugte sich darüber – und der seltene Schmuck fiel hinein.

Zornig darüber ließ der Kaiser seine Tochter in den Kerker werfen und trug sich mit dem Gedanken, sie mit dem Tode zu bestrafen. Dem flehentlichen Bitten der Mutter gelang es, Gnade zu erwirken – allerdings knüpfte Heinrich die Bedingung daran, daß seine Tochter innerhalb einer Woche eine kostbare Altardecke sticke.

Tag und Nacht mühte sich die Prinzessin, doch vieles war noch zu tun und weniges war erst vollendet. In einer Nacht erschien ihr der Teufel und bot ihr seine Hilfe an unter der Bedingung, daß ihre Seele ihm gehöre, wenn er sie in der letzten Nacht schlafend anträfe. Die Arbeit ging jetzt flott vonstatten. Fast war die Altardecke fertiggestellt, da überkam der Schlaf das Mädchen. Doch als sich der Teufel herbeischleichen wollte, begann Quedel, das Hündchen der Prinzessin, laut zu kläffen. Davon schreckte sie auf, und der Herr der Finsternis traf sie wachend an. Zornig packte er das Tier und brach ihm das Genick.

Die Todesangst und die Anstrengungen hatten das einst fröhliche Gemüt der Prinzessin verdüstert. Sie fand keine Freude mehr am Leben. Dort, wo heute Quedlinburg liegt, gründete sie ein Kloster und zog sich in dessen Mauern zurück. Aus Dankbarkeit dafür, daß er ihre Seele durch seine Wachsamkeit gerettet hatte, nannte die Kaiserstochter das Kloster nach ihrem Hund Quedlinburg.

Zum Gedenken daran kam der Hund in das Quedlinburger Stadtwappen. (1)

*

Bergleute, die im Innerstetal nach Erzen suchten, fanden eines Tages im Schlamm den Abdruck eines außergewöhnlich großen unbekleideten menschlichen Fußes. Neugierig folgten sie der Spur und trafen auf ein Paar wilder Menschen. Sie waren mit Moos und Laub bekleidet und wichen den Erzsuchern scheu aus. Diese meldeten ihre Entdeckung an den herzoglichen Hof zu Braunschweig und erhielten den Befehl, die wilden Leute zu fangen und lebendig nach Braunschweig zu bringen. Lange mußten die Männer kämpfen, bis sie das wilde Paar stellen konnten. Es wehrte sich verbissen, indem es junge Bäume ausriß und sie als Keulen benutzte. Endlich war der Mann überwältigt, sein Weib aber konnte entfliehen.

Auf dem Wege nach Braunschweig verstarb der Gefangene.

An dem Tage, als die Bergleute die Nachricht vom Tode des Waldmenschen erhielten, entdeckten sie nahe der Innerste wertvolles Silbererz. Das erste Bergwerk, das sie dort anlegten, nannten sie zu dessen Andenken „Der alte Wildemann". Dort, wo sie den Waldmenschen gefangen hatten, pflanzten sie eine Linde und gründeten einen Ort, den sie ebenfalls „Wildemann" nannten und der im Stadtwappen ein Bild des Riesen führte.

Das Rathaus von Wildemann soll an der Stelle stehen, an der in früher Zeit der Wilde Mann in einer Höhle gewohnt hat.

Aus Thüringen war der Räuber Klaus in den Oberharz geflüchtet und lebte dort mit einer wilden Frau zusammen. Eines Tages überraschte er den Wilden Mann auf der Wildemännerklippe. Der trug als Jagdbeute einen Bären auf der Schulter zu seiner Höhle. Der Räuber Klaus nahm ihn zum Gehilfen, bearbeitete mit ihm den Wald und errichtete auch ein Bergwerk. Die Nachkommen des Räubers Klaus und des Wilden Mannes siedelten an der Höhle und gründeten dort den Ort Wildemann. (2)

*

Zu den Zeiten Heinrichs I. war der Harz noch unwegsam und wild. Der große Sachsenkaiser war ein leidenschaftlicher Vogelsteller und hat sich von Jägern die für seine Liebhaberei am besten geeigneten Stellen zeigen lassen. Eines Tages begegnete ihm im dichten Forst ein wilder Mann, ganz in Moos und Blätter gekleidet, mit einem jungen Tannenbaum in der Hand. An dieser Stelle ist später der Ort Wildemann entstanden, der den Waldgeist in sein Wappen aufgenommen hat. (3)

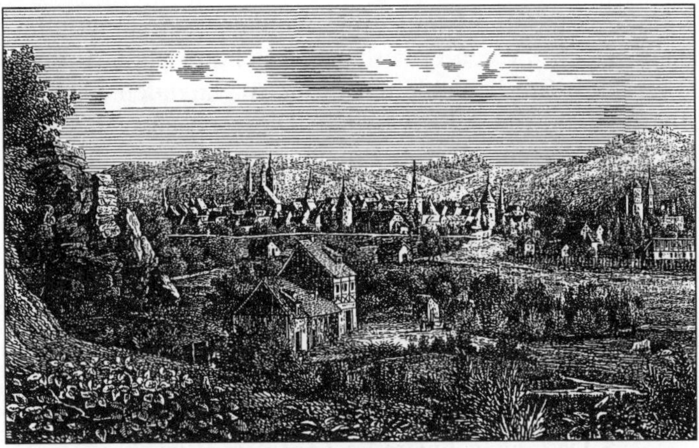

Blick auf Goslar
um 1830

In der Gegend, in der sich heute die Stadt Goslar erstreckt, rauschten dereinst finstere Wälder, voll mit Wild jeder Art. Hier lebte ein armer Bauer mit Namen Gundelkarl. Weit und breit gab es weiter keine menschliche Unterkunft. König Heinrich I., ein begeisterter Jäger, bat hier des öfteren auf seinen Jagdzügen um Quartier und erhielt gastfrei Schutz, Unterkunft und Nahrung, soweit es der ärmliche Haushalt des Waldbauern ermöglichte.

Eines Tages wollte der König seinem Wirte danken und forderte ihn auf, sich von ihm eine Gnade zu erbitten. Gundelkarl wünschte sich daraufhin, daß ihm Heinrich den Berg schenken möge, an dessen Fuße das Gehöft lag. Dem König dünkte dieser Wunsch recht und billig.

Gundelkarl hatte seine Sippe und seine Freunde im Frankenland. Dorthin zog er und kam mit einer Anzahl Gefährten zurück in den Harz. Hier erbauten sie die ersten Häuser Goslars und legten ein Bergwerk an, aus dem sie Silber-, Kupfer- und Bleierz förderten. Schnell wurden der

Franke Gundelkarl und seine Anhängerschaft wohlhabend. Doch ihr neu erworbener Reichtum verdarb ihren Charakter. Sie behandelten die umwohnenden Sachsen überheblich und selbstherrlich. Diese beschwerten sich bei ihren Herren. Als trotz Ermahnungen das Verhalten der Franken sich nicht besserte, beschlossen die Sachsenfürsten, sie zu bestrafen. Sie schlugen viele tot und jagten die anderen außer Landes. Dann wurde Goslar ausschließlich von Sachsen besiedelt. (4*)

*

Wenige Hütten erst standen im Tal,
viel riesige Fichten im Walde.
Da ging, schwere Last auf dem Rücken, einmal
nach den Hütten einst eine Alte.

Mit Eiern, Käse und Butter bepackt,
der Erwerb einer sauren Woche,
hatt' sie den Weg durch den Wald gewagt.
Doch sie seufzt' ob ihrem Joche.

Und um zu stärken die müden Glieder
und auszuruhen die brennenden Sohlen,
ließ sie auf einem Stein sich nieder
erschöpft, sich dorten zu erholen.

Trüb war der Tag, rings tiefe Ruh';
dicht feuchter Nebel auf der Erde.
Da fällt der Alten die Wimper zu,
sie träumt von fetter Gänseherde.

Da streift' im Walde ein Jägersmann,
ein junges und frohes Blut,
der sah die die Alte als Ruh'stein an
und dacht': Hier ruht sich's gut.

Nichtsahnend, da sich nichts geregt,
setzt' er sich sinnend auf die Alte.
Doch diese, unsanft aufgeweckt,
zog auf der Stirn die Unmutsfalte.

Der Jäger, ahnungslos, erschrak
und stammelt' ein „Verzeihn".
Entrüstet doch die Alte sprach
die Wort: „Benn - eck - en - Stein?"

Da ging's durch des lustigen Jägers Sinn,
da er Plattdeutsch nicht verstand,
er trug sein Erlebnis den Hütten hin
und die Geschichte ward bekannt.

Seitdem, sagt die Sage, heißt so der Ort,
ins Tal liegt geschmiegt er so fein. -
Und prüfst du das Herz jener Menschen dort,
so spricht es: „Benn - eck - en - Stein?"

Otto Wedler
(5 O*)

*

Wo heute der Ort Hohegeiß liegt, errichteten Mönche aus Walkenried um 1444 eine Kapelle, die auf Grund ihrer Lage „alta capella" – „Hohe Kapelle" genannt wurde. Das Wort „Capella" kann aber auch „Ziege" bedeuten. Und so übersetzen bösartige Zungen das „Alta Capella" mit „Hohe Ziege" und schließlich mit „Hohegeiß". Und dieser Name ist dann geblieben. (6)

*

Nicht weit von Blankenburg standen ehedem zwei Mühlen, die von Brüdern bewirtschaftet wurden. Die der

Stadt näher liegende Mühle gehörte dem jüngeren der beiden, die weiter entfernt liegende dem älteren. Da der jüngere mit der Zeit zu einigem Wohlstand gekommen war, regte sich im älteren der Neid. Er meinte, die Nähe der Stadt verhülfe dem Bruder zu mehr Kunden.

Eines Tages versiegte das Wasser der Mühle nahe der Stadt. Der Müller ging nachsehen und fand den Mühlgraben verstopft. Das hatte der ältere Bruder getan. So kam es zwischen beiden zu Streit und Schlägerei, in deren Verlaufe der ältere Bruder tot am Boden liegen blieb.

Der Müller kam in den Kerker und sollte wegen Mordes den Tod erleiden. Ein Bergmann, der ebenfalls wegen Totschlages verurteilt worden war, teilte mit ihm das Verließ. Beide tauschten sich über ihr Schicksal aus und überlegten gemeinsam, wie sie sich von der Strafe lösen könnten. Ihnen fiel ein, daß die Stadt Blankenburg nur über wenig Trinkwasser verfügte. Da sie beide fachkundig waren, fanden sie eine Lösung, diesen Mangel zu beheben. Also baten sie um Gehör und machten der Stadt den Vorschlag, einen neuen Wasserstollen zu graben. Würde ihnen dieses gelingen, sollte ihnen der Magistrat das Leben schenken.

Auf diesen Vorschlag gingen die Blankenburger mit Freuden ein. Die beiden Männer machten sich an die Arbeit. Und nach vielen harten, arbeitsreichen Tagen hatten sie vom Tiergarten aus einen neuen Stollen vorgetrieben, der die Bürger mit ausreichend frischem Trinkwasser versorgte. (7)

*

Vor langer Zeit reichte der Harzwald bis vor die Tore Nordhausens und war mit wilden Tieren dicht bevölkert. Die Töchter eines reichen Kaufmanns hatten die Stadt für einen Spaziergang verlassen. Beim Blumensuchen verging die Zeit wie im Fluge, und schließlich brach die Dämmerung herein, die Wölfe begannen in der Nähe zu heulen, und die Mädchen hatten ganz und gar den Weg nach Hause verloren. In ihrer Not flehten sie zu Gott, er möge sie doch schützen und auf den rechten Weg führen. Kaum hatten sie das Gebet gesprochen, als vom Petri-Kirchturm das Abendläuten einsetzte. Sie gingen dem Schalle nach und gelangten wohlbehalten vor die Mauern Nordhausens.

Der reiche Kaufmann stiftete einen Geldbetrag mit der Auflage, daß jeden Abend um acht Uhr die Glocken des Petri-Kirchturmes erklingen sollten, um etwa verirrte Wanderer auf den rechten Weg zu führen. Dieses Läuten wurde viele Generationen lang sehr ernst genommen. (8)

*

Im Jahre 1348 wütete der Schwarze Tod in Deutschland und machte auch vor den Toren Nordhausens nicht halt. Weil niemand so recht wußte, warum und auf welche Weise sich die Pest so schnell ausbreitete, verdächtigte man die Juden. Sie hätten ein Pulver, mit dem sie die Brunnen vergifteten und verseuchten. Schließlich wurde die Forderung laut, alle Juden zu vernichten.

Da versammelten sich die Ältesten der Juden und berieten mit dem Rabbiner, was zu tun sei. Sie beschlossen, alle gemeinsam in den Tod zu gehen, bevor eine rohe, verblendete Volksmenge sie quälen und ermorden würde.

Vor den Toren der Stadt ließ der Rabbi eine Grube ausheben, mit trockenem Holz füllen und darüber einen Tanzboden zimmern. Anderntags zogen die Juden hierher und betraten das Brettergerüst. Stadtknechte warfen brennende Fackeln in das Holz, und die Stadtpfeifer begannen zu spielen. In den auflodernden Flammen faßten sich die Juden an den Händen, beteten, sangen und tanzten in den Tod hinein. (9*)

*

Judenpogrom im 15. Jahrhundert.
Anonymer Holzschnitt
um 1475

Es gab Zeiten, in denen es in den Orten des Harzes an Männern mangelte. Viele Männerarbeiten wurden deshalb von Frauen erledigt, und des öfteren kamen sich gute Freundinnen in die Haare, wenn es ums Heiraten ging.

So hatten dereinst zwölf Mädchen ein Auge auf ein und denselben Burschen geworfen und gerieten nahe Hahnenklee in so heftigen Streit miteinander, daß sie sich gegenseitig erschlugen. Diese Stelle nannten die Leute später den Mädchenrathausplatz. (10)

*

Eine Frau aus Goslar hatte drei Kinder und konnte sie nicht ernähren. Sie ging mit ihnen dorthin, wo sich heute der Herzberger Teich erstreckt, und ertränkte die drei Kleinen in einer Quelle. Die Seelen der Kinder fanden keine Ruhe und geisterten zuweilen als kleine Lichter von hier zum Sudmerberg. Manch einer will sie gesehen haben und ist vor Schreck in Ohnmacht gefallen. Die Quelle heißt deshalb der Kinderbrunnen.

Andere meinen, der Quell soll seinen Namen daher erhalten haben, daß die Gemahlin des sagenhaften kaiserlichen Jägers Ramme, Gosa, hier in Kindsnöte kam und an der Quelle entbunden hat.

Es heißt aber auch, Sophie, die Gemahlin von Gundel Karl, habe an dieser Stelle Zwillingen das Leben geschenkt. Er sei mit ihr hier oben entlanggegangen, um ihr zu zeigen, wie er die lange Zeit durch Pest erloschenen Bergwerke wieder in Gang gesetzt habe. (11)

*

Bischof Burkhard I. von Halberstadt nahm an den Zügen des Kaisers Heinrich III. gegen die Wenden teil. Es gelang ihm, einen gefangenen Wendenfürst vor dem Tode zu retten. Er nahm ihn mit in sein Bistum und wies ihm in einem

Turm bei Ströbeck ein Quartier zu. Der Fürst langweilte sich schrecklich und erbat sich die Erlaubnis, seine Wächter ein neues Spiel zu lehren, das er im Orient gelernt habe. Gern gewährte ihm Buko diese Abwechslung, und die Wächter lernten so das Schachspiel. Es gefiel ihnen ausnehmend gut, und sie brachten es ihren Kindern bei. Darum beherrschen noch heute fast alle Einwohner von Ströbeck dieses Spiel. (12*)

*

Ein Schwein wühlte dort, wo sich die Gemarkungsgrenzen von Elbingerode und Hüttenrode treffen, die Krone einer Glocke frei. Durch den Schweinehirt erfuhren die beiden Gemeinden von der Entdeckung, und beide erhoben Anspruch auf die Kostbarkeit. Damit es zu keinem bösen Streit komme, vereinbarten die Ortsobrigkeiten, daß dem die Glocke zugehören solle, der morgens als erster an der Fundstelle sei. Der Weg durfte jedoch erst angetreten werden, wenn es Mitternacht schlüge.

Die Hüttenröder, deren Weg länger war, scherten sich nicht an die Abmachung, waren darum als erste zur Stelle, gruben die Glocke aus und verluden sie auf ihren Pferdewagen. Es galt sich zu beeilen, denn schon hörten sie in der Ferne das Gespann der Elbingeröder auf den holprigen Wegen heranklappern. Da fiel doch einer der vier Splinte, die die Räder an der Achse halten, heraus und verlor sich zwischen Laub und Mulm. Ohne ihn würde das Rad nach wenigen Umdrehungen von der Achse springen. Kurzentschlossen steckte einer der Hüttenröder einen Finger in das Loch, und ab ging die Fahrt nach Hüttenrode. Der Ort hatte nun eine Glocke, und der brave Bürger einen Finger weniger an der Hand.

Seitdem bezeichnen die Elbingeröder die Hüttenröder als „Stummelfinger"; die necken die Elbingeröder mit „Langschläfer". (13)

Ein Stolberger Glockengießermeister hatte den Auftrag erhalten, für seine Heimatstadt eine Glocke anzufertigen. Mit aller Sorgfalt traf der Handwerker seine Vorbereitungen. Im Verlaufe dieser Arbeiten beschloß er, sich noch einmal mit seinem Vater in Nordhausen zu beraten, der dort eine Glockengießerwerkstatt führte.

Während der Abwesenheit des Meisters packte den Gesellen der Ehrgeiz, das Werk zu vollenden, um zu beweisen, was er alles gelernt habe. Es gelang ihm ein ganz vortrefflicher Guß. Die Freude darüber währte jedoch nicht lange. Bald begannen den Burschen Zweifel zu plagen, ob sein Meister diese Eigenmächtigkeit gutheißen würde. So entschloß er sich, ihm entgegenzuwandern, um möglichst bald Klarheit zu bekommen.

Nicht weit von Nordhausen, auf dem Schwarzen Weg bei Steigerthal, traf er seinen Lehrherrn und gestand ihm seine Tat. Den Meister packte ein Riesenzorn, und ohne sich zu besinnen, erhob er seinen schweren Knotenstock und erschlug den Gesellen.

Die Glockensteine bei Steigerthal um 1950

Als er den leblosen Burschen vor sich liegen sah, ergriffen ihn blankes Entsetzen und bittere Reue über sein jähzorniges Handeln. Stehenden Fußes ging er nach Stolberg und gestand dem Gericht die Tat. Dort, wo er den Jungen erschlagen hatte, fiel sein Kopf unter dem Schwert des Henkers; sein Leichnam wurde an Ort und Stelle bestattet.

Noch heute erinnern ein Kreuz und zwei Steinmale, die „Glockensteine“ an das traurige Geschehen. (14)

*

Ein adliger Tunichtgut verfolgte ein armes Ilsenburger Mädchen wegen seiner Schönheit. Doch dieses verstand es immer wieder, sich seinem Werben zu entziehen. Eines Tages jedoch blieb der Jungfrau nur die Flucht in die Wälder des Harzes. Zwischen einigen wilden Felsen hoffte sie vor ihrem Verfolger sicher zu sein. Zu ihrem Schrecken sah sie in einer Höhlung eine Wölfin liegen, die gerade ein Junges zur Welt gebracht hatte. Das Tier war so geschwächt, daß es sich kaum noch rühren konnte. Voll Mitgefühl eilte die Maid zu einer Quelle, schöpfte Wasser und tränkte es. In den nächsten Tagen erholte sich die Wölfin und konnte wieder die Jagd aufnehmen. Von dem geschlagenen Wild erhielt ihre Pflegerin immer einen Anteil, den sie sich briet.

Der feine Rauch des Feuers verriet dem Adligen den Aufenthaltsort der Gesuchten. Er erkletterte die Klippe und wollte das Mädchen höhnisch lachend an sich reißen, als die Wölfin mit einem heiseren Knurren über ihn herfiel. Hätte ihn sein Gefolge nicht gerettet, er wäre nicht mit dem Leben davongekommen.

Die Gier nach dem Mädchen aber war ihm gründlich vergangen. (15)

*

Eulenspiegel kam nach Quedlinburg, als dort gerade Wochenmarkt gehalten wurde. Er litt Mangel; denn so schnell er sein Geld gewann, so geschwind gab er es wieder aus. Nun überlegte der Schalk, wie er auf billige Weise etwas zu essen bekommen könne. Es saß da von ungefähr eine Landfrau und hielt einen Korb voll guter Hühner feil. Eulenspiegel fragte sie, was das Paar koste. Sie antwortete ihm: „Das Paar um zwei Stefansgroschen." Eulenspiegel fragte: „Wollt Ihr sie nicht wohlfeiler geben?" Die Frau sprach: „Nein." Da erfaßte Eulenspiegel den Korb samt den Hühnern und lief auf das Burgtor zu. Die Frau eilte ihm nach und sprach: „Kaufmann, wie soll ich das verstehn? Bezahle mir gefälligst die Hühner!" Eulenspiegel antwortete: „Ja gern, ich bin der Äbtissin Schreiber." – „Danach frage ich nicht", schalt die Bauersfrau. „Willst du die Hühner haben, so bezahl sie auf der Stelle; ich möchte mit deiner Äbtissin nichts zu schaffen haben. Mein Vater hat mich gelehrt, ich soll von denen nicht kaufen noch ihnen verkaufen oder zu Borg geben, vor denen man sich neigen oder die Kappen abziehen muß. Darum bezahl mir die Hühner, hörst du wohl?"

Eulenspiegel meinte: „Frau, Ihr seid von kleinem Glauben, es wär' nicht gut, wenn sich alle Kaufleute so verhielten. Aber damit Ihr sicher seid, so nehmet den Hahn zum Pfand, bis daß ich Euch den Korb und das Geld bringe."

Die gute Frau vermeinte sich wohl gesichert und nahm ihren eigenen Hahn zur Sicherheit, aber sie ward betrogen. Eulenspiegel schied von dannen und ließ die Frau mit ihrem Pfand sitzen. (16)

*

Es gibt eine alte Regel, nach der man niemals ein Tier bedauern darf, das geschlachtet wird. Es hat sonst einen qualvollen Tod, und wer sein Fleisch ißt, der muß daran sterben.

Ein altes Ehepaar hatte eine bunte Kuh. Die war der Leute ein und alles. Doch sie brach sich beim Sturz von einem schmalen Steg ein Bein und mußte geschlachtet werden. Der Mann jammerte und beklagte das arme Tier so sehr, daß der Schlächter hundertmal zuschlagen mußte, bis die Kuh betäubt zusammenbrach. Als man ihr das Fell abgezogen hatte, stand sie noch einmal auf und ging in der Diele umher. Die Leute befragten den Hirten, und der warnte sie davor, das Fleisch des Tieres zu verspeisen. Es würde ihnen unweigerlich den Tod bringen.

Noch als der Kadaver vom Schinder weggefahren wurde, war der Mann untröstlich. Da meinte die Frau: „Nun sei endlich ruhig. Den Weg, den unsere Kuh jetzt geht, müssen wir ja alle einmal gehen!“ (17)

*

Mitten im Harz, an einer Quelle, sollen die Niedersachsen samt ihrem König Aschanes (Askanius) aus dem Felsen gewachsen sein.

Nach einem alten Reim wachsen die niedersächsischen Mädchen auf Bäumen:

Darauf so bin ich gegangen nach Sachsen,
wo die schönen Mägdelein
auf den Bäumen wachsen;
hätt ich dran gedacht,
so hätt ich mir eins davon mitgebracht.

Aventinus leitet den Namen der Germanen vom lateinischen germinare, auswachsen, ab. Sie sollen auf Bäumen gewachsen sein. (18*)

Fußkämpfer
zur Zeit Karls des Großen

Anmerkungen

In diesem Anhang wird verschiedentlich auf die im gleichen Verlag erschienenen Bücher „Sagen und Legenden aus Thüringen (SLTh) und „Sagen und Legenden aus Sachsen“ (SLS) verwiesen, da die Bände sich in ihrem Aufbau und ihrer Konzeption mit dem vorliegenden ergänzen.

Zu 1.1: Für die Vorgeschichte zu der Stiftung gibt es keine historische Begründung.

Zwischen 1120 und 1130 stiftete Adelheid, die Gemahlin Volkmars von Thüringen, das Zisterzienserkloster Walkenried. Es entstand auf dem Gelände des im Tale der Wieda gelegenen Gutes Walkenried, eines zur salischen Reichsburg Sachsenstein gehörigen Besitzes. Burg Sachsenstein nahe Bad Sachsa wurde im Jahre 1074 zerstört.

Schenkungen brachten das Kloster schnell zu Wohlstand und Bedeutung. Von den romanischen Gebäuden ist nichts erhalten geblieben.

Die Mönche sind an der wirtschaftlichen Entwicklung Thüringens und des Harzes hervorragend beteiligt. So legten sie einen Teil der heutigen Goldenen Aue trocken, einem ursprünglich nicht nutzbaren Sumpfgebiet.

Auch der Harzer Bergbau erhielt durch die Fachleute im Mönchsgewand wesentliche Impulse. Dem Kloster gehörten zur Zeit seines wirtschaftlichen und geistlichen Höhepunktes große Bergwerks- und Hüttenanlagen. Die Sagengestalt des Bergmönches wurde durch das Wirken der Zisterzienser-Ordensbrüder aus Walkenried mit geprägt.

Um 1506 umfaßte der Walkenrieder Konvent nur noch etwa 10 Mönche.

Der Bauernkrieg richtete im Kloster schwere Schäden an, von denen es sich nicht wieder erholte. Im Jahre 1546 bekannten sich die Konventualen zur Lutherischen Lehre. Seit 1557 beherbergte das Kloster in seinen Mauern eine Lateinschule. Im Jahre 1668 wurde es aufgehoben.

Die heute gut konservierten und gepflegten gotischen Ruinen des Klosters stellen einen weltweit bedeutenden Kulturschatz dar.

Zu 1.4: Luther ist nie in Walkenried gewesen. Es wird vermutet, daß sich die „Lutherfalle" auf den Abt Luderus (1309-1317) bezieht.

Zu 1.7: Auf dem Burgberg im Bähretal erbauten im 11. Jahrhundert die Bielsteiner Grafen eine Burg. In Urkunden erscheinen sie von da an als Herren von Ilburg oder als „de Olveld". Edelgerus de Olveld erschlug einen Enkel des Otto von Northeim, einen Grafen von Beichlingen. Zur Sühne soll auf einem steinernen Pfeiler eine ewige Lampe zu Ehren der Jungfrau Maria errichtet worden sein, um die in die Wildnis des Harzes Wandernden zu einem Gebet um Bewahrung anzuhalten. Graf Elger II. und seine Gemahlin Lutrudis von Orlamünde erbauten an dieser Stelle ein Kloster. Im Jahre 1190 wurde es geweiht, und Prämonstratensermönche aus Pöhlde am Südharz ließen sich hier nieder.

Eine ähnliche Gründungslegende wird vom Kloster Reinhardsbrunn in Thüringen berichtet. Hier fand ein Töpfer des Nachts brennende Kerzen. Die Nachricht erreichte Ludwig den Springer, dessen Gewissen durch den Mord am ersten Gatten seiner Gemahlin schwer belastet war. (Siehe auch 1.25)

An das Nadelöhr knüpft sich ein über viele Generationen in Fuhrmannskreisen ausgeübter Brauch. Der Felsen liegt an einer ehemals wichtigen Straße zur Versorgung der umliegenden Dörfer. Ein neuer Fuhrknecht erhielt am

Nadelöhr seine Taufe, indem er durch den Felsspalt kriechen mußte. Seine Kameraden beschleunigten diesen beschwerlichen Weg, indem sie mit ihren Peitschenstielen auf das Hinterteil des Delinquenten karbatschten. Allerdings konnte sich der Neuling auch auslösen, indem er einen Taler spendete.

Im „Heimatkundlichen Lesebuch für den Kreis Nordhausen“ vom Jahr 1957 ist zu diesem Brauch ein Gedicht abgedruckt:

Bei Ilefeld, da liegt ein Stein,
hat durch und durch ein Öhr:
Da ist ein Brauch, der ist nicht fein,
und doch lustiert er sehr.
Der Amtmann will, er soll nicht sein;
allein, was hilft ihm Droh'n und Schrei'n?

Kaum fährt ein neuer Knecht ins Holz,
flugs greifen die andern ihn,
er muß sich, sei er noch so stolz,
durch dieses Öhr bemüh'n.
Er kriecht, sie hau'n, und schreit der Knecht,
so ist's den andern eben recht.

Kauft er sich aber los mit Geld,
so braucht er nicht hinein;
doch tut er's nicht, so muß der Held
dreimal durch diesen Stein.
Dann ist er ein gemachter Mann,
der and're wieder hauen kann.

Zu 1.9: Im 9. Jahrhundert soll hier die Klausnerin Luitbirg gelebt haben, im 12. Jahrhundert stand dort eine kleine Einsiedelei.

Zu 1.10: Die Informationen über den heiligen Burchard stellte das Bischöfliche Ordinariat Magdeburg zur Verfügung, wofür an dieser Stelle Dank gesagt wird.

Interessant an dem Kinderliedchen über Bischof Burchard ist, daß verschiedentlich nicht „Buko von Halberstadt“, sondern „Mohkuh von Halberstadt“ gesungen wurde. Das ist ein Beispiel für vergessene Überlieferung.

Die Beratung zu Goslar fand im April 1088 statt. Es wird vermutet, daß Ekbert der Ältere, Markgraf von Thüringen und Graf von Braunschweig, ein Anhänger Heinrichs, den Mord veranlaßt hat. Bukos II. Grabstein war bis zum Umbau der Klosterkirche von Ilsenburg im 16. Jahrhundert im Chor aufgestellt. Später fehlte jede Spur von ihm. Während der Konservierungsarbeiten an dem europaweit einmaligen Stuckestrich im Jahre 1995 fand sich eine Platte, deren Umschriftfragmente auf den Namen Burchard hindeuten.

Zu 1.11: Eine Quelle zu dieser Sage war nicht zu ermitteln. Wir drucken sie ganz bewußt im Originalwortlaut des Heftes „Sagen um Ilsenburg“, Hüttenmuseum Ilsenburg 1982, ab, weil bereits der Stil die Zielrichtung verrät. Der Verdacht liegt nahe, daß hier eine klassenkämpferisch-sozialistische Sagenfälschung vorliegt, die das Ziel hat, die Klöster Ilsenburg und Drübeck zu verunglimpfen. Derartige Sagenmanipulationen gab es in Sagensammlungen der DDR öfters, getreu dem marxistischen Tenor aller Kulturpolitik.

Zu 1.12: Das Benediktinerinnen-Kloster Drübeck wurde Ende des 9. Jahrhunderts durch die Gräfin Adelbrin und ihre Brüder, die Harzgrafen Theti und Wiker, gegründet. Adelbrin wurde die erste Äbtissin.

Kaiser Heinrich II. bezeichnet das Kloster in einer

Urkunde von 1021 als „sein vornehmes Kloster“. Hier lebten Nonnen aus den bekanntesten Familien des Reiches, und es genoß die Gunst der deutschen Kaiserinnen und Königinnen Adelheid und Kunigund. Viele Adelsfamilien gaben ihre Töchter hierher, daß sie erzogen und ausgebildet würden.

Im Jahre 1687 wurde Kloster Drübeck in ein evangelisches Damenstift umgewandelt und blieb es bis 1945.

Bekannt und auf der internationalen Denkmalsliste an hervorragender Stelle ist die in vielen Teilen wohlerhaltene Klosterkirche aus dem 10. und 11. Jahrhundert, deren Türme den Eisenbahnreisenden auf der Fahrt von Wernigerode nach Ilsenburg grüßen.

Zu 1.14: Eine Parallele dazu ist die Sage vom Tod des Bischofs Johann I. von Zeitz auf Burg Saaleck, nicht weit von Bad Kösen. (Siehe SLTh)

Zu 1.16: *)Der Kaiser Otto I.

Kloster Gernrode wurde von Markgraf Gero I. im Jahre 961 gegründet, nachdem seine beiden Söhne Gero und Siegfried in den Kämpfen gegen die Slawen gefallen waren. Er selbst lebte dort noch fünf Jahre bis zu seinem Tode am 19. Mai 965, im Alter von 75 Jahren. (Siehe auch 2.14)

Zu 1.17: Erstmals erwähnt eine Urkunde aus dem Jahre 936 das Kloster Wendhusen, danach soll im Jahre 935 eine Äbtissin Diemot von Wendehausen am Reichstag zu Erfurt teilgenommen haben. Über die Dauer seines Bestehens gibt es unterschiedliche Ansichten. Die einen meinen, es soll bis ins 16. Jahrhundert bestanden haben, nach anderen wurde es unter Otto I. aufgelöst, ein Teil der Konventualinnen zog in das neue Quedlinburger Kanonissenstift. Auf dem Gelände wurden später Rittergüter

Blick auf Gernrode
um 1850

errichtet. Am Weiberborn steht heute ein Brunnen-Denkmal.

Der Name des in das Stadtgebiet von Thale einbezogenen Wendhausen deutet darauf hin, daß hier wie in Wendefurt oder in Windehausen in der Goldenen Aue einst Wenden wohnten. Den älteren Generationen ist in dieser Gegend noch der Spitzname Pummeier für einen Bauern bekannt. Der Ursprung liegt in der Zeit der Christianisierung der Wenden, als die christlichen Wenden mit „Pommey bog!“ – „Grüß Gott“ oder „Gott zum Gruß“ grüßten und dadurch von den Deutschen, die der wendischen Sprache nicht mächtig waren, diesen Spitznamen erhielten.

Zu 1.18: Die Sage mag dadurch begünstigt sein, daß der Stein inmitten eines vermauerten Torgewölbes liegt. Seine Herkunft ist umstritten. Doch läßt die Tatsache, daß sich eine Spuksage um ihn entwickelte, die Vermutung zu, daß er in vorchristlicher Zeit kultischen Zwecken gedient hat.

Zu 1.19: Das Glas ist maurische Arbeit und stammt höchstwahrscheinlich aus dem 13. Jahrhundert. Mit ziemlicher Sicherheit handelt es sich nicht um ein Geschenk aus Luthers Hand.

Zu 1.22: Das verwitterte Relief über dem Portal der Zellerfelder Kirche könnte das Symbol für die Mutterkirche und ihre Tochtergemeinden sein. Das Kloster Zella, das maßgeblich die Bedeutung Zellerfelds mitbestimmte, war lange Zeit der geistliche Mittelpunkt der sieben Bergstädte auf dem Oberharz.

Denkbar ist es auch, daß die Erbauer des Gotteshauses ein Wort Jesu aus dem Neuen Testament veranschaulichen wollten:

Jerusalem, Jerusalem, du tötest die Propheten und steinigst, die zu dir gesandt werden, wie oft habe ich deine Kinder versammeln wollen wie eine Henne ihre Küken unter ihre Flügel, und ihr habt nicht gewollt! (Lukas 13,34)

Zu 1.25: Ludolf entstammte einem sächsischen Adelsgeschlecht, das seinen Stammsitz nahe dem heutigen Gandersheim hatte. Seine Gemahlin Oda erreichte ein Alter von 107 Jahren. Ihre Tochter Hathumod wurde im Alter von zwölf Jahren zur Äbtissin geweiht. Der Bau der Klosteranlagen begann um 856.

Die Gründungslegende hielt Roswitha von Gandersheim in ihrer Schrift „Über die Anfänge des Stiftes Gandersheim" fest.

Im folgenden einige Zeilen in der hochdeutschen Übertragung durch Kurt Kronenberg:

Es war vor dem Feste der Heiligen alle,
Zwei Tage bevor man es wollte begehen,
Da sahen die Hirten inmitten des Dunkels
Viel Lichter im Walde gar helle und leuchtend
Verwundert und staunend erfaßt sie ein Schauder,
Denn keiner verstand recht, was sollte bedeuten
Das schimmernde Wunder im nächtlichen Dunkel.

Roswitha von Gandersheim, über deren Leben wir nur wenig wissen, ist zweifellos die berühmteste Tochter des altehrwürdigen Stifts Gandersheim. Man vermutet, daß sie um das Jahr 935 geboren wurde und aus einer vornehmen Familie stammte. Über das Jahr ihres Todes wissen wir nichts, ebensowenig darüber, wo ihre Gebeine ruhen. Kurt Kronenberg schreibt in seinem Aufsatz „Roswitha von Gandersheim und ihre Zeit“: Was erinnert heute noch in Gandersheim an Roswitha? Ihr Grab ist unbekannt, die Handschriften ihrer Werke liegen in fernen Bibliotheken und erst in unserer Zeit wurden ihr Denkmäler gesetzt. Nur die Stiftskirche überdauerte alle Zeiten. In ihr hat schon Roswitha gebetet und gesungen, sich gefreut und getrauert. Die Kirche ist die Stätte, in der wir Roswithas Geist am besten empfinden.“

Zu 2.1: Heinrich, der nach der Überlieferung Jagd und Vogelfang leidenschaftlich geliebt haben soll, hielt sich oft im Harz auf. Es könnte also durchaus den Tatsachen entsprechen, daß er von seiner Erwählung zum Kaiser während eines Jagdausfluges auf seinen Gütern im Harze Kenntnis erhielt. Noch jetzt gibt man eine Ackerbreite bei Elbingerode, der Vogelherd genannt, ferner den Heinrichswinkel im Braunlager Forst und eine Stelle im Forstort Hohenfelde im Hüttenröder Forst als Vogelherde Heinrichs an.

An die zwanzig Orte im Harz nehmen die Ehre in

Heinrich I.

Anspruch, daß auf einem benachbarten Platz, welcher in der Regel „der Finkenherd" heißt, Kaiser Heinrich I. seine Wahl zum deutschen Kaiser zuerst erfahren habe. Eine sagenhafte Behauptung lautet beispielsweise, daß er bereits die Harzburg zum Schutze gegen die Ungarn erbaut habe. Dorthin habe man ihm die Nachricht von seiner Wahl zum Kaiser überbracht, denn nahe der Burg befindet sich eine Stelle, die „der Finkenherd" heißt.

Am meisten verbreitet ist jedoch die Sage, daß unterhalb des Schlosses zu Quedlinburg der wahre Ort sei, wo der nachherige Kaiser jene Nachricht erhalten habe. Er hielt sich gern und oft auf seinem Schlosse zu Quedlinburg auf, und er muß als der Gründer der Stadt betrachtet werden. Denn in Urkunden von 922 und 929 ist noch von einem Dorf die Rede, und erst in einer solchen vom Jahre 937 und zwar von Kaiser Otto I. wird Quedlinburg eine Stadt genannt. Das Dorf Quitlingen muß daher zwischen 930 und 936, also in den letzten Jahren der Regierung von Heinrich I. (†936) zur Stadt geworden sein.

Zu 2.3: Otto I., auch der Große genannt, wurde im Jahre 912 als Sohn des Königs Heinrich I. geboren und nach dessen Tode 936 in Aachen zu seinem Nachfolger gewählt. Er strebte eine feste Zentralgewalt an und handelte dabei hart und kompromißlos. In den Jahren 938 und 939 kam es zu Aufständen des Adels und der hohen Geistlichkeit, die sich in ihren Rechten beeinträchtigt fühlten. Dabei spielten Glieder der königlichen Familie eine unrühmliche Rolle. Auf der Seite der Widersacher war Ottos jüngerer Bruder Heinrich.

Otto der Große rettete mit dem Sieg auf dem Lechfeld bei Augsburg am 10. August 955 das Abendland vor einer barbarischen Sklaverei durch die aus Osten anstürmenden verrohten und unzivilisierten Hunnen.

Auf die weitere Biografie Ottos an dieser Stelle einzugehen, verbietet der Umfang des Buches. Er starb am 7. Mai 973 in Memleben und wurde im Dom zu Magdeburg begraben. (Siehe auch A 2.7)

Zu 2.5: Dieses Sagenmotiv ist im deutschen Sagenschatz nicht selten. Eine Analogie ist die Sage vom Raben im Wappen des Bischofs von Merseburg Thilo von Trotha (s. auch SLTh)

Zu 2.6: Der Kyffhäuser ragt weithin sichtbar über das sonst recht flache Harzvorland. Auf Grund dieser Lage trug er in vorchristlicher Zeit Kult- und Opferplätze. Solche Stellen wurden nach der Christianisierung häufig sagenumwobene Örtlichkeiten. Im Innern derartiger Berge vermutete man des öfteren den Eingang zum Totenreich, später die Hölle oder wenigstens den Ort des Fegefeuers. Besonders deutlich wird dies beim Hörselberg nahe Eisenach (Siehe SLTh).

Wie eng der Kyffhäuser mit der vorchristlichen Mythologie verflochten war, belegt folgende Bauernregel aus der Umgebung des Berges:

> Steht Kaiser Friedrich ohne Hut,
> bleibt das Wetter schön und gut;
> ist er mit dem Hut zu sehn,
> wird das Wetter nicht bestehn.

Ursprünglich begann der Reim jedoch:

> Steht der Wode (Wotan) ohne Hut...

Kaiser Rotbart übernahm damit die Rolle des germanischen Gottes Wotan, der als Herr auch über das Totenreich nach der Christianisierung in die Tiefe solcher Berge verbannt worden war.

Auch die dem Wotan heiligen Raben gingen auf die Gestalt des Rotbart über.

Der Sagenschatz bietet Beispiele dafür, daß der Kyffhäuser als Sitz der Toten angesehen wurde. Neben dem Barbarossa soll auch Otto der Rote den Kyffhäuser als Unterkunft angenommen haben. In seiner Gestalt fließen die Erinnerungen an Otto den Großen (912–973) (siehe auch A 2.3) und seinen Sohn Otto II. (955–983) zusammen.

Auch in der Gestalt des Kaisers Rotbart treffen die Erinnerungen an zwei Herrscherpersönlichkeiten zusammen. Zum einen ist es der römisch-deutsche Kaiser Friedrich I. (1121–1190), der auf Grund seines rötlichen Bartes von den Italienern Barbarossa genannt wurde, zum anderen der letzte große Hohenstaufenherrscher Friedrich II. (1194–1250), der in langwierige Auseinandersetzungen mit der mittelalterlichen Kirche verstrickt war. Dieser hochgebildete Kaiser war berühmt wegen seines Gerechtigkeitssinnes.

Der thüringische Chronist Johann Rothe berichtet: „Von Kaiser Friedrich dem Ketzer erhub sich eine Ketzerei, die noch heimlich unter den Christen ist, die gänzlich glauben, daß derselbe noch lebe und lebend bleiben solle bis an den Jüngsten Tag und daß kein rechter Kaiser nach ihm worden sei oder werden solle. Er wandere zu Kyffhausen in Thüringen auf dem wüsten Schlosse und auch auf andern wüsten Bergen, die zu dem Reiche gehören, und rede mit den Leuten und lasse sich zu Zeiten sehen. Diese Büberei bringet der Teufel zuwege, damit er die Ketzer und etliche einfältige Christenleute verleite. Man meinet wohl, daß vor dem Jüngsten Tage ein mächtiger Kaiser der Christenheit werde eine Meerfahrt tun und das Heilige Grab gewinnen und werde Friedrich genannt werden, weil er Frieden machet, auch wenn er nicht so getauft ist."

Aus der Vielzahl der Sagen um den Kyffhäuser und sein Umland sind im vorliegenden Buch einige ausgewählt, die vor allem die oben skizzierte Bedeutung des Kyffhäusers widerspiegeln.

Zu 2.7: Eine andere Version der Sage sieht den Blitzschlag als eine Strafe Gottes für das Handeln Heinrichs V. an seinem Vater Heinrich IV.

Zu 2.12, 2.13: Beispiel von Sagenneubildung aus aktuellem Anlaß mit eindeutig politischem Hintergrund (um 1830).

Zu 2.14: Markgraf Gero I., auch wohl der Große genannt,

890 aus einem Harzgeschlecht geboren, hatte unermüdlich das Vaterland gegen die immer erneuerten Anfälle vordringender Slawen verteidigt. Weil ihm von Kaiser Heinrich I. auch die Oberbefehlshaberstelle des Grafen Siegfried von Merseburg übertragen war, knüpfte er daran zugleich reiche Eroberungen für sich. So gehörte ihm die ganze Ostmark oder Oberlausitz, und indem er auch die Landschaften Lusici und Selpuli oder die Niederlausitz und den Miseco, Herzog in Polen, mit allen seinen Untertanen dem Kaiser unterwarf, hat er nicht wenig zur Begründung der deutschen Herrschaft unter den slawischen Völkern beigetragen.

Dabei ging es nicht immer so zu, wie es die Ritterehre eigentlich forderte. So soll er unter anderem 30 wendische Ritter, die sich gegen ihn verschworen hatten, zur Tafel bei sich haben einladen und nachdem sie sich durch starke Getränke berauscht hätten, in der Nacht überfallen und töten lassen. In der ehemaligen kurfürstlichen Bibliothek zu Wittenberg fand man folgende Verse:

Zu Laußnig erster Fürst was ich,
Dreißig wendische Herren tödete ich,
Stiftet Gernrode von eigener Habe,
Daselbst man siehet noch heut Mein Grabe.

Zu 2.15: Heinrich IV. und die Sachsen (Aus Lambert von Hersfeld: Jahrbücher, verfaßt um 1077).

Alle Berge und Hügel Sachsens und Thüringens bebaute der König mit festen Schlössern und Burgen und legte Besatzung hinein. Weil aber diese nicht genügend Lebensunterhalt fanden, so erlaubte er ihnen, von den benachbarten Dörfern und Feldern nach Feindes Art Beute hinwegzuführen. Auch wurden zur Befestigung der Schlösser die Bewohner der umliegenden Gegenden selbst gezwungen, so daß sie alles zum Bau Erforderliche herbeifahren und bei dem Baue selbst wie Knechte im Schweiße ihres

Die Harzburg im Mittelalter

Angesichts Frondienste leisten mußten. Um jedoch nicht augenscheinlicher Tyrannei geziehen zu werden, wenn er gegen Unschuldige und gegen seine eigenen Untertanen mit solcher Grausamkeit verführe, ermutigte er den Erzbischof von Mainz auf jede nur mögliche Weise, die Zehnten in Thüringen, wie er es schon vor mehreren Jahren beabsichtigt hatte, beizutreiben, und er versprach, ihn bei der Einforderung mit allem Nachdruck zu unterstützen und jene, die dem Befehle nicht gehorchen wollten, durch seinen königlichen Machtspruch dazu zu zwingen; jedoch unter der Bedingung, daß der Erzbischof einen Teil der Zehnten, so groß er der königlichen Herrlichkeit angemessen sei, dem Könige überlassen sollte.

Schwer lasteten die Besatzungen der königlichen Burgen auf dem Nacken der Sachsen und Thüringer. Alles, was in den Dörfern und auf den Feldern sich vorfand, plünderten sie bei täglichen Ausfällen, auch erpreßten sie unerträgliche Abgaben von Steuern von Wäldern und Ländereien und trieben häufig unter dem Vorwande des Zehnten ganze Herden hinweg. Die Bewohner das Landes, und unter ihnen sehr viele, die von gutem Herkommen und in den besten Vermögensverhältnissen waren, nötigten sie, ihnen nach Art niedriger Knechte zu dienen, ja sie entführten sogar Frauen und Töchter der Bewohner auf ihre Burgen. Und wenn dann einer unter so großen Übeln seufzte und den Schmerz seiner Seele auch nur in leisem Klagen auszusprechen wagte, so wurde er auf der Stelle in Ketten geworfen, als ob er ein schweres Unrecht gegen den König begangen hätte, und er konnte nicht eher wieder loskommen, als bis er durch Dahingabe seiner ganzen Habe sein Leben und seine Freiheit zurückerkauft hatte. Und als nun deshalb täglich von allen Orten ganze Scharen die königliche Majestät anriefen, die früher eine Zuflucht für alle Bedrängten zu sein pflegte, so wurden sie mit Schimpf und Schande zurückgewiesen, und der König sagte ihnen, daß dieses alles wegen der ungerechten Verweigerung der Zehnten über sie erginge, und daß er genötigt sei, jene mit bewaffneter Hand im Zaume zu halten, die sich den Gesetzen der Kirche nicht freiwillig fügen wollten.

Aus diesen und ähnlichen Zeichen erkannten die sächsischen Fürsten die Gefahr, die über ihren Häupten schwebte, und sie hielten wiederholt geheime Zusammenkünfte, auf denen sie einander ermahnten, alles mitzuteilen, was in der gegenwärtigen Not von Nutzen sein konnte. Alle beseelte ein Wille, ein Gedanke, und einstimmig schwuren sie, lieber sterben und das äußerste ertragen zu wollen, als die von den Vorfahren ererbte Freiheit schmachvoll zu verlieren.

Als die Verschwörung der sächsischen Edlen sich allenthalben verbreitet und hinreichend Kraft erlangt hatte, schickten ungefähr um Anfang des August 1073 die Häupter des Aufruhrs Gesandte an den König, der sich zu dieser Zeit in Goslar befand, und stellten die Forderung, daß er ihnen die Teilnahme am Feldzuge, den er gegen die Polen zu unternehmen beabsichtigte, erlasse; Tag und Nacht ständen sie gegen ihre erbittertsten Feinde, die Lutizen, unter den Waffen, und wenn sie nur ein wenig die Hände ruhen ließen, so würden sie alsbald ihren Feind im eigenen Lande, alles mit Mord und Verwüstung erfüllend, erblicken. Sodann forderten sie, daß er die Burgen, die er zur Vernichtung Sachsens auf den Höhen erbaut hatte, zerstören lasse. Falls er sie mit Waffengewalt zwingen wolle, so fehle es auch ihnen weder an Waffen, noch seien sie im Kriege unerfahren. Der König gab den Gesandten leichthin und mit Mißachtung eine Antwort und entließ sie ohne bestimmten Auftrag. Als nun jene dieses daheim meldeten, entbrannten alle von heftigem Zorne und gelobten einander, die ihnen bewiesene Verachtung mit dem Schwerte in der Hand zu rächen. Daher eilten sie bewaffnet und wohlgeordnet nach Goslar und lagerten sich hier in geringer Entfernung von dem Hofe des Königs. Der König flüchtete aber nach der Hartesburg (Harzburg), die auf einem sehr hohen Berge lag und nur auf einem sehr beschwerlichen Wege zugänglich war. Hier beriet sich der König mit den Seinigen und sandte zu wiederholten Malen Boten zu den Sachsen und bat um Frieden. Während aber alle mit der größten Aufmerksamkeit den Verhandlungen folgten, verließ der König mit mehreren Vertrauten in einer Nacht heimlich die Burg. Drei Tage lang zogen die Flüchtigen, wie man erzählt, ohne Speise zu sich zu nehmen, durch den unermeßlichen Wald auf einem schmalen Wege, den ihr Führer, ein Jäger, entdeckt hatte, bei jedem Rauschen des Windes den Mordanfall des Gegners fürchtend. Endlich am vierten Tage erreichten sie, von Hunger, Nachtwachen und den Anstrengungen des langen Weges aufs äußerste erschöpft, Eschwege. Hier erquickten sie sich ein wenig durch Speise und Schlummer und eilten dann am folgenden Tage, dem 13. August, während schon die Mannen des Königs in zahlreicher Menge herbeiströmten, nach Hersfeld.

Zu 2.16: Bischof Otto von Freisingen über Heinrich den Löwen:

Heinrich, Herzog von Bayern und Sachsen, war ein Sohn Herzogs Heinrichs des Stolzen und seiner Gemahlin Gertrud, Kaiser Lotharius III. Tochter. Sehr früh schon verlor er seine Eltern. Ein kraftvoller, schöner, junger Mann wuchs er auf, noch reicher an Talenten des Geistes. Er frönte weder dem Luxus noch der Pest des Müßigganges; sondern nach alter Sachsen Weise übte er sich im Reiten, im Scheibenwurf und im Wettrennen. In allen kriegerischen Künsten war er der erste und doch liebten ihn alle. Sein Charakter war Bescheidenheit, Würde, aber noch mehr Ernst. Mit dem Tapfern wetteiferte er im Mute, mit dem Bescheidenen in der Sittlichkeit, mit dem Enthaltsamen in der Mäßigkeit. Er mochte lieber gut sein, als gut scheinen, und je weniger er nach Ruhm strebte, je mehr wurde ihm zuteil. Kam es darauf an, etwas Ruhmwürdiges zu tun, so sprach er wenig von sich selbst, er handelte aber desto mehr. Nach seiner Belehnung mit dem Herzogtum Bayern studierte er die Gesinnungen und die Gebräuche seiner Untertanen, ging ihnen mit Rat und Tat an die Hand, und in kurzem erscholl sein Ruhm so weit, nachdem er in ganz Bayern die Befehdung beigelegt hatte, alle Guten ihm ebenso anhingen, wie er der Schrecken aller Schlechtgesinnten war. Auch in seiner Abwesenheit war er eben so gefürchtet, daß keiner einen Landfriedensbruch wagen durfte, ohne zugleich seinen Kopf zu wagen. Er war strenge in der Disziplin und ein Feind alles Unrechts. Er wetteiferte nicht mit den Reichen um Schätze, nicht mit den Parteimachern durch Intrigen; er entfernte sich, um den Frieden zu unterhandeln, und war wieder gegenwärtig, ihn zu erkämpfen.

Burg zu Wernigerode
um 1900

Zu 2.17: Die Worte „Rutsche fort“ sind nicht zufällig gewählt. Das Haus Stolberg besaß bis zur Französischen Revolution die Herrschaft Rochefort im Ardennenwald.

Vom Vorläufer des Wernigeröder Schlosses, der Haarburg, war bereits im vorigen Jahrhundert außer zwei tiefen Gräben nichts mehr zu finden.

Zu 2.22: Der Sage liegt die historisch verbürgte Auseinandersetzung des Grafenpaares Albrecht und Bernhard von Regenstein mit den Städten Quedlinburg und Halberstadt zugrunde.

Die Regensteiner waren die Schirmvögte des Stifts Quedlinburg. Im Jahre 1336 kam es zu Streitigkeiten, die Herzog Otto von Braunschweig vergeblich zu schlichten versuchte. Die Äbtissin Jutta von Quedlinburg entschloß sich, die Brüder nicht länger als Schutzvögte anzuerkennen, nahm ihnen sogar die Quedlinburger Neustadt weg und verkaufte sie an den Rat der Altstadt. Die Regensteiner belagerten daraufhin die Stadt. Quedlinburgs Bürger erhielten Unterstützung durch Soldaten des Bischofs von Halberstadt. Die Regensteiner wurden gefangengenommen und des Landfriedensbruches angeklagt. Albert von Regenstein sperrte man in einen Käfig und ließ ihn erst unter der Bedingung frei, daß er jeden Anspruch auf die Quedlinburger Schutzgerechtigkeit aufgebe, die Stadtmauer einschließlich von sieben Türmen instand setze und der Stadt das Schloß und Amt Gersdorf und den Ramberg mit seinen Holzungen abtrete.

Dieser Auseinandersetzung folgten noch längere Zeit blutige Scharmützel.

Zu 2.23: Die Ableitung des Namens in dieser Sage von „beregent“ = regiert ist ebenso ungesichert wie das angegebene Gründungsdatum. Vermutlich entstand die Feste zur Zeit Heinrichs I. zum Schutz gegen die vorrückenden

Hunnen, zumindest ist Heinrich erwiesenermaßen der erste, der im Besitz der Burg ist.

Der Name dürfte eine niederdeutsche Ableitung von „Reinstein“ sein, es wurde aber auch schon die Ableitung von „Reihenstein“ vermutet, weil in der Umgebung zahlreiche Felsen in einer Reihe aus der Landschaft ragen.

Zu 2.26: Die Lauenburg liegt nahe der Stecklenburg bei Stecklenberg.

Hoffmann in seinem Buch „Die Burgen und Bergfesten des Harzes“ aus dem Jahre 1836 druckt dieses Gedicht ab und leitet es mit den Worten ein: „Der Leser wird es uns Dank wissen, daß wir mit der schönen Ballade von Tiedge, mit welcher wir begannen, auch enden.“

Wir Leser von heute finden nur schwer Zugang zu den zum Teil schwülstigen und ungekonnten Reimereien, doch waren sie, wie das obige Zitat belegt, damals sehr beliebt. (Siehe auch 2.19)

Zu 2.27: Wie in vielen ähnlichen Fällen gibt es über die Burgruine Güntersburg noch Schatz- und Geistersagen, die jedoch nur als Kopien ähnlicher, immer wiederkehrender anzusehen sind. Ihre romantische Ausmalung läßt vermuten, daß sie erst in den letzten zweihundert Jahren an die Ruine der Güntersburg geknüpft wurden.

Zu 2.28: Der sagenumwobene Burgbrunnen wurde im Jahre 1822 bis auf den Grund gereinigt. Die Tiefe beträgt etwa 90 Meter. In ungefähr halber Höhe fanden die Bergleute in einer Schicht vermoderten Strohs ein menschliches Gerippe mit den Füßen nach oben. Auf der Brunnensohle sickerte Wasser. Man verschloß den Brunnenschacht mit einem Deckel und errichtete ein Häuschen darüber.

Zu 2.31: Die Fabel, daß ein Feldherr in einem um Gnade

für seine Stadt flehenden Greis seinen einstigen Lehrer erkennt, wird auch in Pegau in Sachsen erzählt. Dort bat der Superintendent Lange den schwedischen General Torstenson, seinen ehemaligen Schüler, um Schonung für die Stadt. (Siehe SLS)

Zu 2.33: Besonders waren es Tilly nach Magdeburgs Einnahme, Wallenstein und Hatzfeld, die, den Harz mehrmals durchziehend, seine Städte und Dörfer unter allen Greueln in Asche legten. Ganze Gemeinden lagerten flüchtig Wochen und Monate lang im tiefsten Dunkel der Wälder und hielten wie Nomaden hier Hochzeiten und Kindtaufen.

Durch die Folgen des Krieges und durch minderwertiges Geld kam es zu einer Teuerung, die die Preise für Lebensmittel derart in die Höhe schnellen ließ, daß der einfache Mann sie nicht mehr bezahlen konnte. Als Beispiel die Preise, wie sie in der Harzgegend für einige Waren bezahlt werden mußten:

1 Nordhäuser Scheffel Weizen	6 Taler	
1 Nordhäuser Scheffel Roggen	5 Taler	6 gute Groschen
1 Nordhäuser Scheffel Gerste	4 Taler	
1 Nordhäuser Scheffel Erbsen	4 Taler	
1 Mastrind	100 Taler	
1 Pfund Rindfleisch		9 gute Groschen
1 Pfund Schweinefleisch		10 gute Groschen
1 Hering		3 gute Groschen

Zu 2.34: Die sogenannten Harzschützen fügten insbesondere dem Tilly viel Schaden zu. Sie wurden verfolgt und versteckten sich erfolgreich in den dichten Wäldern. Doch unter dem Einfluß des rauhen Lebens und aus Mangel an einer strengen und korrekten Führung verwildert, sank der größte Teil von ihnen, zuletzt aus verlaufenem Gesindel

Landsknecht
im 16. Jahrhundert

bestehend, zu Räubern herab und wurde für den Harz selbst eine Plage.

Zu 2.37: Maßholder ist eine alte Bezeichnung für den Feldahorn (Acer campestere L.)

Zu 3.1: Im Volksmund heißt es, daß während des tausendjährigen Bergbaubetriebes in den Rammelsberg mehr Holz verbaut worden sein soll als in den Städten Braunschweig und Goslar zusammen zum Hausbau benötigt wurde.

Zu 3.4: Diese Art Sage ist im europäischen Sagenschatz verbreitet. Historisch belegt durch eine alte Leichenpredigt ist der Fund einer Bergmannsleiche, die viele Jahrzehnte im Berg gelegen und dort mumifiziert worden war. Als man sie ans Tageslicht brachte, kam ein altes Mütterlein, die ehemalige Verlobte des in jungen Jahren verunglückten Bergmannes. Geschehen in Ehrenfriedersdorf im Erzgebirge im Jahre 1568. (Siehe auch SLS)

Eine fast gleichlautende Sage gibt es aus Benshausen in Thüringen (Siehe SLTh)

Zu 3.5: Nach Entdeckung der Höhle soll man dort unter anderem Menschenknochen gefunden haben. Es wurde bereits im vorigen Jahrhundert von einigen Heimatforschern unter anderem die Vermutung geäußert, die Höhle könnte Tagungsort eines mittelalterlichen Femegerichts gewesen sein.

Der Besucher findet heute in der Höhle Knochen von Höhlenbären ausgestellt.

Zu 3.6: Das Rotgültigerz oder Rotgolderz bildet zinnoberrote Kristalle und stellt ein seltenes und darum besonders wertvolles Silbererz dar. Es trägt auch den Namen Prou-

Der Tod schießt den Pestpfeil.
Aus einem Flugblatt des Jobst Gutknecht,
Nürnberg 1516

stit, findet sich in Silber-Blei-Erz-Gängen und ist chemisch eine Verbindung von Silber, Arsen und Schwefel: Ag_3AsS_3.

Zu 3.12: Hier ist die Verwandtschaft zu der Sage vom Zug des Wilden Heeres erkennbar, vor dem warnend eine Mönchsgestalt, der Getreue Eckart, herzieht. (Siehe SLTh)

Zu 3.17: Die Sage vom Bergmönch, dessen Hauch tödlich ist, hat einen historisch belegten Hintergrund. Im Mittelalter litt der Harz unter einer Pestepidemie, bei der in kurzer Zeit nach der Ansteckung der Tod eintrat. Viele Bergleute fuhren noch scheinbar gesund ein und brachen vor Ort tot zusammen. Wir geben drei alte Berichte über die Folgen der Pest für den Harzer Bergbau wieder:

„Im 14. Jh. wütete nämlich und zwar in Goslar zuerst die Pest in einer Weise, daß drei Vierteile der Menschen daran starben und die Bergleute in den Gruben liegen blieben. Hundert Jahre ruhten daher die Bergwerke; 1419 wurden wieder aus dem Erzgebirge und aus Franken Bergleute berufen, doch im 15. Jh. (1473) entstanden durch brennende Hitze und Trocknis große Waldbrände, so daß es an Holz zum Betriebe mangelte, und das Erz nach dem Unterharz gefahren sein soll."

„...Schon wurde es lebendig in den Bergen, schon bildete sich hier und da ein Bergörtlein nach dem andern, da brach eine furchtbare Pest herein, die gar gräßlich wütete und ihre Opfer mit solcher Schnelligkeit hinwegraffte, daß die Arbeiter in der Frühe des Morgens frisch und gesund hinabstiegen in die Tiefen der Erde, aber nimmer wieder herauskamen, sondern von der Seuche ergriffen, haufenweise niedersanken. Die Gruben, welche kaum erst recht in Gang gekommen waren, wurden nun liegen gelassen und erst lange nachher wieder aufgenommen, wobei man ganze Haufen von Menschengebeinen auffand. Im Jahr 1500 fing man an, die Eisengruben bei Grund zu betreiben und einige zwanzig Jahre später wird von St. Andreasberg gesprochen.

Von Joachimsthal kamen nämlich im Jahr 1520 Bergleute nach dem Oberharz und zwar anfänglich in die Grafschaft Hohnstein ... Die erste Zeche, welche sie fündig machten, wurde St.-Andreaskreuz genannt, weil die Schürfer daselbst zwei übereinander setzende Gänge antrafen, wovon es nach der uralten bergmännischen Redensart heißt: die Gänge machen ein Andreaskreuz ..."

Hardanus Hake: Der schwarze Tod, 1583

„Anno 1347. In diesem Jahre hat das gewaltige Sterben angefangen, welches über die ganze Welt gegangen und drei Jahre gewährt hat. Es ist eine solch giftige Seuche und Krankheit gewesen, daß der, der davon befallen wurde, jung oder alt, dahingerafft wurde, so daß große Städte, Flecken, Schlösser, Klöster und Dörfer fast menschenleer waren und etliche Jahre wüste und ausgestorben lagen. Durch diese wütende Rute Gottes hat Gott auch die Bergleute und die alten Bergwerke so heimgesucht, daß niemand mehr genau weiß, wie die alten Bergwerke eigentlich untergegangen sind, es müssen nämlich – wie man noch an alten Gebäuden und Bergwerksanlagen feststellen kann – so viele Menschen hier gewohnt haben, daß man sich darüber wundern muß ...

So hat man eine Reihe von Schächten sorgfältig zugebaut, aber auch offen gefunden, und dort, wo man aus alten Schächten und Stollen das Gestein wegräumte, stieß man auf Gebeine, nicht von alten Leuten, sondern von jungen. So hat man mit Recht vermutet, daß diese Bergleute in den Gruben krank geworden und gestorben sind. Ich selbst habe auf der Festenburger Maßen solche Gebeine gesehen, die man zu Tage gefördert hatte. Denn es ist eine gar schnelle Krankheit gewesen, wem es ankommen ist, der hat nicht lange zugemacht.

Die Vermutung, daß es vielleicht Räuber gewesen sind, die sie ergriffen und in die Schächte geworfen hätten – es ist nämlich nach dem Erliegen der Bergwerke der Oberharz eine gar wilde Ecke und ein gefährlicher Ort für Reisende gewesen –, kann nicht zutreffen, weil die Räuber dazu viel näher gelegene Schächte gehabt hätten.“ (Siehe auch A 8.9)

Zu 3.18: Die Sage besteht eigentlich aus zwei getrennten und völlig selbständigen Teilen, wobei die Sage, die die Rechtfertigung nach dem Tode durch ein Wunder schildert, in vielfältigen Variationen durch den deutschen Sagenschatz läuft. (Siehe 6.20)

Zu 3.19: In der Gestalt dieses Mönchs finden sich sowohl Anklänge an die Sagen vom Bergmönch als auch an die Sage vom Wilden Heer und dem Treuen Eckart (Siehe SLTh)

Zu 3.21: Hintergrund der Wanderung des Rübezahl aus dem Harz in das Riesengebirge dürfte die historische Tatsache sein, daß im ausgehenden Mittelalter, als viele Gruben des Harzes eingingen, weil sie keinen Ertrag mehr brachten, ein Teil der Bergleute ins Riesengebirge auswanderte.

Zu 3.27: Die Sagengestalten der Moosweiblein dürften ihren Ursprung im Erzgebirge und Vogtland haben und bereicherten von dort aus den Sagenschatz Thüringens und des Harzes. Auch in diesem Falle könnten wandernde Bergleute die sich in wesentlichen Merkmalen ähnelnden Überlieferungen verbreitet haben. (Siehe SLTh und SLS)

Zu 3.29: Horst Müller versucht in der Broschüre „Auf den Spuren der schönsten Harzsagen“ die Deutung der Sage folgendermaßen: „Es ist möglich, daß Kreuzfahrer diese einmalige Kristallschleiferarbeit aus dem Orient mit hierher brachten... Als im Jahre 1669 einer dieser Kelche bei einem Zechgelage zerbrach und in der gleichen Nacht der Sohn des Asseburger Grafen ... durch einen Huftritt seines eigenen Pferdes getötet wurde, mag eine Verbindung zwischen beiden Vorgängen hergestellt worden sein. Verbürgt ist auch diese Deutung der Schicksalsbecher nicht.“

Zu 4.1: Aus der Erde quellendes Gold oder Silber, gemünzt oder ungemünzt, ist Gegenstand mehrerer deutscher Sagen.

Zu 4.2: Es handelt sich um sieben vorgeschichtliche Gräber, die das Volk zum Fabulieren anregte. Noch im vorigen Jahrhundert standen dort auch sieben Bäume, die die Siebenbrüderbäume hießen.

In der Mitte des 19. Jahrhunderts soll bei den Siebenspringen ein Kasten mit Goldmünzen gefunden worden sein.

Blick auf Burg Falkenstein
um 1900

Zu 4.3: Vom „Erzbrennen“ wird mehrfach in erzgebirgischen Sagen berichtet (Siehe SLS)

Der zweite Teil der Sage deutet auf einen ehemaligen germanischen Kultplatz hin. „Fahle Hölle“ ist die Veränderung des Wortes „Walhalla“. Die Germanen glaubten, daß die Walhalla der Wohnsitz ihrer Götter sei.

Zu 4.7: Die Sage knüpft an die vorchristliche mythologische Vorstellung an, daß in jedem Baum eine Naturgottheit lebt.

Zu 4.9: Ein alter Bürger von Osterode erzählte im vorigen Jahrhundert dem Heimatforscher und Schriftsteller Carl Duval, daß er mehrere alte Münzen am Burgberg ausgegraben habe. Einige seien rund, andere eckig gewesen.

Der zweite Teil der Sage, die von dem armen Weber berichtet, dürfte mit etwas Vorsicht anzusehen sein. Vermutlich verfaßte sie in der romantischen Zeit des vorigen Jahrhunderts ein Schriftsteller nach dem Vorbild ähnlicher Schatzsagen.

Zu 4.10: Die beiden Felsen findet der Wanderer oberhalb des Bahnhofes „Steinerne Renne“ bei Wernigerode.

Zu 4.11: Nach einer anderen Version der Sage führt der Schäfer den Herrn von Falkenstein zur Schatzhöhle. Da packte den Adeligen die Habgier. Er nahm dem Schäfer das Augenlicht, damit nur er allein noch den Weg zur Höhle finden könnte. Doch von diesem Augenblick an lastet auf den im Tidian gehorteten Schätzen ein Fluch, und niemand kann sie mehr erreichen, bevor nicht die in der vorgenannten Sage aufgezählten Bedingungen erfüllt sein werden.

Zu 4.16: Siehe auch 4.28.

Zu 4.17: Frau Holle – Holde Frau. Nach der Christianisierung wurde die Göttin Freia, die Gemahlin des Gottes Wotan und damit auch Herrin über das Totenreich, zur Spukfigur der Frau Holle. Im Thüringer Sagenschatz gibt es viele Frau-Holle-Sagen (Siehe SLTh)

Zu 4.20: Durch den Sagenschatz vom Harz, von Sachsen und von Thüringen ziehen sich Legenden um geheimnisvolle Männer, die von weither kamen und nach Erzen und Edelsteinen forschten. Dabei bedienten sie sich eines Wissens, das die Kenntnisse der einheimischen Bergleute weit übertraf. Sie wurden Walen, Venetianer, Venediger oder Kroaten genannt und handelten zum Schein mit Mausefallen oder ähnlichem Gerät.

Daß es sich bei ihnen nicht nur um Sagengestalten handeln kann, belegt eine Notiz aus dem Erzgebirge um Annaberg, nach der Venediger beim Sammeln von Edelsteinen ertappt und im Lautersteinischen Amt arrestiert wurden. (Siehe SLS) Verständlicherweise sahen es weder die Landesherren noch die Bewohner gern, wenn Fremde die Schätze, die die Natur bot, außer Landes brachten.

In den meisten Fällen dürfte es sich jedoch nicht um Gold gehandelt haben, was die Venetianer sammelten, vielmehr waren es höchstwahrscheinlich seltene Mineralien, die in kleinen Mengen den Schmelzflüssen der berühmten Venezianergläser zugesetzt wurden, die die Glashütten auf der Insel Murano bei Venedig herstellten. Die Rezepturen dieser Gläser sind zum Teil bis heute ein Geheimnis. Wer in den vorigen Jahrhunderten dieses Geheimnis verriet, mußte damit rechnen, daß ihn von den venezianischen Hüttenmeistern gedungene Mörder aufspürten und umbrachten, gleichgültig, wo er sich aufhielt.

Aus Thüringen ist bekannt, daß fremde Sammler eine bestimmte Flechtenart an den Gesteinen des Inselsberges abkratzten, mit deren Hilfe die Malerfarbe „Güldener Pur-

pur“ gewonnen wurde, wie sie auch Tizian für seine Gemälde benutzte. (Siehe SLTh und SLS)

Zu 4.28: Siehe auch 4.16

Zu 5.3: Der Sagenschatz der Lausitz bringt eine Analogie dazu in der Sage vom Heiduten zu Pulsnitz (Siehe SLS)

Zu 5.8: Zitat aus dem Buch „Der Harz mit seinen Merkwürdigkeiten, Volkssagen und Legenden“, um 1840: Die Sage des Harzes beschäftigt sich ausgezeichnet viel mit dem Teufel, indem sie ihm, außer der Teufelsmauer, eine Brücke, einen Kessel, ein Bad, ja sogar eine Kanzel zueignet... Man möchte beinahe in die Versuchung kommen, der Abendzeitung beizustimmen, welche (vom 13. November 1838) auf die Frage: „Welche Gegend wahrscheinlich sogar der Teufel für die schönste gehalten habe“, antwortet: „Die zwischen Blankenburg am Harz und dem Brocken, denn keine zeigt so viele Spuren von seiner früheren Absicht, seine Residenz darin aufzuschlagen, als sie.“

Zu 5.9: Vom Goslarer Kaiserdom ist nur noch die Vorhalle des nördlichen Seitenschiffs vorhanden, ein Bau, der im dreizehnten Jahrhundert dem ehrwürdigen Gotteshaus angefügt wurde. Im Jahre 1819 verkaufte die Stadt den Dom auf Abbruch. Bei den Aufräumungsarbeiten auf dem Abbruchgelände fand man das in einem Reliquienbehälter aufbewahrte Herz von Heinrich III., dem berühmtesten Förderer der Stadt Goslar. Seine Gebeine ruhen in Speyer.

Im Jahre 1865 hätte die benachbarte Kaiserpfalz beinahe das gleiche Schicksal getroffen. Die Gebäude waren zweckentfremdet genutzt und verwahrlost. Die St.-Ulrichs-Kapelle diente als Gefängnis, daher die damalige Redewendung in der Gaunersprache „In den Ulrich kom-

Kaiserpfalz Goslar
um 1900

men". Nur die einsetzende Neubesinnung auf die Werte der Romanik verhinderten eine Wiederholung der Kultur-Barbarei.

Heinrich Heine schreibt in seiner „Harzreise" ironisch: „Wir leben in einer bedeutungsschweren Zeit: tausendjährige Dome werden abgebrochen und Kaiserstühle in die Rumpelkammer geworfen."

Geweiht wurde der Dom zweimal, einmal im Jahre 1050 und ein zweites Mal durch Papst Victor II. im Jahre 1055. Die Mauern dieses Gebäudes sahen das in der Sage behandelte „Blutbad zu Goslar". Dieses Morden hatte seine Ursache in gekränkter Eitelkeit zweier Kirchenfürsten. Am Weihnachtsabend des Jahres 1062 stritten der Abt von Fulda und Bischof Hezilo von Hildesheim um die Ehre, neben dem Erzbischof von Mainz sitzen zu dürfen. Das Scharmützel ihrer Knechte beendete Herzog Otto von Bayern, bevor es sich zur Katastrophe auswachsen konnte. Diese trat zum Pfingstgottesdienst des folgenden Jahres ein. Bischof Hezilo hatte eine große Zahl Gewappneter hinter dem Altar in den Hinterhalt gelegt, und während der Messe kam es zu einem Gemetzel, daß sich der Boden des Gotteshauses mit Blut und Leichen bedeckte.

Der damals zwölfjährige Heinrich IV. schaute diesem Streit hilflos zu, denn keine der beiden streitenden Parteien gehorchte seiner Aufforderung, den Kampf einzustellen.

Zu 5.13: Berge, die man als Sitz des Fegefeuers ansieht, gibt es im mitteldeutschen Raume mehrfach, so unter anderem den Hörselberg bei Eisenach, über den eine ähnlich lautende Sage in Verbindung mit der Seele des Eisernen Landgrafen erzählt wird. (Siehe SLTh)

Zu 5.15: Die Missionierung des Harzgebietes war nicht einfach, und es dauerte Generationen, bis die Bewohner wirklich fest den christlichen Glauben angenommen hatten. Die ersten Jahrzehnte nach der Christianisierung fügten sich die Leute zwar zum Schein, feierten aber heimlich die heidnischen Feste weiter. Noch im 14. Jahrhundert wird von Stiege als dem „heidnischen Stiege" gesprochen.

Ein Text aus dem 16. Jahrhundert berichtet: „Als nemlich Kaiser Karl der Große in den Jahren 779 und 780 nach Christi Geburt die Sachsen zur Annahme des Christentums zwang, wurde von diesen der Götzendienst auf dem Brocken gefeiert, und in der Walpurgisnacht der Herta, nach anderen dem Crodo, auf dem Hexenaltare geopfert, und als Kaiser Karl zur Vertreibung der Heiden Schildwachen aufstellen ließ, suchten die Heiden solche durch abenteuerliche Aufzüge von ihrem Posten zu verscheuchen."

Hier dürfte mit ein Grund zu dem Glauben liegen, daß der Brocken zu Zeiten, insbesondere in der Nacht zum

Darstellung des heidnischen Götzen Krodo aus Bothes Sachsenchronik 1492

1. Mai, dem Tag der heiligen Walburga, Tummelplatz böser Geister und Hexen sei.

Obgleich der Brocken seit Generationen als ein Zentrum teuflischer und hexerischer Aktionen verrufen ist, gibt es im Harz wesentlich weniger Hexensagen als beispielsweise in Sachsen oder Thüringen.

Es ist zu vermuten, daß die Überlieferung vom Hexentreiben auf dem Brocken mehr von außerhalb in den Harz hineingedichtet als sie von den hiesigen Bewohnern selbst gepflegt wurde. Entscheidenden Einfluß darauf dürften die Schrift von Prätorius „Blocks-Berges Verrichtungen" und die Szenen des Hexensabbat in Goethes „Faust" gehabt haben.

Schulze, Harz, S. 425, vermutet, daß auf der Teufelskanzel einst ein Wodansbild gestanden haben könnte. Andere meinen, daß dort der heidnische Gott Krodo verehrt wurde.

Es gibt im Sagenschatz einige Beispiele dafür, daß Hexen bei ihrer Tätigkeit von jemandem belauscht wurden, der mit Hexerei selbst nichts zu tun hat. So konnte es eben auch geschehen, daß eine Nicht-Hexe mit zum Brocken flog. Wurde so ein Eindringling allerdings ertappt, mußte er mit schmerzhaften Züchtigungen rechnen. Viele wollen den Hexenzug zum Brocken schon gesehen haben. Ein gutes Mittel, sich als Beobachter schützen zu können, ist das Verstecken unter zwei gegeneinander gestellten Eggen.

Zu 5.19: Im Sagenschatz von Sachsen und Thüringen gibt es mehrfach Parallelen zu dieser Sage. Man spricht dort nicht vom Uriänchen, sondern vom Drachen oder dem Hänschen, das Leuten Geld oder andere Dinge zuträgt, wenn sie sich ihm verpflichten. Ein solcher Drachen schießt zu gewissen Zeiten als feuriger Schweif aus dem Schornstein. (Siehe SLTh, SLS)

Zu 5.20: Das Interessanteste an der Sage ist die Mundart. Sie erinnert sehr stark an das Erzgebirgische. Somit könnte die Sage ein Beleg dafür sein, daß erzgebirgische Bergleute im Harz tätig wurden und ihre Überlieferungen mitbrachten. (Siehe auch 5.23)

In der „Wolpersnacht“ (Walpurgisnacht) neckten die jungen Burschen die Mädchen, indem sie ihnen Besen vor die Tür stellten. Es heißt, daß die Hexen in der Walpurgisnacht den Schnee vom Brocken wegtanzen.

Zu 5.21: Das Seeleauswandern wird in Thüringen und Sachsen besonders Frauen nachgesagt, die als Aapdröckersche (Alpdrückerinnen) verrufen sind. Mit dem Mäuschen wandert die Seele aus. Wenn der Ruhende jedoch von der Stelle gerückt wird, findet das Seelentierchen nicht wieder den Mund als Eingang in den Körper, und der Betreffende muß sterben. (Siehe SLTh, SLS)

Zu 5.23: Diese Sagenwiedergabe, eher ein Schwank in der sogenannten „Harzsprache“, einer Mundart, die von den Bergleuten im Oberharz vor einigen Generationen gesprochen wurde, ist ein herzerfrischendes Beispiel dafür, wie man Sagen erzählen kann. Mit Rücksicht auf den Umfang des Buches wurde der Originaltext etwas gekürzt.

Den im Harz vorherrschenden Mundarten liegt das Niederdeutsche zugrunde. Die „Harzsprache“ hingegen ist wesentlich vom Erzgebirgischen geprägt und ein Beleg dafür, daß Bergmannsfamilien aus dem Erzgebirge in großer Zahl im Harzer Bergbau tätig waren. (Siehe auch 5.20)

Zu 6.8: Die Burg Falkenstein, die noch heute in ihrem inneren Teil gut erhalten ist, erlangte in der Rechtsgeschichte eine gewisse Berühmtheit, weil der Gelehrte Eike von Repgow (Heiko von Reppichau) um 1230 beim Grafen Hoyer II. von Falkenstein zu Gast war und in diesen Mauern den „Sachsenspiegel“ in die deutsche Sprache übersetzte.

Im Vorwort dieser Übersetzung finden sich folgende Verse:

Nun danket all gemene
deme van Valkenstene,
De greve Hoier is genant,
dat an dudisch is gewant
Dit buk dorch seine bede
Eike van Repchowe is dede.

Im 18. Jahrhundert übertrug man diese Strophe recht gefällig ins damalige Deutsch:

Nun danket allgemein
Dem Herrn von Falkenstein,
Der Graf Hoyer ist genannt,
Daß in deutscher Sprache ist gewandt
Dieses Buch durch seine Beth (Bitte)
Ecco von Repkau es thät.

Zu 6.10: Die Turmwarte liegt rechts von der Bundesstraße 244 Wernigerode–Dardesheim.

Zu 6.12: Die Germanen glaubten, daß im Kampf gefallene Krieger von den Walküren genannten Schlachtengöttinnen nach Walhalla gebracht wurden, wo sie zusammen mit dem obersten Gott Wotan feierten, jedoch die Schlachten immer wiederholen müßten. Darum gibt es im von der germanischen Mythologie beeinflußten Sagenschatz ähnliche Sagen des öfteren.

Zu 6.13: Das Sagenmotiv, daß Tote ihr Eigentum um jeden Preis zurückerhalten wollen, ist im deutschen Sagenschatz

Totentanz
aus Hartmann Schedels "Weltchronik"
aus dem Jahre 1493

verbreitet. Sehr ähnlich der Sage vom Türmer auf dem Petriturm ist die Ballade von Goethe „Der Totentanz“, zu der der Dichter allerdings durch eine Sage aus Böhmen angeregt worden sein soll:

Der Türmer, der schaut zu Mitten der Nacht
Hinab auf die Gräber in Lage:
Der Mond, der hat alles in's Helle gebracht,
Der Kirchhof, er liegt wie am Tage.
Da regt sich ein Grab und ein anderes dann:
Sie kommen hervor, ein Weib da, ein Mann,
In weißen und schleppenden Hemden.

Das reckt nun, es will sich ergötzen sogleich,
Die Knöchel zur Runde, zum Kranze,
So arm und so jung, und so alt und so reich;
Doch hindern die Schleppen am Tanze.
Und weil hier die Scham nun nicht weiter gebeut,
Sie schütteln sich alle, da liegen zerstreut
Die Hemdelein über den Hügeln.

Nun hebt sich der Schenkel, nun wackelt das Bein,
Gebärden da gibt es vertrackte;
Dann klippert's und klappert's mitunter hinein,
Als schlüg' man die Hölzlein zum Takte.
Das kommt nun dem Türmer so lächerlich vor;
Da raunt ihm der Schalk, der Versucher, in's Ohr:
Geh! hole dir einen der Laken.

Getan wie gedacht! und er flüchtet sich schnell
Nun hinter geheiligte Türen.
Der Mond und noch immer er scheinet so hell
Zum Tanz, den sie schauderlich führen.
Doch endlich verliert sich dieser und der,
Schleicht eins nach dem andern gekleidet einher,
Und husch ist es unter dem Rasen.

Nur einer, der trippelt und stolpert zuletzt
Und tappet und graps't an den Grüften;
Doch hat kein Geselle so schwer ihn verletzt;
Er wittert das Tuch in den Lüften.
Er rüttelt die Turmtür, sie schlägt ihn zurück,
Geziert und gesegnet, dem Türmer zum Glück;
Sie blinkt von metallenen Kreuzen.

Das Hemd muß er haben, da rastet er nicht,
Da gilt auch kein langes Besinnen,
Den gotischen Zierat ergreift nun der Wicht
Und klettert von Zinne zu Zinnen.

Nun ist's um den armen, den Türmer getan,
Es ruckt sich von Schnörkel zu Schnörkel hinan,
Langbeinigen Spinnen vergleichbar.

Der Türmer erbleichet, der Türmer erbebt,
Gern gäb' er ihn wieder, den Laken.
Da häkelt – jetzt hat er am längsten gelebt –
Den Zipfel ein eiserner Zacken.
Schon trübet der Mond sich verschwindenden Scheins,
Die Glocke, sie donnert ein mächtiges Eins,
Und unten zerschellt das Gerippe.

Johann Wolfgang von Goethe

Zu 6.17: Sagen, die sich damit beschäftigen, daß Menschen zur Strafe tanzen müssen, kommen mehrfach vor.

Der Abt Johann von Trittenheim (Trithemius), berichtet um 1462 folgendes legendäre Ereignis:

„Ein Priester namens Rupertus las am Weihnachtsabend die erste Messe. Indessen führte eine Anzahl Männer und Frauen, um ihn zu ärgern, auf dem nahen Friedhof einen Tanz auf. Vergeblich ließ er durch den Küster Ruhe gebieten und brach endlich im Zorn in die Worte aus: „Möget ihr ein ganzes Jahr so tanzen!"

Der Fluch ging in Erfüllung, sie tanzten ein volles Jahr ohne Hunger und Durst, ohne Hitze und Kälte zu spüren oder müde zu werden. So fest stampften sie die Erde, daß der Platz immer tiefer einsank, bis nur ihr Oberleib zu sehen war. Als einer seine Schwester am Arm ergriff, sie aus dem Tanze herauszuholen, riß er ihr den Arm vom Leib, sie aber tanzte weiter ohne zu bluten und Schmerz zu empfinden. Endlich erlöste der Erzbischof die Tänzer vom Fluch."

In dieser Legende wirken die Erfahrungen der Tanzzüge nach, die epidemisch ganze Landstriche ergriffen und selbst Kinder nicht verschonten. In Form eines religiösen Wahnes formierten sich hunderte von Menschen zu Prozessionen und Wallfahrten, die sie, tanzend bis zur totalen Erschöpfung, vollzogen.

Zu 6.18: Urkundenmäßig ist das Kloster nicht verbürgt. Es deuten allerdings einige Flurnamen bei Hasselfelde, wie „Klostergarten“, „Klosterberg“ oder „Heilige Äcker“ darauf hin.

Hasselfelde und Beneckenstein fielen Anfang des 14. Jahrhunderts vermutlich einer Fehde zwischen den Regensteinern und den Hohensteinern zum Opfer, wobei

Weihnachtstänzer.
Sie müssen zur Buße ein Jahr lang ohne Unterbrechung tanzen.

die Hohensteinischen die beiden Bergstädte in Schutt und Asche legten.

Zu 6.20: Während der Hochblüte des St. Andreasberger Silberbaus waren bis zu hundert große und kleine Gruben im Gange. Herzog Heinrich von Wolfenbüttel und sein Sohn Julius waren selbst erfahrene Bergbau-Fachleute. Aus der Zeit, als die Pest gewütet hatte, sah man noch die Pingen und andere Überreste alter Bergwerke. Die wurden neu eröffnet. Die Gier wuchs mit dem Gewinn. Die Bergleute wurden beim Ausfahren streng untersucht, und es gab harte Strafen, wenn sie beim Diebstahl ertappt wurden. Selbst der Herzog übte keine Nachsicht und züchtigte mit eigener Hand den Schuldigen, wenn er, was oft geschah, die Gruben befuhr. Einst war in der Grube Neufang dem Berghauptmann Jakob Reinhard ein Versehen unterlaufen. Der Herzog hätte ihn mit dem Degen niedergestochen, wenn nicht der Kammerjunker Ostwald Todtenbach dazwischengetreten wäre. (Siehe auch 3.18)

Zu 6.21: Die Ankündigung eines Stadtbrandes durch ein geisterhaftes aschekehrendes Weibchen ist auch im sächsischen Sagenschatz als „Das Ascheweibchen von Zittau" bekannt. (Siehe 7.5 und SLS)

Zu 6.25: Heinrich Eckstorm, Rektor der Klosterschule zu Walkenried im 16./17. Jahrhundert, berichtet in seiner „Historiae terraemotuum" um 1620 über die Entstehung eines Erdfalles. Um 1531 brach auf einer Wiese nahe Walkenried ein kreisförmiger Erdfall ein und füllte sich sofort mit Wasser. Ein Hirt konnte gerade noch sein Vieh in Sicherheit bringen. Als er sich von einer sicheren Höhe umschaute, sah er dort einen See, wo er vor kurzem sein Vieh getrieben hatte.

In Clettenberg gab es einen Fronvogt der Grafen von Hohenstein namens Creissius. Dieser starb in eben dieser

Zeit und spottete auf dem Sterbebett, sein Geist werde ganz gewiß in jenen See fahren. So erhielt der Erdfall den Namen Creissloch.

Heute ist dieser merkwürdige See verschwunden, doch in der Nähe, bei Liebenrode, befinden sich noch derartige Karstgebilde und sind eine Zierde der Landschaft.

Zu 7.5: Neben den berühmten Weißen Frauen, wie sie die Sage beispielsweise den Hohenzollern andichtet, geistert diese Spukfigur durch die gesamte Sagenwelt Deutschlands. Nicht immer handelte es sich um Gespenstererscheinungen, wie die Weiße Frau von der Staufenburg bei Gittelde belegt.

Um die Mitte des 16. Jahrhunderts wollten viele Leute an und in der Staufenburg bei Gittelde eine weiße Frau gesehen haben. Niemand traute sich deshalb mehr dorthin. Merkwürdigerweise schien Herzog Heinrich der Jüngere zu Wolfenbüttel nun besonders oft in diese Burg zu kommen. Der Grund dafür war eben diese weiße Frau.

Am Hofe des Herzogs lebte die junge und schöne Eva von Trotta. Herzog Heinrich der Jüngere verliebte sich in sie und gestand ihr auch seine Zuneigung. Für die Herzogin war dies furchtbar, sie rief ihren Vater zu Hilfe, und dieser wurde beim Kaiser vorstellig. Eva von Trotta verließ daraufhin den Hof in Richtung Gandersheim. Dort erkrankte sie schwer und starb. In der Stiftskirche wurde ihr Leichnam feierlich bestattet.

Wenig später begann der Spuk auf der Staufenburg. Doch was da spukte, war kein Geist. Der Tod Evas von Trotta war nur vorgetäuscht. Viele Jahre besuchte sie hier der Herzog regelmäßig, das Ergebnis dieser Liebschaft waren sechs Mädchen und ein Junge.

Kurz nachdem das Geheimnis entdeckt wurde, starb Eva von Trotta tatsächlich und wenig später auch die Herzogin.

Der Sohn aus dieser verbotenen Liebschaft, Eitel Heinrich von Kirchberg, zeigte sich in der Folge als sehr charakterfest. Der Herzog wollte ihn zu seinem rechtmäßigen Sohn und Erben erklären lassen. Doch er nahm das nicht an, und das dankte ihm später der rechtmäßige Erbe, Herzog Julius, sein Leben lang. (Siehe auch 6.21)

Zu 7.13: Diese Sage verrät so deutlich wie selten eine andere ihren mythologischen Hintergrund: Der Wilde Jäger steht für den germanischen Gott Wotan, dem bei großen Feiern Rösser geopfert wurden. Anschließend an die Opferzeremonie verzehrte die Festgemeinde das Fleisch der geopferten Tiere.

In diesem vorchristlichen Brauch liegt ein wesentlicher Grund, daß nach der Christianisierung Pferdefleisch verpönt war. In der Apostelgeschichte der Bibel steht in Kapitel 15, Vers 29: „Eßt kein Fleisch von Tieren, die als Opfer für die Götzen geschlachtet worden sind; genießt kein Blut, eßt kein Fleisch von erwürgten Tieren und hütet euch vor Blutschande..." Im 1. Brief an die Korinther erläutert Paulus diese Regel ausführlich. Dort heißt es unter anderem in Vers 8: „Nun liegt es auf keinem Fall an einem Nahrungsmittel, wie wir zu Gott stehen. Wenn wir Bedenken haben, davon zu essen, sind wir vor Gott nicht weniger wert; und wenn wir davon essen, sind wir vor ihm nicht mehr wert. Wer keine Bedenken hat, soll aber achtgeben, daß sein Verhalten nicht den schwachen Bruder zu Fall bringt..." In Zeiten, in denen das Christentum noch neben vorchristlichen Kulten bestand, war es also durchaus verständlich, wenn Christen den Genuß von Speisen ablehnten, die in Zusammenhang mit nichtchristlichen Kultfeiern verzehrt wurden. Noch heute gibt es deshalb Menschen, die einen Widerwillen gegen Pferdefleisch haben.

Zu 7.14: Henning von Hackelberg lebte im 16. Jh. im

Brauschweigischen und war ein draufgängerischer Jäger. Bereits zu seinen Lebzeiten nannten ihn Freunde und Bekannte den „Wilden Jäger“. Er wurde von den Herzögen von Braunschweig zum Oberforstmeister ernannt und mußte sich in dieser Eigenschaft bei Hofe aufhalten. Das behagte ihm nicht, er war nahe daran, schwermütig zu werden. Da belehnte ihn der Herzog mit der Harzburg und den dazugehörigen Forsten.

Auf einer Jagd erlegte er einen gewaltigen Keiler. Scheinbar tot lag er da, als ihn Hackelberg genauer besah. Doch das Tier raffte sich noch einmal auf und brachte dem Jäger mit seinen Hauern eine tiefe Wunde an der Lende bei. Hackelberg vernachlässigte die Verletzung, sie verschlimmerte sich so, daß er nach Braunschweig zum Arzt reiten mußte. Unterwegs brach er tot zusammen. Im Garten des „Klepperkruges“ nahe Wülperode bei Osterwieck soll er seine letzte Ruhe gefunden haben. Im vorigen Jahrhundert bezeichnete angeblich ein halb versunkener Grabstein noch diese Stelle.

Der Hackel, ein Höhenzug bei Halberstadt, wie auch der Hackeberg auf dem Sölling zwischen Einbeck und Uslar, werden ebenfalls mit dem Hackelberger in Verbindung gebracht. Grimm gibt einen Augenzeugenbericht wieder:

„Ich bin selbst (ist mir recht im Jahr 1558), als ich von Einbeck übern Solling nach Ußlar geritten und mich verirrte, auf des Hackelbergers Grab ungefähr gestoßen. War ein Platz wie eine Wiese, doch von unartigem Gewächs und Schilf in der Wildnis, etwas länger denn breit, mehr denn ein Acker zu achten; darauf kein Baum sonst stund wie um die Ende. Der Platz kehrte sich mit der Länge nach Aufgang der Sonne, und am Ende lag die Zwerch, ein erhabener roter (ich halt Wacken-) Stein, bei acht oder neun Schuhen lang und fünfe, wie mich deuchte, breit. Er war aber nicht, wie ein anderer Stein, gegen Osten, son-

Die Harzburg, Ende des 16. Jahrhunderts

dern mit dem einen Vorhaupt gegen Süden, mit dem andern gegen Norden gekehret.

Man sagte mir, es vermöchte niemand dieses Grab aus Vorwitz oder Fleiß, wie hoch er sich des unterstünde, zu finden, käme aber jemand ungefähr, lägen etliche greuliche schwarze Hunde daneben. Solches Gespensts und Wusts ward ich aber im geringsten nicht gewahr, sonst hatte ich wenig Haare meines Hauptes, die nicht emporstiegen."

Neben dem braunschweigischen Jägermeister Hackelberg wird auch der Graf Hackelberend als Spukgestalt genannt.

Zu 7.18: Bei dieser Sage ist bereits der Übergang zu den Sprung- und Sturzsagen erkennbar, wie wir sie beispielsweise von der Roßtrappe (siehe 7.19 bis 7.24) her kennen. Daß hier ein vor Gewalt flüchtendes Tier von göttlichen

Händen gerettet wird, ist relativ selten. Gewöhnlich handelt es sich um fliehende Menschen, insbesondere reine Jungfrauen, die sich durch den Sturz von einem Felsen einem sie verfolgenden Lüstling entziehen wollen. (Siehe auch SLTh und SLS)

Zu 7.19: Nahezu 200 m erheben sich die Felsen der Roßtrappe und des Hexentanzplatzes über den Bodelauf und bilden ein gigantisches Tor. Auf beiden Seiten erhoben sich einst Burgen: die Homburg und die Winzenburg. In vorchristlicher Zeit waren in diesem Gebiet heidnische Kultstätten, und nach der Christianisierung dürften die Sachsen auch weiterhin hier heimlich ihre Opferfeste gefeiert haben. All diese historischen Gegebenheiten begünstigten die Bildung zahlreicher Sagen. Neben Hexentanzplätzen, Teufelsbädern, dem Kreetpfuhl (Teufelspfuhl) gab es sogar Walhallas, deren Bezeichnung der Volksmund später in Valehölle umformte.

Zu 7.23: Hier versucht die Legende, die Flußnamen Bode und (Holt-)Emme zu erklären, die sich bei Nienhagen und Krottorf vereinen und in die Elbe fließen.

Zu 7.27: Diese an sich liebenswerte Erzählung ist ein Beispiel dafür, wie statt einer in der Überlieferung verwurzelten Sage ein Kunstmärchen aufgetischt wird. Derartige Kunstmärchen wurden im vorigen Jahrhundert in größerer Zahl verfaßt, und es ist oftmals schwer, sie aus dem echten Sagenschatz auszuklammern.

Zu 7.28: Auf dem Ilsestein erhob sich in der Zeit von 1007 bis 1107 eine Burg. Ihre Zerstörung war eine Folge der Auseinandersetzungen zwischen Heinrich IV. und Papst Gregor VII., als Investiturstreit in die Geschichte eingegangen. In den letzten Jahren ihres Bestehens hatte die

Burg hauptsächlich die Aufgabe, das Ilsenburger Kloster unter Beobachtung zu halten. Darum war es nach der Aussöhnung von Staat und Kirche unter Heinrich V. eine der ersten Maßnahmen, die Burg auf dem Ilsestein zu liquidieren.

Das geschah so gründlich, daß über Generationen hinweg keine Spur mehr auf sie hindeutete, ihre ehemalige Existenz auf dem schmalen Felsgrat zeitweise sogar in Frage gestellt wurde.

Im Jahre 1955 begannen Heimatfreunde mit einer zielstrebigen Suche und konnten Spuren ehemaligen Bebauung sichern. In jahrelanger mühseliger Arbeit fand man schließlich die Bestätigung dafür, daß der Ilsestein tatsächlich eine Burg getragen hat. Den Rest einer Stützmauer kann der Besucher heute noch betrachten, eine Rekonstruktion der Anlage ist im Ilsenburger Heimatmuseum ausgestellt. Ein ähnlicher Fall liegt beim Hermannstein nahe Manebach im Thüringer Wald vor. (Siehe SLTh)

Zu 7.35: Die Ritter auf der Erichsburg waren zu Strauchdieben verkommen und fügten durch Plünderung der Kaufmannszüge den Handelsstädten des Harzes großen Schaden zu. Im Jahre 1347 belagerte eine Streitmacht aus Kriegsknechten des Landgrafen von Thüringen sowie der Städte Nordhausen, Quedlinburg, Mühlhausen und Erfurt das Raubnest und legte es in Trümmer.

Zu 7.37: Von Nixen und Wassermännern wird ausführlich im stark von der slawischen Mythologie beeinflußten sächsischen Sagenschatz berichtet. (Siehe SLS)

Zu 7.38: Die Brüder Grimm ergänzen in einer Fußnote, daß der Teufel die rechten Kinder aus der Wiege nimmt und dafür die seinen hineinlegt. Daher der Name Wechselbalg. Wechselbälge sollen in der Regel nicht älter als sieben Jahre, nach Meinung anderer als achtzehn oder neunzehn Jahre werden. In Sachsen stammen die Wechselbälge von den Nixen oder Wasserweibern ab, in Thüringen von den Zwergen.

Zu 7.40: Siehe auch 7.21.

Zu 8.4: In dieser Sage widerspiegelt sich das Verhältnis zwischen dem sächsischen Adel und vor allem Heinrich IV., der durch Willkür und Überheblichkeit den Sachsen gegenüber zu kriegerischen Auseinandersetzungen Anlaß gab. Zugleich versucht sie auf ihre Weise zu erklären, wieso fränkische Bergleute den Bergbau in Goslar begründeten. Siehe Vorwort.

Zu 8.5: Der Ortsname „Benneckenstein" ist vermutlich abgeleitet vom niederdeutschen „Bem Eecken Steen" = beim Eichenstein.

Zu 8.9: Die Pest war viele Jahrhunderte eine der schrecklichsten Heimsuchungen (Siehe A 3.17). Unsere Vorfahren sahen darin ein himmlisches Strafgericht und versuchten den nach ihrer Meinung über die Menschen erzürnten Gott zu versöhnen. Das führte zu den absonderlichsten geistigen und geistlichen Verirrungen. So zogen beispielsweise die Flagellaten durchs Land und predigten Buße und erlegten sich durch Selbstgeißelung freiwillig Leiden auf. Sie peitschten sich in aller Öffentlichkeit blutig. Die Kirche verbot in einer Bulle vom 20. Oktober 1349 diese Verirrung.

Nun suchte das Volk andere Wege und kam auf die absurde Idee, die Juden seien an der Pest als Strafgericht Gottes schuld. Zum einen, weil sie Jesus, seinen Sohn, gekreuzigt hätten, zum anderen, weil sie angeblich die

Brunnen der Städte mit einem die Pest erzeugenden Gift verseuchen würden. Ihr Ziel sei, die Christen auszurotten.

Viele, die es besser wußten, taten nichts gegen diesen Wahn, denn die Verfolgung und Ermordung der Juden brachte manchem erheblichen wirtschaftlichen Nutzen. Insbesondere Vertreter des Adels lebten oftmals über ihre Verhältnisse, hatten Geldanleihen bei jüdischen Händlern genommen und waren durchaus daran interessiert, daß ihre Gläubiger samt den Schuldscheinen vertilgt wurden.

Der fanatisierte Pöbel machte Jagd auf die jüdischen Bürger, folterte und ermordete sie bestialisch. Daraufhin zogen sich vielerorts die Juden in ihre Synagogen zurück und schieden freiwillig aus dem Leben, indem sie sich zusammen mit ihrem Gotteshaus und den heiligen Büchern verbrannten.

Zu 8.12: Es war in Ströbeck Brauch, daß der Bräutigam seine Braut durch ein Schachspiel gegen den besten Schachspieler des Ortes auslösen mußte. Schaffte er nicht den Sieg, dann mußte er eine Spende geben.

Herzog Ludwig Rudolph von Blankenburg lud einen achtjährigen Ströbecker Bauernknaben, Johann Valentin Sölling, zum Schachspiel an den Blankenburger Hof ein. Sein Spiel, seine Intelligenz und sein Verhalten machten ihn in Kürze zum Liebling des fürstlichen Paares und der Hofleute. Er erhielt einen eigenen Lehrer, studierte später in Helmstedt Theologie, avancierte zum Pagenhofmeister, dann zum Hofdiaconus. Nach dem Tod der Herzogin, 1749, wurde er Prediger in Hasselfelde.

Sölling war in den Wissenschaften beschlagen und beeindruckte griechische Gäste am Blankenburger Hof dadurch, daß er in Kürze in der Lage war, ihnen als Dolmetscher zu dienen.

Zu 8.18: Mit „Sachsen“ sind die Niedersachsen gemeint. Das heutige Sachsen erhielt seinen Namen erst verhältnismäßig spät und wurde ursprünglich als Meißen, später Kursachsen, bezeichnet.

Pestkrankes Ehepaar
in einem Holzschnitt von 1508

Bildverzeichnis

Vollständige Angaben zu den Quellen siehe Verzeichnis der Quellen in Auswahl

Literaturverzeichnis

(Auswahl aus der ausgewerteten Literatur)

Aus dem Sagenschatz des Harzlandes, Halberstadt, Kulturbund, 1965.

Aus dem Schatze deutscher Dichtung, Eine Auswahl von Gedichten für Schule und Haus, Leipzig, Verlag der Dürrschen Buchhandlung, 1898.

Baedeker, Der Harz (usw.) – Handbuch für Reisende, Leipzig, Baedeker, 1920.

Bauerfeind, Hans, Sagen um den Regenstein, Museum Blankenburg 1984.

Bechstein, Ludwig, Deutsche Märchen und Sagen, Aufbau-Verlag, Berlin 1960.

Blechschmidt, Manfred (Hg.), Die Silberne Rose, Europäische Bergmannssagen, Greifenverlag zu Rudolstadt 1974.

Brockhaus, Konversations-Lexikon, Vierzehnte Auflage. F.A. Brockhaus, Leipzig 1898.

Bunte Bilder aus dem Sachsenlande, Herausgegeben vom Sächsischen Pestalozzi-Verein, Band 4. Klinkhardt, Leipzig 1927.

Der Harz. Bilder aus alter Zeit, Bibliographisches Institut, Leipzig, Wien.

Der Harz in Lied, Spruch und Prosa-Schilderung. Aus der Reihe „Deutsches Land und Volk, Herausgegeben von Rektor Dr. Wohlrabe, Heft 10, Halle, Gebauer-Schwetschke Druckerei und Verlag m.b.H., um 1910.

Deutsche Sagen, herausgegeben von den Brüdern Grimm, Rütten & Loening, Berlin 1987.

Diederichs, Ulf, Christa Hinze, Sagen aus Niedersachsen, Ulstein 1986.

Die Harzburg und ihr Gebiet, Harzburger Altertumsverein, Goslar 1922.

Förstner, Clara, Aus der Sagen- und Märchenwelt des Harzes. Zur Unterhaltung und Erinnerung erzählt von -, Quedlinburg, Chr. Friedr. Viewegs Buchhandlung, um 1890.

Führer durch Goslar und Umgebung, Verein f. Fremdenverkehr (um 1911).

Fehrer, Hans, Führer durch den Harz mit Einschluß des Kyffhäuser-Gebirges, Leipzig, Woerl, 1909.

Glade, Heinz, Ich bestieg Hügel und Berge, Brockhaus, Leipzig 1987.

Gleichen-Rußwurm, Alexander von, Kultur und Sittengeschichte aller Zeiten und Völker. Gutenberg Verlag Christensen & Co. Wien–Hamburg–Zürich um 1920.

Guenther, Friedrich, Der Harz, Bielefeld und Leipzig, Velhagen & Klasing 1901.

Heimatkundliches Lesebuch für den Kreis Nordhausen, Rat d. Kreises, 1957.

Heinze-Rosenburg, Quellenlesebuch für den Unterricht in der vaterländischen Geschichte. Verlag von Carl Meyer, Hannover 1916.

Henninger, Karl, Johann von Harten, Harz-Sagen, 15. Auflage, Lax, Hildesheim, 1994.

Heyse, Gustav: Beiträge zur Kenntnis des Harzes, seine Literatur, seine Geschichte, Aschersleben, Leipzig, Schnock 1874.

Hoffmann, Fr., Die Burgen und Bergfesten des Harzes und der nächsten Umgegend, Quedlinburg und Leipzig, Druck und Verlag von Gottfr. Basse, 1836.

Horstig, C., Tagebuchblätter unserer Reise in und um den Harz, Dresden, Gerlach, 1803.

Hüttenmuseum Ilsenburg, Sagen um Ilsenburg, 1982.

Kausch, Friedrich, Hexenglauben und Hexenprozesse in unserer Heimat, Burg b. M., Selbstverlag 1927.

Kronenberg, Dr. Kurt, Roswitha von Gandersheim und ihre Zeit, Gandersheimer Kreisblatt, 1991.

Kronenberg, Dr. Kurt, Roswitha von Gandersheim: Von den Anfängen des Stiftes Gandersheim, 3. Auflage, Gandersheimer Kreisblatt, 1992.

Müller, Horst, Auf den Spuren der schönsten Harzsagen, Zusammengestellt, illustriert und herausgegeben von Horst Müller. Reihe „Quedlinburger Lesebogen" ca. 1992, Heft 1.

Müller, Horst, Aus dem Sagenschatz des Harzvorlandes, Zusammengestellt, illustriert und herausgegeben von Horst Müller. Reihe „Quedlinburger Lesebogen" ca. 1992, Heft 2

Müller, Horst. Der Kyffhäuser, Edition Leipzig, 1992.
Oelsner, Manfred, Der silberne Mann, 100 Sagen aus dem Ostharz, Verlag Jüttnersche Buchhandlung, Wernigerode 1994
Petzold, Leander (Hg.), Deutsche Volkssagen, Verlag C.H.Beck, München 1978
Pleticha, Heinrich (Hg.), Deutsche Geschichte, Bertelsmann, Gütersloh, 1993.
Prätorius, M. Johannes, Blockes-Berges Verrichtung oder Ausführlicher Geographischer Bericht von den hohen trefflich alt-und berühmten Blockes-Berge. Leipzig, Johann Scheibe, 1669.
Pröhle, Heinrich, Harzsagen z.T. in der Mundart der Gebirgsbewohner, Leipzig, Mendelssohn, 1886.
Sagen unserer Heimat zwischen Südharz und der Hainleite, Rat d. Kreises Nordhausen, 1985.
Schönermark, Otto, Harz-Sagen aus Thale, dem Bodetal, Altenbrak und Treseburg, Harz- und Heimatverlag E. Appelhans & Comp. Braunschweig 1937.
Spohr, Wilhelm: Heimatsagen und Bilder aus der Geschichte Halberstadts, Quedlinburg 1926.
Städtische Museen Quedlinburg, Das Schloßmuseum, 1. Auflage 1989.
Stampiok, M: Unbekannte Erdfälle im Südharz – sagenumwobene Seen, Aus: Unser Harz 1980, Nr. 10.
Stolle, Rudolf (Hg), Der Harz und das Kyffhäusergebirge sowie die Städte Braunschweig, Hildesheim und Sondershausen, Braunschweig, Appelhans, 1928.
Sydow, Thüringen und der Harz mit ihren Merkwürdigkeiten, Volkssagen und Legenden Bd. 1–8, Sondershausen, Eupel 1839–1844.
Thale-Information, Harzer Sagen, 1983.
Werner, Dietmar, Bergmannssagen aus dem Harz, 2. Auflage, VEB Deutscher Verlag für Grundstoffindustrie, Leipzig, 1988.

Ortsregister

Die mit A gekennzeichneten Ziffern beziehen sich auf die Anmerkungen. Burgen, Klöster und Bergzüge sind gewöhnlich dann gesondert aufgeführt, wenn in der Sage kein Ort genannt ist. Im Register ist jedoch der diesen Punkten am nächsten liegende Ort ebenfalls verzeichnet.

Versammlung von Handwerkern im 14. Jahrhundert

Verzeichnis der Sagen

(Sagen, die als Zeugen einer bestimmten Zeitepoche im Originalwortlaut wiedergegeben wurden, sind mit (O) gekennzeichnet)

6. Tote, Geister, verdammte Seelen

7. Allerhand Spukgestalten

7.6	Der Geist in der Saline zu Juliushall
7.7	Der Stieglitz mit den goldenen Eiern
7.8	Der wunderbare Ring zu Zellerfeld
7.9	Das Kind als Werwolf bei Steina
7.10	Vom Werwolf im Hannoverschen
7.11	Der Wilde Jäger (Gedicht) (O)
7.12	Geschenke vom Wilden Jäger im Harz
7.13	Der Wilde Jäger bestraft ungehorsame Spötter
7.14	Der Hackelberger und die Tut-Osel
7.15	Hackelberg macht Halbpart
7.16	Hackelberg versteht keinen Spaß
7.17	Graf Dietrich von Wernigerode als Wilder Jäger
7.18	Der Wilde Jäger bei St. Andreasberg
7.19	Der Taucher im Bodekessel (O)
7.20	Der Schwur der Grafentochter
7.21	Emma und Bodo
7.22	Der Sprung der Hünenprinzessin
7.34	Die Flucht auf dem Teufelsroß
7.24	Die getäuschten Freier auf der Roßtrappe
7.25	Der Mägdesprung bei Alexisbad (O)
7.26	Prinzessin Ilse (Gedicht) (O)
7.27	Von der Ilse (O)
7.28	Die Hünentochter Ilse auf dem Ilsestein
7.29	Wie der Ilsestein bei Ilsenburg entstanden ist
7.30	Wer Prinzessin Ilse erlösen kann
7.31	Prinzessin Ilse und der Köhler
7.32	Der vergessene Schäferstab im Ilsestein bei Ilsenburg
7.33	Das Geschenk der Ilse bei Ilsenburg
7.34	Der Nix erscheint zwei Fischdieben bei Silstedt
7.35	Der Untrüborn bei Friedrichsbrunn
7.36	Die Wassergeister der Bode verlangen ihr Opfer
7.37	Nickelmänner und Nixen in der Bode bei Thale und Quedlinburg
7.38	Die Wechselbälge bei Halberstadt
7.39	Die Lutterjungfer auf dem Hausberg bei Lauterberg
7.40	Der Taucher im Jueß bei Herzberg
7.41	Der Choleradgeist zu Osterode

Der Goslarer Kaiserdom Anfang des 19. Jahrhunderts, kurz vor seinem Abriß